PAVILLON DES ARTS 28 avril - 29 août 1999

GEORGES MALKINE

le vagabond du surréalisme

PARIS musées

Comité d'honneur

Jean Tiberi
maire de Paris

Hélène Macé de Lépinay
adjoint au maire chargé
des Affaires culturelles

Édouard de Ribes
président de Paris-Musées

Comité d'organisation

Jean Gautier
directeur des Affaires
culturelles de la Ville
de Paris

Aimée Fontaine
directeur de Paris-Musées

Commissariat

Béatrice Riottot El-Habib
conservateur
du Pavillon des Arts

Vincent Gille
chargé de mission
au Pavillon des Arts

Avec la première exposition rétrospective jamais consacrée à Georges Malkine, le Pavillon des Arts propose aux Parisiens une belle découverte, l'occasion inespérée de pénétrer dans l'univers d'un artiste libre, insaisissable, en un mot irréductible. S'il fallait trouver une filiation à Georges Malkine, ce serait à n'en pas douter celle de Rimbaud, du vagabond inspiré des *Illuminations,* « pressé de trouver le lieu et la formule ». Avec « l'homme aux semelles de vent », Malkine partage en effet un même refus des routines et des carcans, une même volonté de cultiver la distance, l'effacement et le silence pour mieux traquer l'indicible.

Étranger à l'esprit de parti, rebelle aux « jugements majoritaires », Malkine aura vécu le surréalisme comme une aventure intérieure propre à susciter les rencontres ; celle de Desnos fut sans doute essentielle, mais on ne saurait passer sous silence la présence d'Aragon, de Breton, d'Antonin Artaud, d'André Masson... Autant d'affinités électives, de sources d'inspiration qui poussèrent Malkine, habité par le goût ardent de la liberté d'invention, à suivre sa pente, à privilégier un art d'exploration sans cesse en quête de lui-même.

Aujourd'hui rassemblée sous nos yeux, son œuvre nous frappe par son extraordinaire variété : toiles figuratives, veine « abstraite » baignée de cette « lumière surréaliste » dont nous parle Aragon, ou encore série des « Demeures », maisons-paysages, demeures-miroirs des dernières années, dédiées aux musiciens, aux poètes et aux peintres... Jamais sa peinture ne cherche à décrire, à reproduire. Il s'agirait plutôt de faire surgir et de transcrire *en bloc* une vision de rêve.

Sur les pas du sublime « vagabond du surréalisme », le Pavillon des Arts nous convie à un étrange et poétique voyage. Et je suis sûr que les visiteurs de l'exposition se laisseront entraîner sans réticence par un guide auquel Robert Desnos s'abandonnait en pleine confiance : « Pour aller dans les îles bienheureuses, n'écrivait-il pas, je ne prendrai pas de carte, je ne m'embarrasserai pas de boussole : je dirai à Georges Malkine de me conduire. »

Jean Tiberi
Maire de Paris

La réalisation de cette exposition n'aurait pas été possible sans l'aide de la famille de l'artiste qui nous a très largement ouvert ses archives et a ainsi facilité nos recherches. Nous voudrions donc exprimer en premier lieu toute notre gratitude à Mme Sonia Malkine et à ses enfants pour leur généreux accueil et leur appui sans faille. Que Fern Malkine-Falvey trouve ici notre reconnaissance pour sa disponibilité.

Cette exposition n'aurait pas pu avoir lieu sans la générosité de nombreux musées, bibliothèques, galeries et collectionneurs. Qu'ils en soient tous vivement remerciés.

Musées et bibliothèques :
Cambridge, King's College
Professor Patrick P.G. Bateson, Provost ; Ian Barter, First Bursar ; K. A. Hook, Domus Bursar

Jérusalem, Israël Museum
James Snyder, directeur ; Stéphanie Rachaum et Adina Kamien-Kazdhan, conservateurs

Paris
Bibliothèque littéraire Jacques-Doucet
Yves Peyré, directeur, et ses collaborateurs

Documentation du Musée national d'art moderne – Centre de création industrielle, centre Georges-Pompidou
Laurence Camous, conservateur général ;
Agnès de Bretagne, conservateur

Bibliothèque de la Société des auteurs et compositeurs dramatiques (SACD)
Florence Roth, conservateur

Fonds Elsa Triolet/Aragon – CNRS
Danièle Maïsetti.

Galerie et collectionneurs privés :
Mme Barmann
Paul Destribats
Gérard Durozoi
Pierre Fournier
Jacques Fraenkel
Galerie Berggruen, Paris
Jean-Dominique Jacquemond
Patrick Jouanno
Benoît Lardières
Shayan Malkine
Sonia Malkine
Fern Malkine-Falvey
Monelle Malkine-Richmond
Rolph Nahr
Cybèle A. Richmond
Anne Treillard
Lucien Treillard
Patrice Trigano
ainsi que tous ceux qui ont souhaité garder l'anonymat.

Que toutes celles et tous ceux qui, nous offrant leur savoir, leurs conseils ou leur temps, nous ont encouragés et aidés dans la réalisation de ce projet trouvent également l'expression de notre gratitude :
Nicolas André, Michel Appel-Muller, Michèle Auric, Soizik Audouard, Jean-Marie Baron, Patrick Bokanowski, Serge Bouillon, Élisa Breton, Manuel de Brito, Claire de Burine de Tournay, Jean-Claude Cech, François Chapon, Jean Chauvelin, Nicole Clorennec, Jean-Pierre Dauphin, Georges Dintras, Robert Donat, Germaine Duhamel, Marie-Claire Dumas, Pepita Dupont, Frédéric Durand, Aube Elléouët-Breton, Jency Elliott, Ian Falvey, Peter Falvey, Daniel Filipacchi, David Fleiss, Marcel Fleiss, Annie Genevaz, Giovanna, Sylvie Gonzales, Jean Goulemot, Jean-Michel Goutier, Yozo Hamaguchi, Jacques et Thessa Herold, Mikhail Horowitz, Marc Johannes, Jean-Paul Kahn, Dennis Kolodziejski, Éric Lachens, Gilberte Lambrichs, Claude Van Loock, Dennis Manuel, James Manuel, Mme Maturi, Vivian Morosi, Frances Morris, Jennifer Mundy, Noëlle Neveux, Patrice Obert, Claude Oterelo, Mary Lou Paturel, Sébastien Petitbon, Anne-Marie Peylhard, Manou Pouderoux, Maïder Poustis, Arlette Puget, Dominique Rabourdin, Bernard Rein, Jean Ristat, Pierre Rodanski, Avdo Romic, Norman Roseman, Arturo Schwarz, Colette Seghers, Nathalie Di Segni, Thyrza Smith, Jacques Tilleu, Ornella Volta, Michel Waldberg.

Que soient enfin remerciés
à la direction des Affaires culturelles :
André Pichery, sous-directeur des Richesses artistiques
Isabelle Secrétan, chef du Bureau des musées,
ainsi que Robert Déséchallier, Pierre Gorokhoff, Danielle Fleischmann, Patricia Ledu, Viviane Neycenssas, Anne-Claude Vioty

à Paris-Musées :
Denis Caget, responsable des expositions
Sophie Kuntz, responsable administratif et financier
Virginie Perreau, responsable de la diffusion
Arnauld Pontier, responsable éditorial et commercial
Nathalie Radeuil, responsable de la communication
et l'équipe de Paris-Musées

au Pavillon des Arts :
Brigitte Fradet-Duval, Patricia Peret, ainsi que l'ensemble du personnel de surveillance et d'accueil encadré par Hélène Douchin et Victor Delannay :
Jacky Barathon, Kefing Coulibaly, Marc Couronny, Émile Daufour, Jean-Pierre Hucher, Philippe Nogues, Georges Sampson, Éva Traoré, Laurent Verron, Édouard Voyron.

La présentation de l'exposition a été assurée par l'équipe du Pavillon des Arts, avec le concours de l'Atelier des musées placé sous la responsabilité de Michel Gratio.

Exposition produite par Paris-Musées.

SOMMAIRE

AVANT-PROPOS

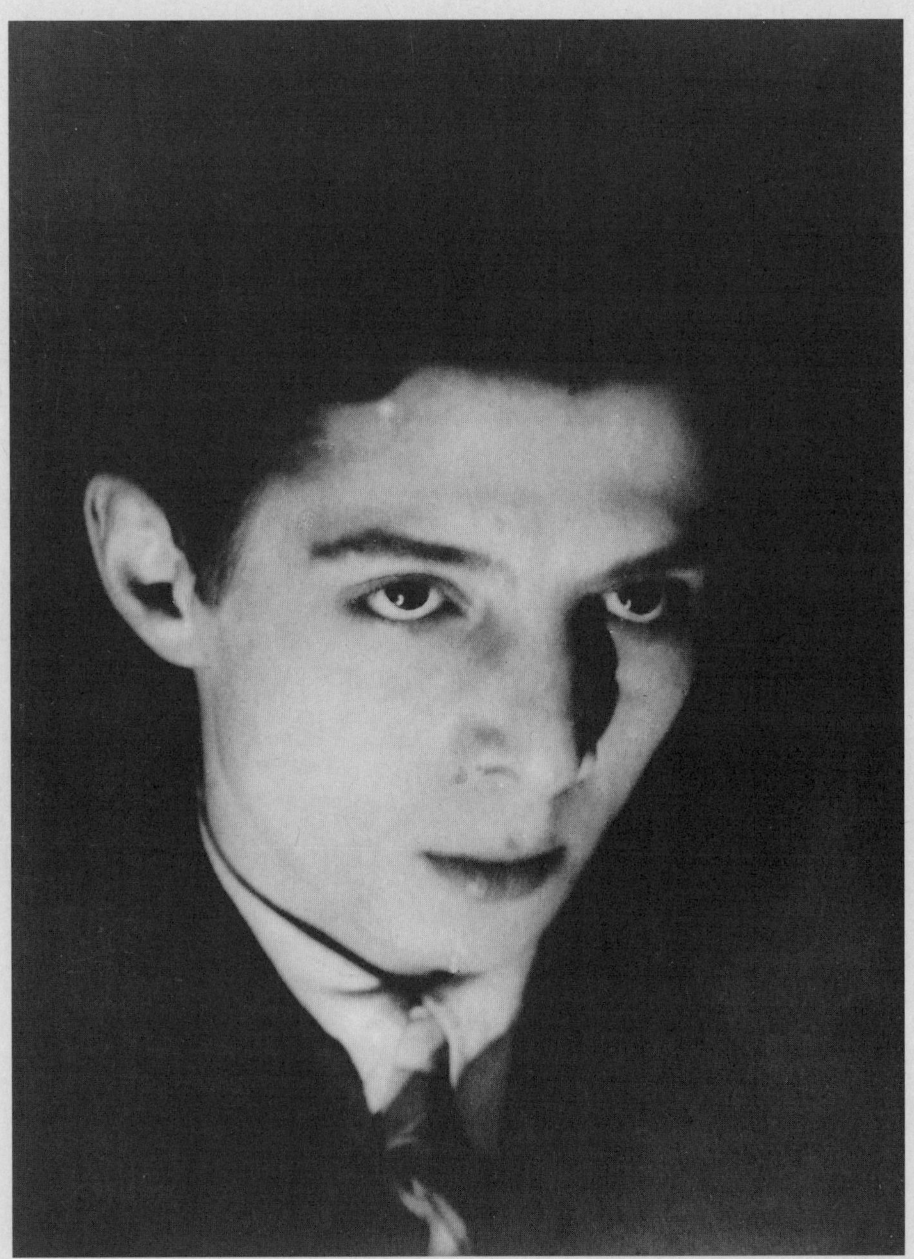

153. Autoportrait, 1923
Photographie de Georges Malkine

1. **Simone Collinet, « À propos de Malkine », dans *Hommage à Malkine*, catalogue d'exposition, Paris Galerie Mona Lisa, 1966.**

Parmi la vingtaine de noms formant dans le *Manifeste du surréalisme* le noyau de ceux qui ont « fait acte de surréalisme absolu », la plupart sont ceux de poètes que la postérité a très vite reconnus comme tels. Mais il en est un qui, sur le moment comme par la suite, s'est teinté d'une aura tout à fait particulière. Il s'agit de Georges Malkine.

On l'a comparé à Rudolph Valentino, à Hassan, le héros de Musset que sa mère « avait fait tout petit pour le faire avec soin ». « Mystérieux, secret, il avait un prestige d'oiseau venu de nulle part et dédaigneux de se poser[1] », se souvient Simone Collinet, à l'époque Simone Breton. Et elle ajoute : « Vous savez, il est peintre, disait-on. Mais personne, hormis Desnos, n'avait vu aucune de ses œuvres. »

Il y a un mystère Malkine, fait d'ironie et de solitude. D'opium et de voyages. D'un vagabondage permanent. Et d'une extraordinaire aptitude à s'effacer, à disparaître, à tenir le monde à distance. L'œuvre de Georges Malkine est à l'image de l'homme : discrète et toujours inventive, surprenante.

En janvier 1927, la Galerie surréaliste présente une exposition consacrée à Malkine. Des œuvres du peintre figurent à l'époque dans les collections de Louis Aragon, Emmanuel Berl, André Breton, Nancy Cunard, Jacques Doucet, Jacques Hébertot, lord J. M. Keynes, Lise Meyer, Paul Poiret, Raymond Roussel... Robert Desnos et Louis Aragon lui consacrent des articles. Mais au succès Malkine préfère l'éclipse : il quitte Paris en 1929, voyage en Océanie, abandonne la peinture pour le cinéma dans les années 1930 puis, après la Seconde Guerre mondiale, part vivre aux États-Unis, où il recommence à peindre.

Malkine réapparaît brusquement à Paris en 1966 et expose de nouveau. Louis Aragon, Marcel Duhamel, Max Ernst, André Masson, Jacques Prévert et Patrick Waldberg lui rendent alors hommage. Depuis sa mort, en 1970, quelques toiles de Malkine sont présentées, ici et là, au sein d'expositions de grandes institutions publiques en France ou à l'étranger. Mais l'essentiel de son œuvre reste cependant méconnue.

Huile, sable, collages, gouaches, manière figurative, surréalisante, cubisante, abstraite – « informelle » bien avant l'heure – puis, après la guerre, manière naïve, épurée, Malkine semble avoir voulu tout tenter. Il a voyagé à l'envi, dans la vie comme dans la peinture. Le goût du risque et de l'aventure qui le caractérise, voilà qui le classe sûrement « à côté ». À côté du mouvement surréaliste, dont il fut pourtant parmi les premiers membres, à côté des courants de l'histoire de l'art du XXe siècle. Libre et adepte plus qu'aucun autre du « Lâchez tout ! », il a néanmoins réussi à bâtir une œuvre.

C'est cette œuvre que nous avons choisi, aujourd'hui, de *révéler* – c'est le terme exact. Pour ce qu'elle contient d'inattendu, de prophétique, de pathétique, de triste et de naïf. Pour ce qu'elle parvient à exprimer, souvent, avec une très déroutante simplicité : le « merveilleux », c'est-à-dire la poésie.

Première rétrospective consacrée à Georges Malkine, cette exposition en assume toute la difficulté. L'œuvre du peintre, surtout dans sa période surréaliste, reste dans l'ombre : sur les deux cents huiles et gouaches qu'il a lui-même répertoriées entre 1926 et 1928, à peine une quarantaine nous sont connues. Il y a donc, sur cet artiste comme sur quelques autres, un immense travail à accomplir – travail que Patrick Waldberg avait entrepris avec autant d'intelligence que d'amour. Cette exposition ne saurait constituer, en l'état, qu'une première escale.

Béatrice Riottot El-Habib
Vincent Gille

GEORGES MALKINE, LE VAGABOND DU SURRÉALISME

Vincent Gille

«Et nous errions, nourris du vin des cavernes et du biscuit de la route, moi pressé de trouver le lieu et la formule.»
Arthur Rimbaud, «Vagabonds», dans *Illuminations*

1. Propos rapportés par Patrick Waldberg dans *Georges Malkine*, Bruxelles, André de Rache éditeur, 1970, p. 40.

Le groupe surréaliste est un corps vivant, en perpétuelle métamorphose, agité d'un mouvement périodique de départs et d'arrivées. Rares sont les écrivains et les peintres qui l'ont suivi de l'aube des années 1920 aux années 1960 – à dire vrai il n'y en a que deux : André Breton et Benjamin Péret. Pour le reste, il a réuni des peintres et des poètes parmi lesquels il en est certes de considérables, mais qui ne furent, pour l'essentiel, que des passants.

Lorsque l'on feuillette une histoire du surréalisme ou la biographie de ses plus illustres figures, il est ainsi des noms qui n'apparaissent qu'une fois en plusieurs centaines de pages, généralement noyés au milieu d'une longue énumération de signataires au bas de tracts ou de déclarations collectives. Dans les dictionnaires, ces mêmes noms renvoient à une notice laconique et le plus souvent approximative. Sur les photos de groupe, ces passants sont parfois identifiés – ou, à défaut, simplement gratifiés d'un « ? ».

Georges Malkine est de ceux-là. Présent dans le groupe dès le premier *Manifeste* de 1924, il y est « actif » jusqu'au début des années 1930. Ensuite de quoi il disparaît. Mais durant ces six années sa présence est rare, parcimonieuse. À cela plusieurs raisons, qui tiennent tout d'abord à l'éloignement géographique – il habite Nice de 1923 à la fin de 1925 –, mais aussi à la difficulté de se plier à une discipline collective, enfin à des liens d'amitié qui, les années passant, finissent par l'écarteler entre des fidélités de plus en plus difficilement compatibles.

Ce double mouvement, en apparence contradictoire, d'une adhésion aux principes et aux valeurs du surréalisme et d'une réticence à l'égard du groupe, voilà ce que semble pointer André Breton quand, dans les années 1940, à Patrick Waldberg qui l'interroge sur Malkine, il répond : « Il a poussé l'individualisme jusqu'à l'impertinence ! Mais quel art dans l'expression de l'indicible chaque fois qu'il voulait s'en donner la peine[1] ! »

2. Desnos fait apparaître Malkine, tout comme André Breton, Louis Aragon et d'autres de ses amis, dans *Pénalités de l'Enfer ou Nouvelles Hébrides,* texte écrit en 1922. *Cf. Nouvelles Hébrides et autres textes 1922-1930,* édition établie, présentée et annotée par Marie-Claire Dumas, Paris, Gallimard, 1978, p. 60.
3. Lettres de Malkine à Desnos conservées à la Bibliothèque littéraire Jacques-Doucet, DSN C 1588 à DSN C 1660.
4. *Cf. Tracts surréalistes et déclarations collectives,* présentés et annotés par José Pierre, Paris, Éric Losfeld éditeur, t. I, 1980, pp. 17-18.
5. Louis Aragon, «Une vague de rêves», *Commerce,* octobre 1924. Repris, Paris, Seghers, 1990, p. 26.
6. André Breton, *Manifeste du surréalisme, poisson soluble,* Paris, Éditions du Sagittaire, chez Simon Kra, 1924, p. 42. On a souvent relevé le fait que, parmi tous les noms cités, Malkine soit le seul peintre. Il est cependant probable qu'à ce moment-là seul Desnos avait pu voir des œuvres de Malkine.

INDICES

Les traces du passage de Georges Malkine au sein du groupe surréaliste, on les repère grâce à divers indices : son nom au sommaire de différentes publications, sa signature au bas de déclarations collectives, sa qualité de dédicataire de certaines œuvres, sa présence dans plusieurs expositions, enfin les articles qui lui sont consacrés.

Georges Malkine rencontre Robert Desnos en 1922[2]. Par son intermédiaire, il est peu à peu introduit dans le groupe qui ne s'est pas encore défini comme «surréaliste». Très vite il fait la connaissance de Breton, se lie avec Aragon, Artaud, Théodore Fraenkel. Il assiste chez Breton, entre septembre 1922 et mars 1923, à plusieurs des fameuses séances de sommeil. Mais son nom n'apparaît, en 1922 et 1923, dans aucun des numéros de la revue *Littérature,* nouvelle série.

Au printemps 1923, il quitte Paris pour Nice, où il a obtenu un emploi. C'est par la correspondance échangée avec Robert Desnos qu'il se tient au courant des activités du groupe[3], notamment à partir de l'été 1924, quand s'affirme le surréalisme. Georges Malkine signe sa première déclaration le 23 août 1924, lors de la querelle sur l'utilisation du mot surréalisme[4]. Le 29 septembre 1924, il écrit à Desnos : «Veux-tu te charger de demander à Breton, pour moi, un des *Pas perdus ?* Je serais très content» (le livre a paru en février). Dans «Une vague de rêves», rédigé durant l'été 1924 et publié dans la revue *Commerce* en octobre, Louis Aragon le cite parmi les «rêveurs» tout en déplorant son absence : «Quel dommage que Georges Malkine soit à Nice aujourd'hui[5].» Presque au même moment, André Breton, dans le *Manifeste du surréalisme,* l'inclut parmi ceux qui ont «fait acte de SURRÉALISME ABSOLU[6]».

Le 18 octobre 1924, Breton, Aragon, Delteil, Soupault et Eluard rédigent un pamphlet (un «Cadavre») contre Anatole France. Le 5 novembre, Malkine écrit à Desnos : «D'accord quant au Cadavre (que je n'ai d'ailleurs pas du tout reçu).» Et dans la même lettre : «Où en sont tes rapports avec A[ndré] B[reton] et F[rancis] P[icabia] ? – et entre eux ? – Et tous ces petits messieurs ? – Et ta collaboration à la Rév[olution] surr[éaliste] ?» La revue est en chantier depuis juillet. On y travaille notamment au Bureau de recherches surréalistes, ouvert depuis octobre. À Desnos encore, Malkine écrit : «La R.S. m'a demandé ma photo.

7. *Cf. Bureau de recherches surréalistes, cahier de la permanence,* présenté et annoté par Paule Thévenin, Paris, Gallimard, coll. «Archives du surréalisme», 1988, p. 53.

8. Youki Desnos, *Les Confidences de Youki,* Paris, Fayard, 1957, p. 87.

Pourquoi est-ce?» Dans le cahier de la permanence du Bureau, on trouve à la date du 10 novembre mention du projet d'hommage à Germaine Berton avec la photo de tous les membres du groupe. On note également ceci : «Versé au dossier de la revue un texte de Malkine : *Histoire en question*[7].» Le premier numéro de *La Révolution surréaliste* paraît le 1er décembre 1924. La photo de Malkine illustre en effet, avec celle des autres membres du groupe, l'hommage à Germaine Berton. Le nom de «Georges Molkine» figure par ailleurs au sommaire de la revue avec un «texte surréaliste».
N'ayant toujours pas reçu un exemplaire de la revue le 29 décembre, Malkine fait part de ses griefs à Desnos : «Je ne saurais assez te remercier de me mettre ainsi au courant comme je le désire beaucoup. À l'autre point de vue, je suis beaucoup moins content – je te fais juge : c'est un médecin revenant de Saigon qui le premier m'a parlé du n° 1 de la R.S. où il a vu ma photo et mon nom (MOLKINE). – Me laissera-t-on tomber avec ce n° comme avec le Cadavre? Franchement c'est d'un chic! N'y a-t-il personne à la R.S. qui soit chargé, ou prié, d'assurer aux abonnés le service des publications? [...] Pense-t-on que la R.S. aura plusieurs numéros? Si oui, que dois-je faire pour espérer en avoir? [...] Il n'y a absolument que toi, jusqu'ici, qui m'aies dit quelque chose de ce qui se passe à Paris.» Si la communication passe mal, ce n'est pas, en l'occurrence, du fait de Malkine, et les difficultés qu'il éprouve à garder le contact avec ses amis semblent faire écho aux désordres et autres dysfonctionnements dont témoigne à l'envi le cahier de la permanence du Bureau de recherches surréalistes.

En 1925, le nom de Malkine apparaît au bas de presque tous les appels, déclarations, manifestes et autres télégrammes surréalistes. Malkine est présent à Paris lors du fameux banquet en l'honneur de Saint-Paul Roux qui se tient le 2 juillet 1925 à la Closerie des lilas. Dans ses *Confidences,* Youki Desnos raconte : «Brouhaha général. Le peintre Malkine, qui avait un appétit magnifique, en profita pour déguster, en dehors du sien, l'entremets de sa voisine de droite, puis celui de sa voisine de gauche. Breton, en ouvrant la fenêtre, l'avait fait sortir de ses gonds. Desnos, s'élançant sur la tringle à rideaux, se balança un moment dans le vide, puis, avec ses deux pieds, renversa la table : voilà Malkine enseveli sous une avalanche de desserts[8].»

9. Marcel Duhamel, *Raconte pas ta vie*, Paris, Mercure de France, 1972, p. 156.
10. Rappelons que L'Urbanisme moderne, société pour laquelle Georges Malkine travaillait à Nice, proposait aux municipalités de la Côte d'Azur du matériel pour l'enlèvement et le traitement des ordures.
11. La dédicace à Malkine disparaîtra dans les éditions ultérieures du texte, en 1929 et en 1962.

C'est cette année-là que Desnos et Malkine rencontrent Jacques Prévert, Yves Tanguy et Marcel Duhamel. « En compagnie de Florent Fels, nous dînons dans un bistrot, entre la Rotonde et le Select, raconte Marcel Duhamel. La table voisine est plus bruyante encore que la nôtre. Un petit jeune homme en casquette, complet gris à martingale, se lève et, badine à la main, prend quelqu'un à partie. La badine, la martingale et le ton qu'il a pris ont le don d'exaspérer Jacques [Prévert], qui s'apprête à l'invectiver quand Fels lui dit : "Fais pas ça. C'est un poète surréaliste, un des plus intéressants." Jacques, aussitôt, se radoucit. Fels nous présente à Desnos, à des filles, à je ne sais plus qui..., au peintre Malkine[9]. »

En juin 1925, Malkine est l'un des signataires du carton d'invitation à la première exposition de Joan Miró à la Galerie Pierre. *La Révolution surréaliste* publie, dans son numéro 4 daté du 15 juillet, un second texte de lui : « Roi-paroi et désarroi... » Ce sera le dernier de Malkine dans une publication surréaliste. S'il continue d'écrire et d'envoyer ses textes à Desnos, il n'en semble guère satisfait. « Je voulais t'envoyer 1 kilo de manuscrit, lui écrit-il. Mais je les ai mis aux chiottes chez moi. Moi qui sais le destin de la merde et des ordures[10], je sais que quelques-uns d'entre eux, forcément, iront au Chili, grand acheteur de merde, et deviendront le parfum de l'amaryllis, et c'est une belle mort. Si tu veux je t'enverrai mes choses à mesure que j'en écrirai et que je serai disposé à te les envoyer, et quand il y en aura assez pour faire un cer(re)cueil, à toi de me le dire. » En revanche, il se remet au dessin et à la peinture et commence à montrer ses œuvres à ses amis, Breton en particulier.

La « Lettre aux voyantes » d'André Breton, publiée dans le numéro 5 de *La Révolution surréaliste* (15 octobre 1925), est dédiée à Malkine[11]. Le texte a en effet été écrit durant l'été chez Malkine, au cours du voyage qu'André et Simone Breton ont effectué à Nice et dans le Midi. Malkine retrouvera les Breton à Thorenc-sur-Loup, où ils seront rejoints par Max Morise, Janine Kahn et Desnos. C'est également cet été-là que Malkine fait la connaissance d'André Masson. Ce séjour des Breton dans le Midi, on en retrouve d'abondantes traces dans la correspondance entre Malkine et Desnos. Le 16 août, par exemple : « Je balade les Breton, Morise et Masson un peu partout, ayant pu disposer d'une auto pour quelques jours, ce qui est exceptionnel en été. [...] Je suis très content de connaître

12. Simone Collinet, « À propos de Malkine », *op. cit.*
13. Cf. Georges Sebbag, *Les Éditions surréalistes 1926-1968*, Paris, IMEC Éditions, 1993, p. 20.

Masson, cela me rend un peu de cet espoir qui fondait si vite à Paris auprès de tous les petits cons. » Le 27 août : « Je reviens de Thorenc, d'où je t'ai envoyé une carte. Les B., Janine et Morise, y seront probablement jusqu'au 20 septembre environ. Ils voudraient que nous les y rejoignions toi et moi. [...] La montagne convient évidemment mieux à Breton que la mer, qu'il ne peut pas souffrir. Il se plaît beaucoup à Thorenc pour le moment, mais il est très capable de filer à Paris plus tôt qu'il ne le dit, et à ce sujet, il est dommage que tu doives passer plusieurs jours en Italie avant ton séjour ici. »

À la fin de l'année 1925, Malkine quitte Nice et revient s'installer à Paris. C'en est fini de l'empêchement géographique, et sa participation aux activités du groupe va dès lors s'affirmer. En qualité de peintre. En novembre 1925, des dessins de Malkine sont choisis pour figurer dans l'exposition « La peinture surréaliste » à la Galerie Pierre. Simone Collinet se souvient : « Vous savez, il est peintre, disait-on. Mais personne, hormis Desnos, n'avait vu aucune de ses œuvres. Je le revis fréquemment, l'hiver suivant, dans son atelier de la rue de la Procession. Il avait décidément opté pour la peinture et donna, cette année-là [1926], à *La Révolution surréaliste,* quelques dessins percutants qui ne furent pas les moindres parmi les fleurons de cette célèbre revue [12]. »
En 1926, en effet, Malkine se consacre totalement à la peinture. En juin, le dessin *L'Extase* et la toile *La Nuit d'amour* sont reproduits dans le numéro 7 de *La Révolution surréaliste.* La parution d'une « Boule de neige » de Man Ray est annoncée dans ce même numéro, et il est précisé que d'autres « boules de neige » seront réalisées par « Man Ray, Tanguy, Malkine, Picasso, Arp, etc. [13] ». Dans le numéro 8 (1er décembre) sont reproduits *La Vallée de Chevreuse* et *Espoir.* On y trouve également une publicité pour la Galerie surréaliste où figure le nom de Malkine. Ouverte rue Jacques-Callot le 26 mars, la Galerie surréaliste prend des œuvres de Malkine en dépôt et l'accueille au sein d'expositions de groupe en juin et en décembre.

À la fin de 1926 ou au début de 1927, Malkine et Desnos partagent l'ancien atelier d'André Masson au 45 de la rue Blomet. Desnos dédie à Malkine le premier poème du petit recueil *C'est les bottes de sept lieues cette phrase « Je me vois ».* Il lui consacre,

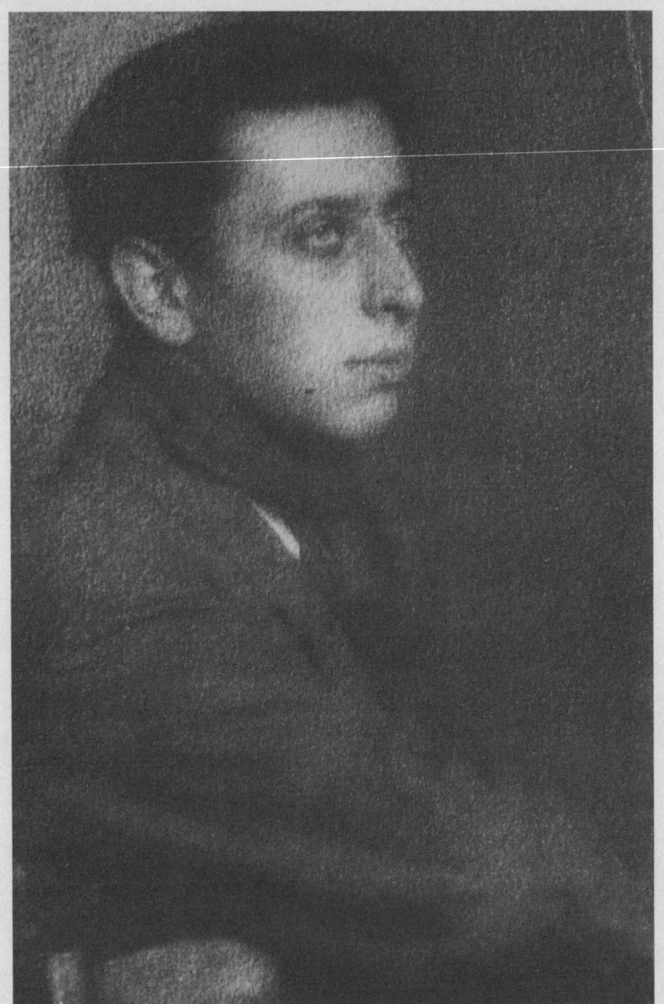

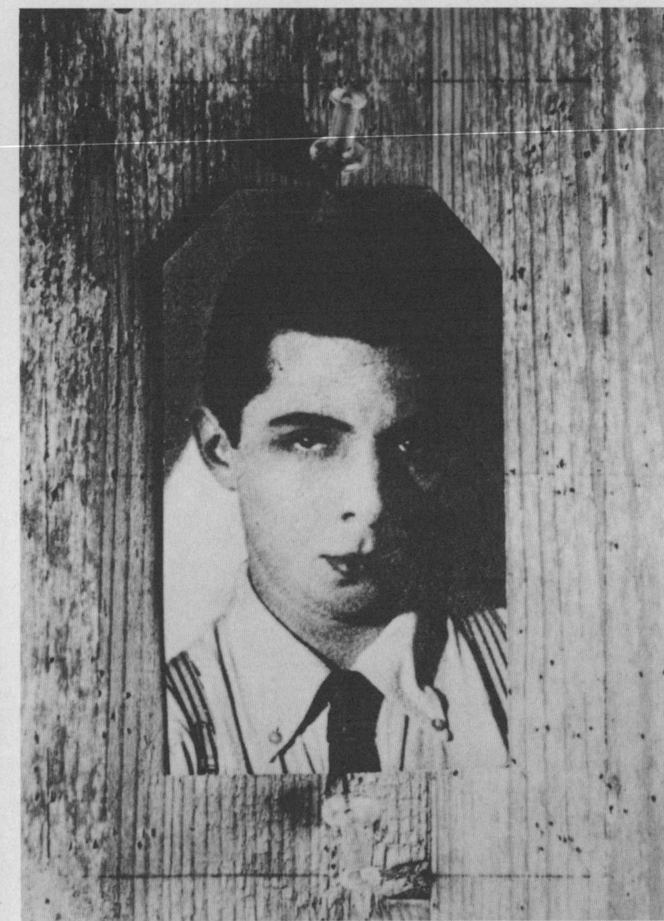

168. Portrait de Robert Desnos, c. 1922
Photographie de Man Ray

154. Autoportrait, 1924
Photographie de Georges Malkine

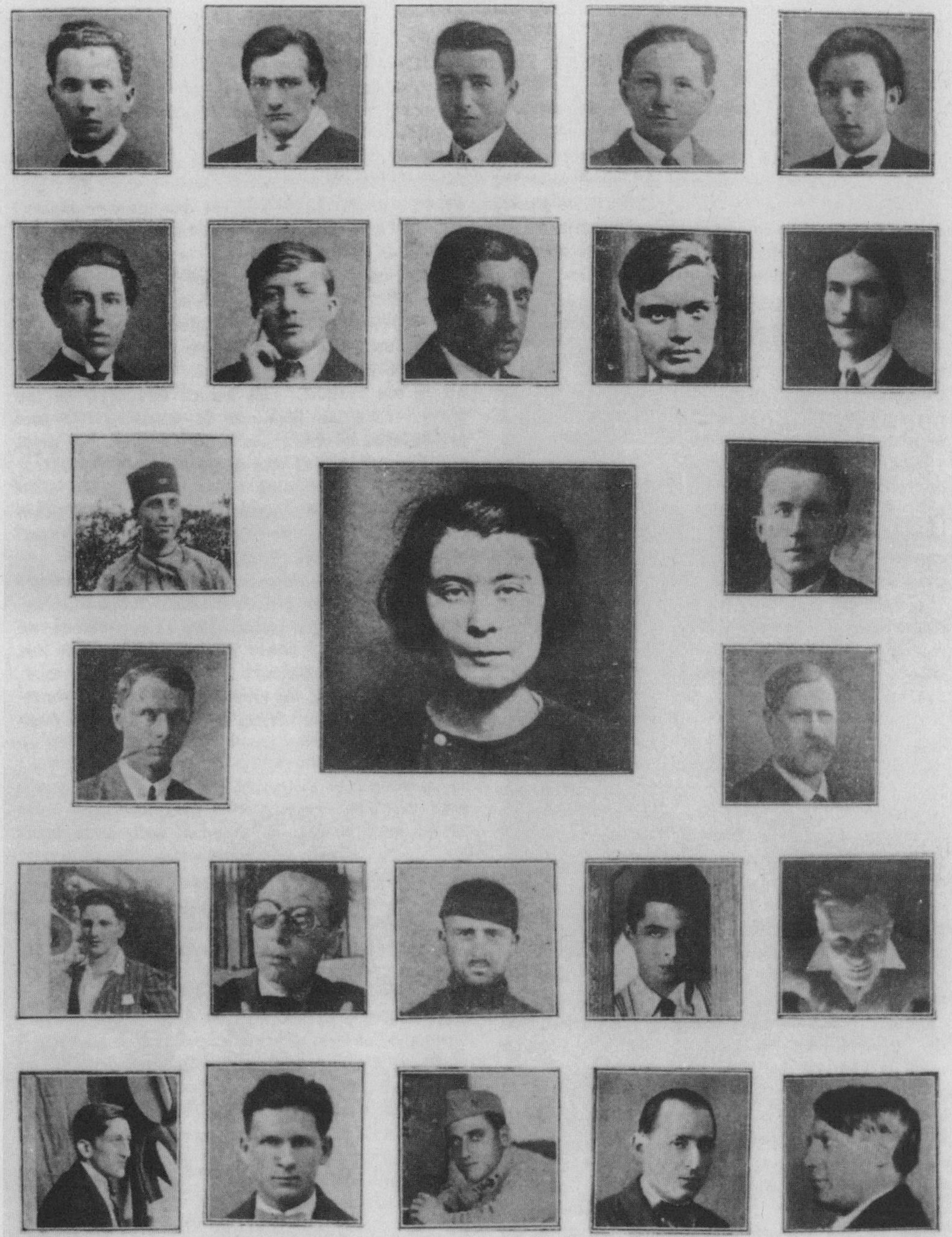

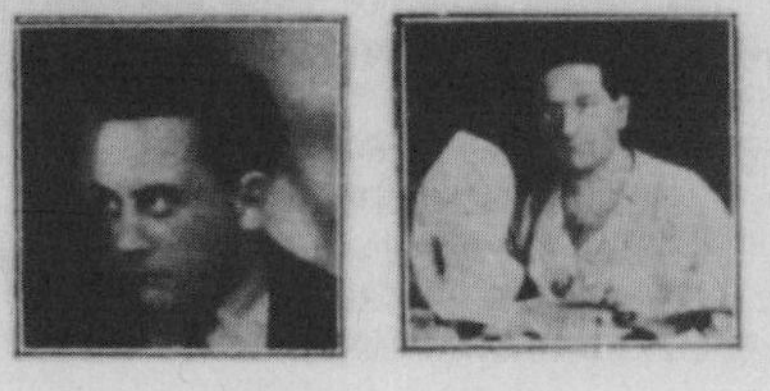

La femme est l'être qui projette la plus grande ombre ou la plus grande lumière dans nos rêves.
Ch. B.

17

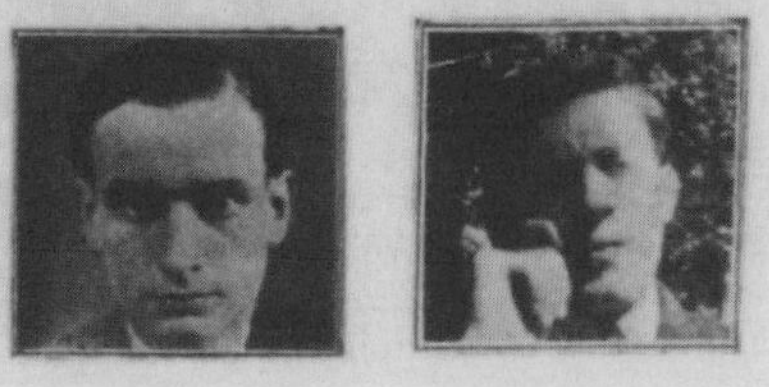

141. « La Révolution surréaliste » n° 1, décembre 1924,

14. Robert Desnos, «Surréalisme», *Cahiers d'art* n° 8, 1926, repris dans *Écrits sur les peintres*, Paris, Flammarion, 1984, p. 91.

en novembre, un article critique, puis l'inclut dans un article générique intitulé «Surréalisme[14]». Malkine peint cette année-là deux portraits de Desnos et commence à travailler aux illustrations de *The Night of Loveless Nights,* qu'écrit son ami, mais qui ne paraîtra qu'en 1930.

En janvier 1927, la Galerie surréaliste consacre une exposition particulière à Malkine. Simone Breton, Louis Aragon, Nancy Cunard, Charles-François Baron, Emmanuel Berl, Lise Meyer (Lise Deharme) et Jacques Doucet ont prêté des œuvres leur appartenant. L'exposition est un succès. Raymond Roussel, Émile Savitry, Théodore Fraenkel, J.M. Keynes (futur ministre des Finances de Grande-Bretagne) figurent parmi les acheteurs. On sait par ailleurs, d'après des notes prises par Malkine, que de très nombreux surréalistes ont possédé des œuvres de lui – achetées ou offertes par le peintre : Paul Eluard, Robert Desnos, Antonin Artaud, Marcel Noll, Max Morise, Roland Tual, Jacques-André Boiffard, Georges Sadoul...

En 1927 toujours, Malkine cosigne le texte «Hands off Love» écrit par Aragon en hommage-défense à Charles Chaplin. Le texte sera repris dans le numéro 9-10 de *La Révolution surréaliste*. En octobre, il signe le tract «Permettez». Dans le numéro 11 de la revue (mars 1928) est publiée la reproduction de *Sénégal.*

Les années 1928-1929 sont marquées par des tiraillements importants à l'intérieur du groupe. Une lettre du 12 février 1929 pose le problème de la continuation ou non d'une activité surréaliste collective. Les réponses et la teneur des discussions qui ont lieu lors d'une séance au Bar du Château, le 11 mars, seront publiées en juin dans le numéro spécial de la revue belge *Variétés :* «Le surréalisme en 1929». La réponse de Malkine y figure, ainsi que son portrait par Man Ray et la reproduction de *La Clef des songes.* Cette réunion aura des développements que Malkine ne suivra que de loin. Il a en effet quitté Paris pour Papeete le 12 mai et ne reviendra en France qu'à la fin de l'année. À temps cependant pour lire le «Second manifeste», publié dans le numéro 12 de *La Révolution surréaliste* (décembre 1929). À temps également pour lire la réponse de Ribemont-Dessaignes, Desnos, Prévert, Queneau, Vitrac, Leiris, Limbour, Boiffard, Morise, Baron, Carpentier et Bataille, rédigée sous la forme d'un «Cadavre» et publiée au début de 1930. Dans ce débat,

Malkine semble toutefois choisir son camp : il cosigne, en mars, le tract « Prière d'insérer » (*Le Surréalisme au service de la Révolution* n° 1, mars 1930) par lequel il se range auprès d'André Breton, contre les signataires du « Cadavre ».
Le choix que fait Malkine de rester aux côtés de Breton n'altère cependant pas ses relations avec Desnos. Ce dont il semble s'éloigner, c'est du groupe surréaliste dans son entier. Sa signature n'apparaîtra plus qu'au bas de quelques tracts, notamment celui qui s'élève contre l'inculpation d'Aragon lors de la publication de son poème « Front rouge » au début de 1932. Et si le nom de Malkine figure encore, en mai 1933, dans le numéro 6 de la revue *Le Surréalisme au service de la Révolution,* c'est au bas d'un appel d'intellectuels du groupe Sagesse contre la terreur fasciste dans l'Allemagne nazie.

INDISCIPLINE

Toutes ces informations sont évidemment parcellaires. Elles ne dessinent que la surface des liens entre Malkine et le groupe surréaliste. Mais il nous manque beaucoup d'éléments pour pouvoir mieux les cerner. De cette période, seuls nous sont parvenus en effet les échanges épistolaires entre Malkine et Desnos – et encore : uniquement les lettres de Malkine à Desnos. Les témoignages sont éparpillés, contradictoires.
Au regard de ces indices, quelques hypothèses peuvent néanmoins être avancées qui amènent à une conclusion ambivalente : Malkine est certainement très impliqué dans le mouvement naissant. Les objectifs que s'assigne le surréalisme, la valeur accordée au rêve, à l'automatisme, il les partage sans conteste. Mais il semble avoir du mal à se plier au caractère collectif de l'aventure, du moins dans les formes qu'elle a très vite revêtues : discussions, polémiques, et pour finir querelles de personnes. L'orientation politique, ensuite, et le rapprochement avec le Parti communiste notamment, ont sans doute accentué ces réticences. Les conflits qui s'enveniment entre ses amis tout comme son parcours personnel l'ont finalement conduit à s'éloigner de ses premiers compagnons. Cette évolution est commune à nombre de ceux qui formèrent le noyau des années 1924-1929. Elle semble d'ailleurs avoir été *naturelle* chez la plupart des surréalistes tout au long de l'histoire du mouvement : adhésion, participation active, conflits, éloignement progressif.

15. S. Collinet, « À propos de Malkine », *op. cit.*
16. Louis Aragon, « Demeure de Georges Malkine », *Les Lettres françaises*, 11 avril 1970, repris dans *L'Œuvre poétique*, Paris, Livre-Club Diderot, t. XV, 1981, pp. 417-425.
17. S. Collinet, « À propos de Malkine », *op. cit.*
18. L. Aragon, « Demeure de Georges Malkine », *op. cit.*, pp. 417-425.

Malkine n'a peut-être jamais été un homme de café, au sens surréaliste de l'expression. S'il fréquentait certes les cafés – et très assidûment ceux de Montparnasse –, il semble qu'il ait peu prisé les réunions quotidiennes, plus ou moins obligées, avec les surréalistes autour de Breton. Affaire de tempérament avant tout : Malkine est un homme secret, réservé, naturellement distant. On le compare physiquement à Rudolph Valentino, à un prince arabe, ou à Hassan, le héros de Musset, que « sa mère avait fait tout petit pour le faire avec soin ». Simone Collinet ajoute : « Mystérieux, secret, il avait un prestige d'oiseau venu de nulle part et dédaigneux de se poser[15]. » Et Aragon de confirmer :

« Malkine
Il m'était venu par Desnos
Mais jamais je n'ai pu l'appeler Georges tandis
Que j'ai tranquillement de Desnos un jour dit
Robert le Diable[16] ».

Cette retenue, cette distance, ce silence quant à soi-même, beaucoup l'ont noté : « Il parlait peu ; jamais de lui. On attendait toujours qu'il dise la bonne aventure ou qu'il provoque une catastrophe, tant semblait l'habiter un génie étrange », se souvient Simone Collinet[17]. La distance s'accompagnait souvent d'une sorte de sourire dont parle Aragon :

« Il suffisait de dire *Ah* pour
Désarçonner le sourire Alors
Il souriait pour vous
Avec cette intolérable politesse[18] ».

Si Malkine signe de nombreux tracts et participe à des expositions de groupe, il est notoirement absent d'autres activités chères aux surréalistes : pas de participation active, par exemple, aux « cadavres exquis » dessinés ou écrits ni aux « dialogues » entre 1927 et 1929. Il n'est pas plus présent dans les « Discussions sur la sexualité » et ne répond pas aux enquêtes – mais il est absent de Paris lorsqu'est ouverte la grande enquête sur l'amour de 1929. On ne le voit jamais, enfin, sur les photos de groupe – hormis quelques-unes qui ont été prises chez lui.

19. Propos de Georges Malkine recueillis par Marie-Claire Dumas lors d'une « rencontre impromptue avec Georges Malkine » les 3 et 4 avril 1967.

20. Marcel Duhamel, dans *Hommage à Malkine,* catalogue d'exposition, Paris, Galerie Mona Lisa, 1966.

« Sortant d'une forêt inconnue », dit encore Aragon. Car Malkine voyage en effet. Il est à Paris, le lendemain à Liège, à Orléans, ou encore à Papeete. Malkine gardera toute sa vie cette étonnante faculté d'*apparaître,* puis de *disparaître*. De se maintenir, pour ainsi dire, à la lisière, toujours, de la proximité. Entre ombre et lumière, entre rêve et réalité. Entre chien et loup. Cette attitude – qui n'a assurément rien d'une pose –, si elle peut de toute évidence être lue comme une volonté de vivre *avant tout,* comme le signe manifeste d'une incarnation de la poésie *dans* la vie, ne peut guère s'accommoder d'une vie de groupe soumise à des obligations plus ou moins strictes, à tout le moins à une présence régulière. De ces astreintes, Malkine semble un peu se moquer quand il écrit par exemple à Desnos, au début de 1925 : « Toujours des meetings et des conférences ? » Et aussi : « Je reçois la dernière circulaire du Bureau des recherches. Cela devient réellement intéressant. Et quel plaisir, quel réconfort, quel encouragement, ces efforts conjugués, cet esprit de collaboration étroite, cette communion dans un même idéal, cette belle ordonnance, cette méthode, ces traces fixées, ces archives. J'espère bien être à Paris lors du premier commémoratif. Il faut bien, n'est-ce pas, faire la part des choses, celle du pour et du contre, celle du lion, faire part, prendre en bonne part, aller quelque part.
Ah, mon vieux. Deuil pour deuil. »

À l'opposé des « meetings » et autres « conférences », Malkine semble avoir toujours préféré les contacts directs avec ceux dont il se sentait le plus proche. Premier d'entre tous, Robert Desnos. Entre les deux hommes, l'attraction est immédiate : la nuit suivant leur rencontre, ils la passent à marcher ensemble dans Paris. En dépit de tempéraments opposés, ils avaient, selon Malkine, « un même sentiment des choses. Cet accord rendait la vie commune heureuse ». Tous deux réalisaient sans effort « l'alliance de la vie et du rêve [19] ». Marcel Duhamel, dans le souvenir qu'il garde de Malkine, ne le dissocie pas de Desnos : « [Desnos et Malkine] vivaient l'un et l'autre le rêve éveillé. Le surréalisme, bien sûr, baignait dans une atmosphère onirique, mais Desnos et Malkine transportaient littéralement leurs deux petits nuages de rêve, comme les carpes leur oxygène [20]. » Ce sont leurs promenades dans Paris dont semble se souvenir Aragon lorsqu'il regrette, en 1924, l'absence de son ami rêveur : « Je n'ai plus désormais aucune idée de l'élégance et c'est beaucoup du

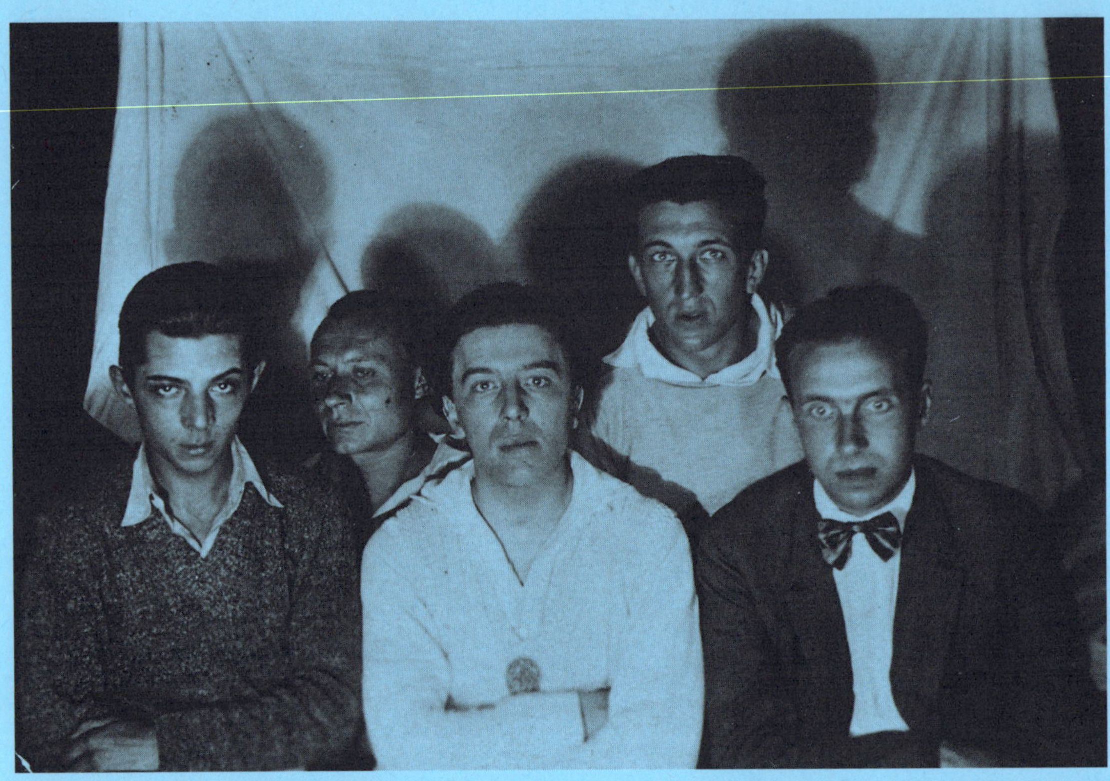

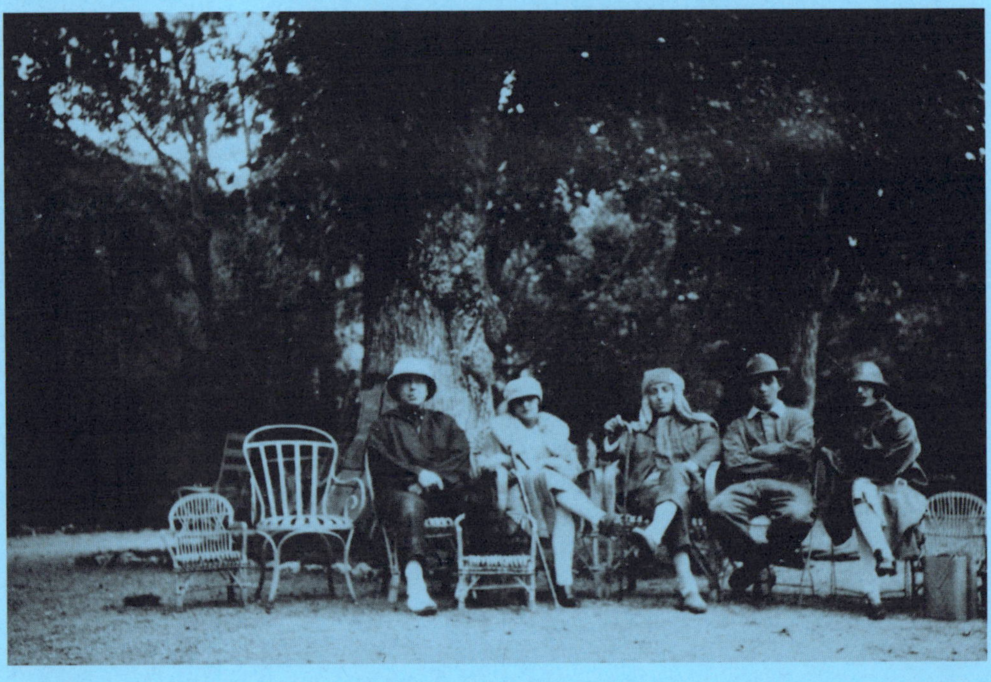

158. Portrait de Georges Malkine, André Masson, André Breton, Max Morise et Georges Neveux dans l'atelier de Malkine, 1924. Photographie de Georges Malkine

161. Portrait d'André Breton, Janine Kahn, Robert Desnos, Georges Malkine et Simone Breton à Thorenc-sur-Loup, 1925 Photographie de Georges Malkine

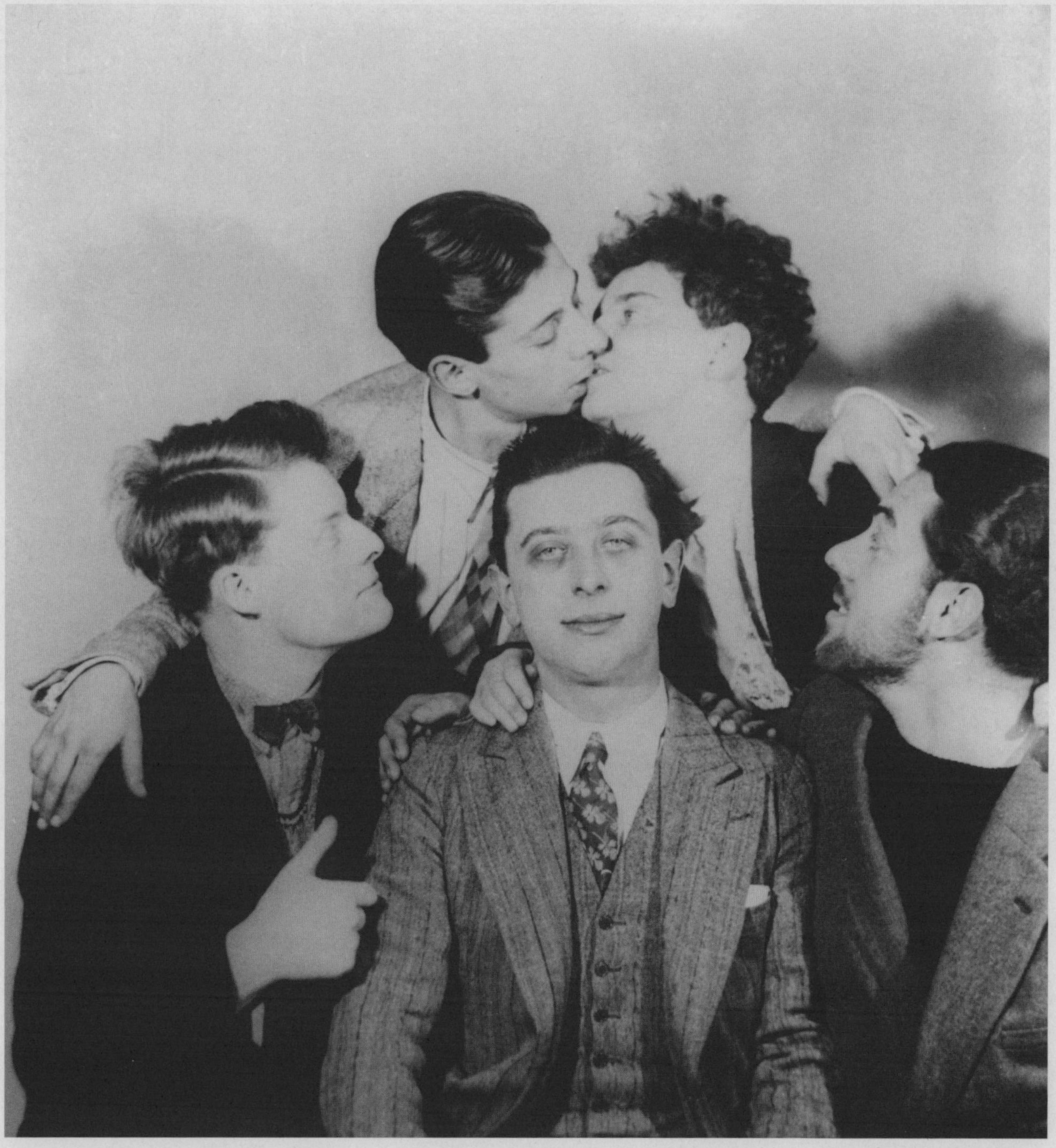

169. En haut, Georges et Yvette Malkine, en bas et de g. à dr. André de La Rivière, Robert Desnos et le sculpteur Lasserre, c. 1931. Photographie de Man Ray

21. L. Aragon, « Une vague de rêves », *op. cit.*
22. Claude-André Puget, dans *Hommage à Malkine*, catalogue d'exposition, Paris, Galerie Mona Lisa, 1966.
23. Patrick Waldberg, « Retour de Malkine », dans *Hommage à Malkine*, catalogue d'exposition, Paris, Galerie Mona Lisa, 1966.

mystère de cette ville mal éclairée qui est parti pour la Côte d'Azur[21]. » Aragon cite également Malkine dans « La peinture au défi », préface au catalogue d'une exposition de collages à la Galerie Goemans en 1930. Il est en effet, avec Desnos, parmi les seuls défenseurs du travail de Malkine dans les années 1926-1927, et c'est tout naturellement qu'il renouera, en 1966, cette amitié ancienne.

Claude-André Puget, que Malkine a rencontré dès 1918, insiste lui aussi sur l'étrange et fascinante personnalité de Malkine : « Très vite, son regard admirable de lumière intérieure, son humour à froid, son mépris des jugements majoritaires, son goût du sarcasme et de l'irrévérence, et surtout son sens des vraies valeurs, la foi qu'il leur portait, devinrent nos pierres de touche [...]. Il nous fit don de la poésie renouvelée qui guida toute sa vie[22]. »

Patrick Waldberg décrit la même fascination : « Malkine habitait en ce temps-là [1932] un appartement sis au cinquième, 1, rue Hautefeuille, à quelques pas de l'endroit où avait vécu Baudelaire. De ses fenêtres, l'on avait vue sur la place Saint-André-des-Arts. [...] La pièce d'angle où je passai en sa compagnie tant d'heures rêveuses, la mélancolie de la place que l'on voyait en se penchant au-dehors, les disques que nous jouions à n'en plus finir sur le "Voix de son Maître" portatif, les tambours haïtiens d'où il tirait des rythmes allant du bercement à la frénésie, tout cela me revient en mémoire, aussi net, aussi vivant que si c'était hier. Ce temps perdu reste mon bien le plus précieux. Je revois Malkine, augural un peu, tant par l'impeccable scansion qu'il imprimait à sa parole que par la qualité mystérieuse de ses silences, je le revois, fixant de son regard crépusculaire la boule grésillante dont le chuintement semblait nous murmurer : Oublie l'avenir[23] ! »

L'amitié avec Artaud n'est pas moins importante, comme en témoigne cette dédicace du poète sur un exemplaire de *L'Ombilic des limbes,* en mai 1926 : « À Georges Malkine – pour les hommes de son regard, il y aura toujours la nuit éternelle. En grande sympathie. A. Artaud. » Et l'on n'oubliera pas Prévert, Duhamel et Tanguy, qui partageaient alors une petite maison rue du Château. Tous les témoignages concordent pour compter Malkine et Desnos parmi les habitués de l'endroit. Malkine retrouvera d'ailleurs Tanguy très peu de temps après son arrivée à New York, en 1949. « Nous voulons absolument vous voir ici avant l'hiver, lui écrit Tanguy. Tâche donc de te débrouiller. » Et Tanguy sera l'un des premiers lecteurs d'*À bord du Violon de mer,* le roman que Malkine est alors en train d'écrire.

24. Voir sur ce point la déclaration liminaire dans *La Révolution surréaliste* n° 1, décembre 1924, et l'article d'Antonin Artaud « La liquidation de l'opium », dans *La Révolution surréaliste* n° 2, 15 janvier 1925.

TIRAILLEMENTS

Une lettre de Malkine à Desnos, malheureusement sans date (entre 1926 et 1930), évoque une possible exclusion de Malkine du groupe surréaliste : « Prière de passer immédiatement chez moi, malgré qu'il soit question de mon exclusion, Breton paraissant très décidé à cet égard. »

Les relations de Breton et de Malkine n'ont jamais dû être très simples. Au sein du groupe, André Breton reste la référence. Il est celui à qui l'on présente son travail et dont on guette les avis. En 1925, Malkine offre des dessins à Breton. « Je viens d'écrire à AB, confie-t-il à Desnos en février, en lui envoyant les titres de mes dessins et en lui parlant de ceux que tu faisais il y a quelques mois comme j'avais l'intention de le faire. » Dans une autre lettre il s'inquiète : « Que veut dire : "Tes dessins ont beaucoup plu (?) à Breton" – Je parle du point d'interrogation, et pourquoi ne me dis-tu pas ce qu'il y a ? Et puis enfin, puisqu'il veut en publier – ? – Je n'y comprends rien. D'ailleurs je ne comprends plus rien en général. » Il est évidemment impossible de connaître la position exacte de Breton à l'égard de Malkine. Il n'en parle pas (nous y reviendrons) dans *Le Surréalisme et la Peinture.* Mais il publie plusieurs de ses œuvres dans *La Révolution surréaliste* et c'est à la Galerie surréaliste qu'a lieu la première exposition de Malkine. Il est difficile d'imaginer que, si Breton avait été résolument hostile à l'œuvre de Malkine, il aurait agi ou laissé agir en ce sens.

L'éloignement – ou la disgrâce – de Malkine a sûrement des causes et des raisons très complexes. Son caractère secret et réservé a pu déconcerter Breton. Sa difficulté à se plier à une vie collective l'a sûrement exaspéré. Son peu de goût pour la polémique, son peu d'attrait pour les discussions théoriques, son humour froid, son ironie, tout cela ne devait pas faciliter le contact entre les deux hommes. Le fait que Malkine ait été opiomane et, les années passant, de plus en plus dépendant de la drogue a pu également peser dans le jugement de Breton. Car si les surréalistes n'ont jamais explicitement condamné la drogue[24], ils devaient se montrer en revanche très hostiles à une quelconque dépendance. S'est sans doute ajoutée à cela la relation particulière qu'entretenait Malkine avec son activité de peintre. L'alternance, qu'il a pratiquée toute sa vie, entre des périodes d'intense activité créatrice et d'autres de « paresse idéale » ont pu donner l'impression qu'au fond il

25. André Thirion, *Révolutionnaires sans révolution*, Paris, Éditions Belfond-Le Pré aux clercs, 1988, p. 145.
26. Robert Lebel, « Débuts du surréalisme, Max Ernst, Joan Miró », *Dada Surréalisme*, Paris, Rive Gauche Productions, 1981, p. 184.

n'était pas vraiment peintre. C'est ce que semble suggérer André Thirion quand, rapprochant l'œuvre de Malkine de celle de Savitry, il écrit : « Le peintre Savitry fit entre deux voyages dans le Pacifique une exposition dont Aragon préfaça le catalogue. Breton se montra plus que réservé sur la qualité de ces peintures : il les rapprochait de celles de Georges Malkine, autre protégé d'Aragon. La cote de Malkine avait baissé rue Fontaine, où il était considéré comme un amateur très sympathique, mais comme un amateur[25]. » Ce qui est reproché à Malkine serait en somme de ne pas être un artiste « professionnel ». Quand on songe aux débuts du surréalisme, cela ne laisse pas d'étonner. Robert Lebel ne manque pas de le remarquer quand il écrit : « Certains n'ont voulu voir en Malkine, Morise et Savitry que des comparses épisodiques, mais avouons qu'une tendance trop souvent refoulée du surréalisme s'est traduite par leur refus de faire carrière. On peut vérifier grâce à eux que le "Lâchez tout", préconisé par André Breton, n'est pas toujours tombé dans l'oreille de sourds[26]. »

En 1929 toutefois, le débat au sein du groupe est plus politique qu'artistique. Il s'organise autour du rapport entre activité individuelle, action collective et engagement politique. Breton, Aragon, Duhamel, Eluard, Leiris, Prévert, Tanguy et Unik ont adhéré au Parti communiste fin 1926 - début 1927 (l'adhésion de Breton fera long feu). Malkine, mais aussi Baron, Desnos, Morise et Tual s'y sont refusés. Dès 1929, Desnos, Artaud, Vitrac, Leiris et Masson, qui pensent que l'engagement politique n'est pas la solution, optent *de facto* pour une démarche plus individuelle et essentiellement artistique. Naville a clairement choisi l'engagement politique. Breton, Aragon, Eluard et Péret posent le problème de la continuation d'une activité collective – et alors laquelle ? dans quel cadre ? avec qui ? La question est ainsi formulée : « Estimez-vous que, tout compte fait (importance croissante des questions de personnes, manque réel de déterminations extérieures, passivité remarquable et impuissance à s'organiser des éléments les plus jeunes, insuffisance de tout appoint nouveau et par suite accentuation de la répression intellectuelle dans tous les domaines), votre activité doit ou non se restreindre, définitivement ou non, à une forme individuelle ? Si oui, voulez-vous faire à ce qui a pu réunir la plupart d'entre nous le sacrifice d'un court exposé de vos motifs ? Définissez votre position. Si non, dans quelle mesure

27. « Le surréalisme en 1929 », numéro spécial de *Variétés*, juin 1929. Reprint Bruxelles, Didier Devillez éditeur, 1994, p. III.
28. *Idem*, p. XV.
29. Propos de Georges Malkine recueillis par Marie-Claire Dumas lors d'une « rencontre impromptue avec Georges Malkine » les 3 et 4 avril 1967.

considérez-vous qu'une activité commune peut être continuée ou reprise ; de quelle nature serait-elle ; avec qui désireriez-vous, ou consentiriez-vous, à la mener[27] ? » Le procès-verbal publié dans *Variétés* précise que Malkine « désapprouve l'activité individuelle à laquelle il se déclare néanmoins réduit » et qu'il « préconise la rédaction d'un manifeste violent engageant gravement ses signataires et permettant de débarrasser le groupe "des faibles, des tièdes, des indulgents, des conciliants, des amateurs, des larges d'esprit et autres ordures... Je ne conçois sous aucune forme la reprise d'une activité surréaliste quelconque si elle est préalable au tirage que je réclame"[28]. »

Apparemment, Malkine n'a rien perdu de sa fidélité aux objectifs premiers. Sa virulence surprend. Veut-il se montrer, en l'occurrence, plus royaliste que le roi ? La crise de 1929 jettera Desnos et Malkine dans des camps opposés. Mais si Malkine choisit très nettement de rester fidèle à Breton, on notera qu'il s'avoue « néanmoins réduit » à une activité individuelle. Et d'avoir choisi Breton ne l'empêche pas de continuer sa collaboration avec Desnos, alors qu'aucune collaboration ne le rapproche des membres toujours présents dans le groupe. En dépit de sa volonté clairement affichée, Malkine n'a pas modifié son attitude vis-à-vis des activités collectives.

Car c'est précisément à partir de ce moment-là que sa présence semble s'estomper. Ce qui a conduit Malkine à cet éloignement, c'est peut-être justement d'avoir eu à choisir. En 1967, Malkine parlera ainsi de la séparation entre Breton et Desnos : « L'initiative de la rupture vint de Desnos, qui ne pouvait plus supporter de voir Breton exclure tel ou tel, sur des suppositions et non des preuves, niant ainsi la liberté individuelle. » Mais il prendra également la défense de Breton en disant : « On a reproché à Breton d'accuser les autres de mercantilisme et de s'y adonner lui-même en vendant des tableaux. La position de Breton, ainsi présentée, est déformée : il n'acceptait pas qu'on fasse de l'argent de sa plume, de sa littérature ; mais il comprenait fort bien qu'il faille exercer un métier pour vivre[29]. » Ainsi, trente ans plus tard, Malkine semble toujours soucieux de défendre – ou à tout le moins de comprendre – l'un *et* l'autre. On relèvera que de même, en 1966, au moment de recueillir les témoignages pour le catalogue de son exposition à la Galerie Mona Lisa, Malkine va contacter et Breton et Aragon, sachant bien pourtant qu'une telle coexistence serait impossible. C'est donc peut-être faute d'avoir

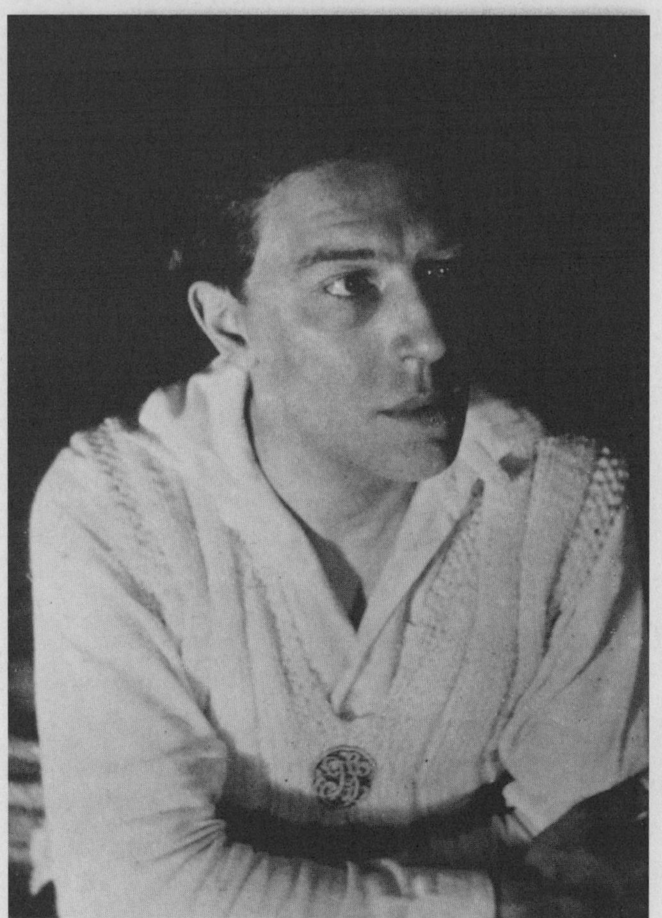

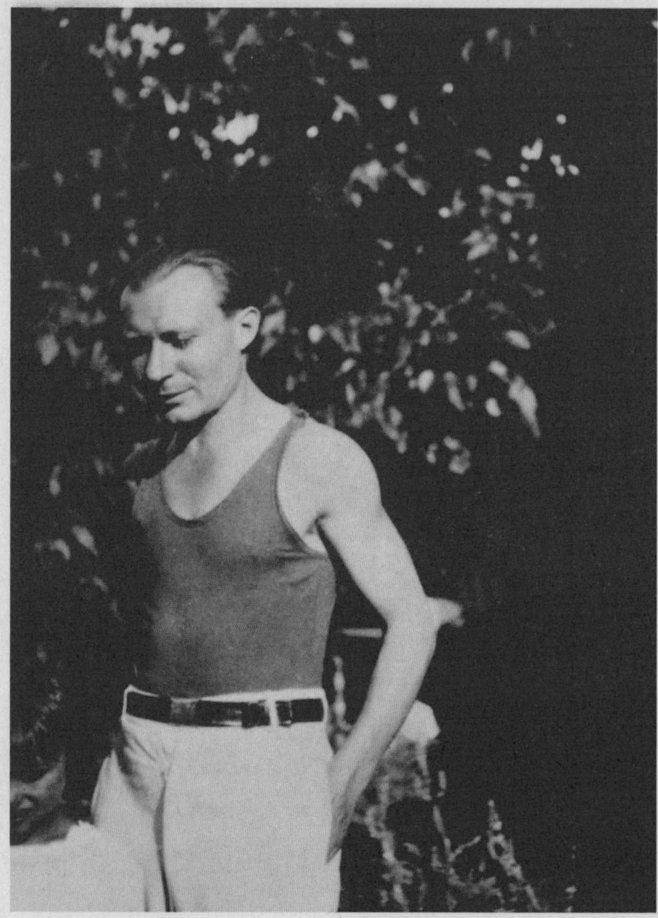

159. Portrait d'André Breton, 1924
Photographie de Georges Malkine

162. André Masson à Thorenc-sur-Loup, 1925
Photographie de Georges Malkine

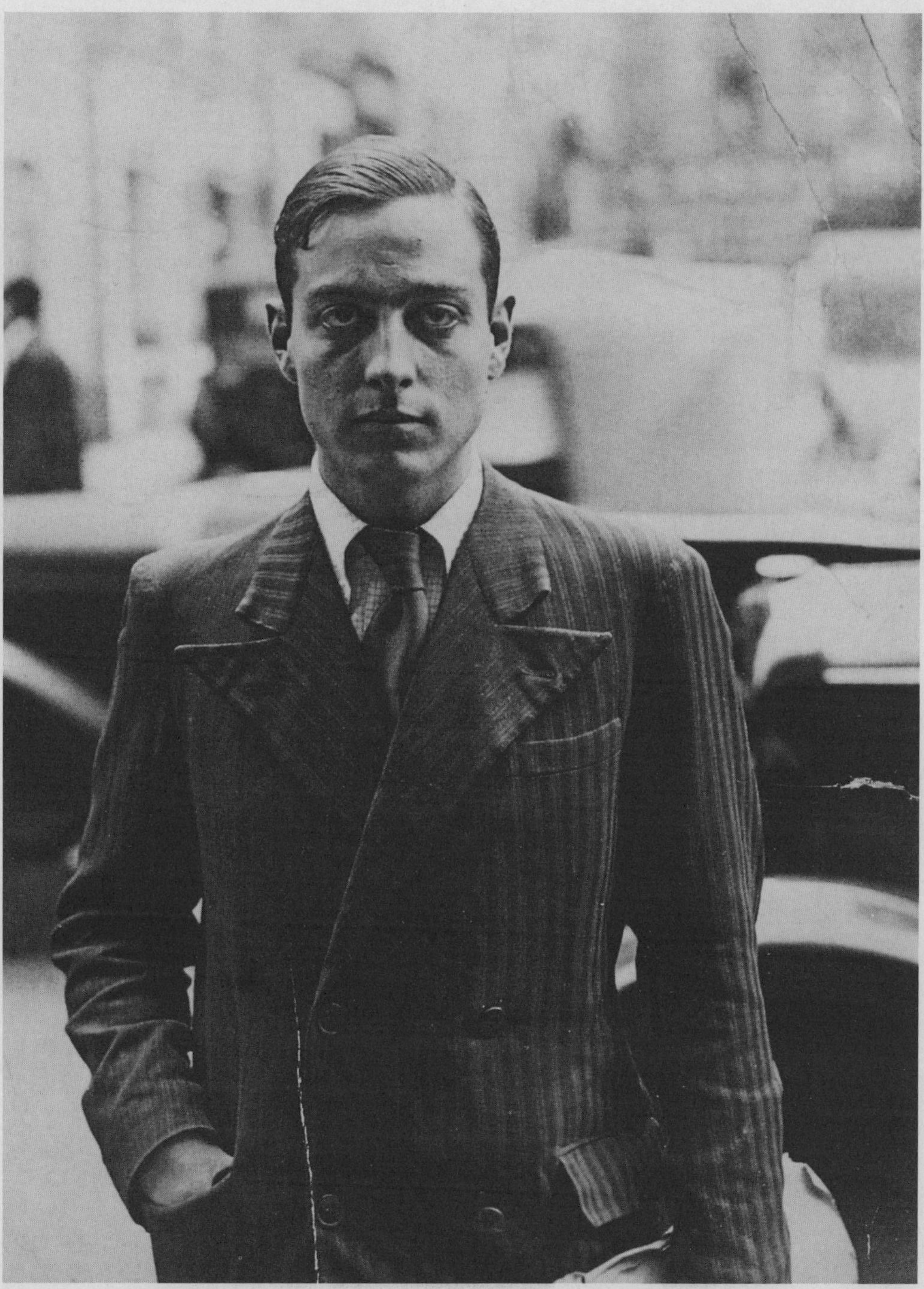

172. Portrait de Patrick Waldberg, 1934

30. André Breton, « Second manifeste du surréalisme », *La Révolution surréaliste* n° 12, 15 décembre 1929, p. 1.

jamais voulu choisir entre les uns et les autres qu'il a fini par s'éloigner du lieu où, tous ensemble, ils avaient tant espéré.
Pour Malkine, le surréalisme était sans doute indissociable des hommes et des femmes desquels il se sentait proche et avec lesquels l'aventure avait commencé : dans la mesure où, à l'aube des années 1930, la plupart de ceux-là s'étaient éloignés, le surréalisme avait perdu, à ses yeux, une grande partie et de son sens et de son contenu. Quant aux nouveaux venus, ils ne l'attiraient peut-être pas : imagine-t-on, par exemple, Malkine aux côtés de Dali ?

SOUVENIRS

Il est décidément malaisé de situer Malkine au sein du surréalisme. « J'ai tout fait, écrit-il à Waldberg en novembre 1969, pour échapper à l'attention de mes contemporains et pour ne leur accorder la mienne que le moins possible. J'y suis assez bien parvenu. » On ne peut qu'acquiescer. Et souligner qu'en cela Malkine s'est montré beaucoup plus fidèle à ses « principes surréalistes » que beaucoup d'autres. « Que pourraient bien attendre de l'expérience surréaliste ceux qui gardent quelque souci de la place qu'ils occuperont dans le monde[30] ? », écrivait André Breton dans le « Second manifeste ». Le goût de la liberté qui a constamment habité Malkine dans sa vie et dans son œuvre l'a sûrement conduit à cette ombre dans laquelle il s'est toujours senti chez lui.

Peu présent dans les livres d'histoire du surréalisme, absent des cimaises des musées, peu cité dans les biographies – mais que lui importait ! –, Malkine est resté vivant dans la mémoire de quelques-uns. Réapparaissant soudain à Paris en 1966 – alors que personne n'avait eu de ses nouvelles depuis plus de vingt ans –, il frappe à la porte d'André Breton, qui le reçoit. De même, Jacques Prévert, Max Ernst, André Masson, Simone Collinet, Marcel Duhamel et Louis Aragon acceptent spontanément de participer à l'hommage qui lui est rendu. Cet attachement aussi réel que souterrain, sans doute faut-il le comprendre à la lumière des mots de Patrick Waldberg quand il écrit à Malkine, en septembre 1966 : « Je te suis profondément attaché, souverainement, dirais-je, avec une complicité d'âme

31. Eusapia Palladino (1854-1918), médium italienne connue pour ses expériences de lévitation lors de séances de spiritisme.

que j'éprouve pour peu d'autres. Cela peut te paraître étrange, étant donné la brièveté de nos anciennes rencontres, et le très long éloignement qui les a suivies. Mais c'est ainsi : un trésor est enfoui quelque part, dont j'ai connu l'existence, pour beaucoup, grâce à toi. Je n'ai cessé de le chercher en aveugle, non sans désespérance. Ton retour, ta proximité ont ravivé l'instinct de chasse : sans espoir, peut-être, mais non sans une certaine joie. » Nous sommes ici au plus près de la véritable expérience surréaliste : celle qui a d'abord réuni des hommes, avant que de susciter des œuvres.

Quant à Malkine, il semble avoir pris un peu de recul. Mais conservé son humour. Il écrivait déjà à un ami en septembre 1947 : « Le surréalisme lui-même, à tout prendre, n'est pas sans charme. Il prend tout naturellement sa place dans mon album de souvenirs de famille, entre les feuillages d'automne de Versailles et le portrait de la Loïe Fuller, l'Institut de recherche psychique de Londres et le musée Grévin, Eusapia Palladino[31] dansant le French Cancan et Gutenberg inventant l'imprimerie. Rien de plus naturel d'ailleurs. »

1926 - 1944

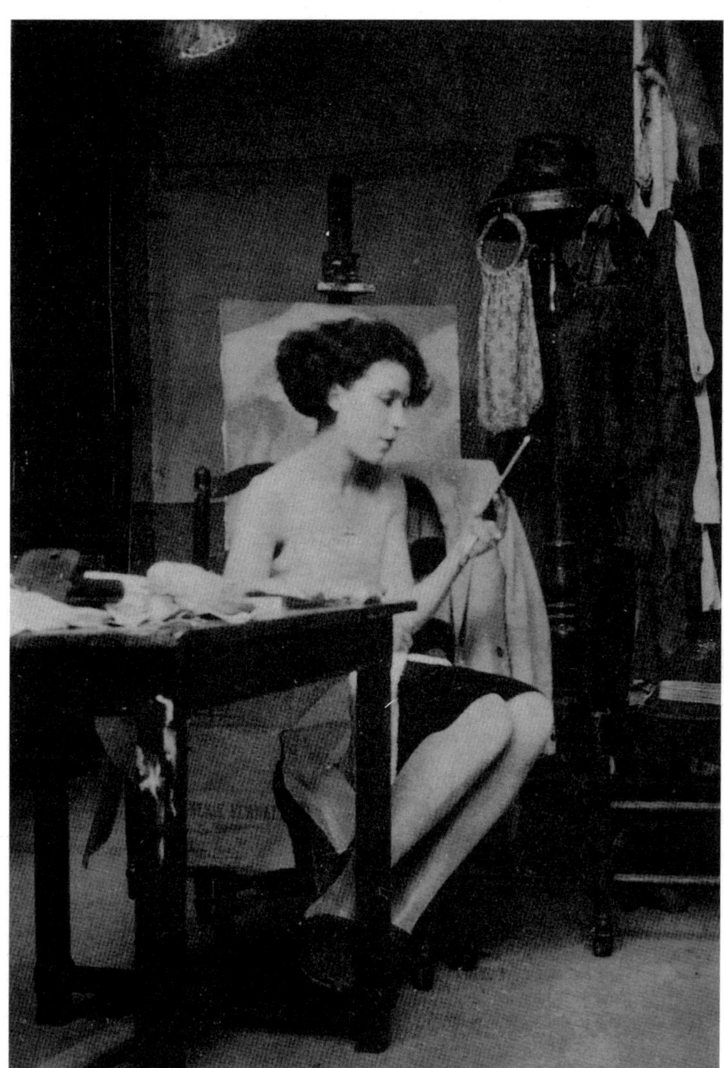

164. Caridad de Laberdesque
dans l'atelier de Georges Malkine, 1926
Photographie de Georges Malkine

« ON TE REGARDAIT SANS COMPRENDRE... »

« La vraie caractéristique de l'artiste est le besoin de "créer", et c'en est un dont je ne pourrai jamais me défaire, que je crée du moche ou du beau. D'autre part, la peinture est le seul domaine où je me sens CAPABLE de m'exprimer ; dans le portrait, et dans la composition... », écrit Georges Malkine à Claude-André Puget en octobre 1921. Et comme son ami le presse de trouver un emploi, Malkine lui répond : « Donc je me fais cette concession : je m'attelle à la peinture, uniquement et complètement ; et je me donne un an pour en faire ma vie. Si je réussis, bravo. Sinon, amen, et à nous la banque... » Il peint en effet jusqu'en 1922, puis par intermittences jusqu'en 1924.
C'est avec Desnos que Malkine se remet vraiment à travailler : en juin 1924, il le remercie pour l'envoi d'un dessin. Au printemps 1925, il lui écrit : « Demeure-t-il entendu que nous ferons de la peinture ? J'ai promis à Breton une toile pour l'exposition à Bruxelles, et j'aimerais beaucoup que nous nous mettions à la peinture tous les deux si ça te chante toujours. » La correspondance fait encore état, dans les mois qui suivent, de nombreux dessins offerts par Malkine à Breton, Masson, Morise, Fraenkel et, bien sûr, à Desnos.

Au début de l'année 1926, Malkine commence en effet à montrer son travail. Sur la première page du cahier où il note le titre de ses peintures, il écrit : « Liste des tableaux faits depuis que c'est *publiquement* que je fais des tableaux, c.à.d. depuis le 13 février (ou le 7) ou le 13 janvier 1926. » En septembre 1926, il écrit à Desnos : « J'ai enfin recommencé à peindre après m'être complètement désaxé à cet égard les premiers jours. Maintenant ça va mieux, et toujours de plus en plus dans l'orientation que tu sais. »

Ses amis poussent la porte de son atelier. Et que voient-ils alors ? Une peinture à la fois familière et inconnue, une variété de modes incompréhensible, venant d'un seul et même homme :

« On te regardait sans comprendre
[et cela ne ressemblait à rien
D'un tableau sur l'autre Impossible
De classer cela par rapport à toi du moins
De définir ce temps cette saison de peindre
[avec un nom de couleur
Ou dire la nouvelle manière de
Malkine
Même tes amis hochaient la tête et tu souriais [1] ».

L'année 1926 est celle de toutes les explorations : en quelques mois, Malkine va puiser avec frénésie dans tous les styles, explorer toutes les facettes possibles de la peinture et livrer à ses amis ébahis une suite – au sens musical du terme – absolument étonnante. Masson remarquera en 1970, parlant de cette époque : « C'est unique dans l'histoire, qu'il ait pu y avoir ainsi deux voies. Pour moi, il y avait celle qui procédait de Klee. L'autre ? De Chirico [2]. » Malkine ne choisit pas : d'un jour à l'autre, d'une semaine à l'autre, son pinceau explore aussi bien une peinture figurative et onirique qu'une peinture abstraite, ou gestuelle, « informelle » bien avant l'heure. Cette aptitude à l'invention, ce goût de la recherche, voilà sûrement ce qui, dans ces années 1920 comme plus tard, caractérise la peinture de Malkine.

« D'UN TABLEAU SUR L'AUTRE IMPOSSIBLE DE CLASSER... »

On peut, bien sûr, rechercher des influences, des points de contact. C'est en 1925 que Max Ernst invente le « frottage » après avoir révélé, en 1923-1924, une floraison de collages. C'est la même année que Miró rompt définitivement avec son ancienne manière et crée, *ex nihilo* ou presque, ses « peintures de rêve ». En 1926, Masson expérimente ses peintures de sable. Tanguy commence à trouver son style propre ; le Magritte surréaliste arrive également en 1926. Malkine participe à cette révolution picturale, à ce renouveau de la pratique et de la fonction même de l'image peinte. Les rencontres existent : on peut ainsi songer au grand Miró de 1925, celui de *La Sieste* ou de *Maternité* (à cette époque dans la collection Breton) par exemple, en voyant *La Nuit d'amour* de Malkine ; on peut, de même, rapprocher le collage *Marcher la nuit* de certaines œuvres de Arp ou de Schwitters ; on peut déceler dans le *Rêve au long cours* ou dans les gouaches de 1927 une parenté avec le cubisme ; Sans titre (1926) évoque les recherches de matière que Max Ernst développe au même moment dans ses frottages. Les bâtisses qui apparaissent à cette époque dans plusieurs œuvres pourraient rappeler, même étrangement dépouillées, les perspectives urbaines de De Chirico. Enfin, par sa capacité à inventer de nouvelles images, par sa volonté de ne plus se sentir lié à un style, par son désir d'aller sans crainte vers l'inconnu, l'œuvre de Malkine pourrait être rapprochée, dans son impulsion même, de celle de Picabia et de celle de Man Ray.

Mais les influences sont floues. Trop contradictoires, trop variées pour pouvoir être ainsi qualifiées. La peinture de Malkine ne joue pas seulement, comme les collages de Max Ernst, par exemple, avec le seul rapprochement de plusieurs réalités ; on ne peut évoquer à son endroit, comme le fait Breton à propos de Masson, une simple « chimie de l'intelligence » ; il ne s'abandonne pas au « pur automatisme » de Miró, tel que le qualifie ce même Breton, et ses paysages en aucun cas ne peuvent se comparer à ceux que Tanguy crée à la même époque – il suffit pour s'en apercevoir de rapprocher *L'Orage* de Tanguy de celui de Malkine, tous deux presque contemporains. Enfin, les constructions théâtrales auxquelles se livre Magritte dès 1926, dans *L'Assassin menacé* par exemple, n'ont aucun rapport avec les œuvres de Malkine, pour l'essentiel vides de toute présence humaine. La parenté tient plus à une approche commune de la peinture et de la poésie que de telle ou telle technique, de tel ou tel élément précis. À un même souci d'exploration, de révélation de « paysages intérieurs ».

C'est ce que souligne Desnos dans l'article qu'il consacre à Malkine en 1926 : « Son existence a été mouvementée, il connaît divers pays, mais il ne raconte pas ses aventures tant il est persuadé qu'en l'homme seul, et non dans les paysages qui l'entourent, réside la richesse de la vie. Il n'est pas de ceux que la poésie épouvante ou fait rire. Elle règne en maîtresse dans ses tableaux [3]. » Car le souci premier, en effet, est bien celui, constant, de la poésie, le plus souvent exprimée par une figuration, même « abstraite », de *paysages*. La peinture de Malkine est voyageuse. Il nous parle de départs, de passeports, de *Rêve au long cours*. Il peint des bateaux, des îles, des rivages. Il peint des ciels, des lacs. Des sirènes. Il nous livre le *Secret du voyage*. Ce que, bien sûr, remarque Desnos : « Pour aller dans les îles bienheureuses je ne prendrai pas de carte, je ne m'embarrasserai pas de boussole : je dirai à Georges Malkine de me conduire. Le chemin qu'il prendra sera tortueux et étrange. Nous connaîtrons la nuit froide des pôles et les mers trop calmes et trop chaudes de l'équateur. Des orages crèveront sur nos têtes. Nous rencontrerons, c'est certain, le fameux Voltigeur hollandais et la Dame blanche. Nous nous heurterons à des ruines mexicaines et à des temples enfouis sous les lianes. Un jour enfin nous aborderons les Îles bienheureuses. "Ce n'est pas là", nous dira Malkine et cet infatigable voyageur partira vers la découverte impossible[4]."

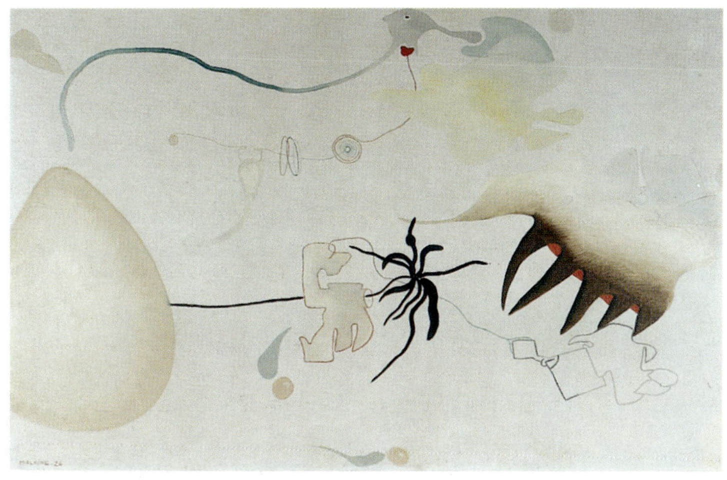

Georges Malkine, *La Nuit d'amour,* 1926
Collection particulière

Car il semble bien que la peinture de Malkine ne prétende pas à autre chose que cela : explorer l'impossible. Il s'en explique en 1926, dans le seul écrit qu'il ait livré sur sa peinture :

« Ce n'est pas sans une émotion profonde que, parvenu à cet âge de maturité dans la jeunesse où l'amour, la poésie, la révolte et la vie sont à leur apogée, l'enfant de jadis entr'ouvre les livres qu'il lisait : journaux de bord du capitaine Cook, romans de Gustave Aymard, contes de fées de Mme d'Aulnoy ou de Paul d'Ivoi, qu'il se récite à lui-même les premières strophes de Victor Hugo, de Nerval ou de Rimbaud qui lui révélèrent les réalités supérieures, qu'il se remémore les premiers yeux qui le troublèrent, la première bouche dont il désira le baiser. Qu'a-t-il fait de ce trésor merveilleux ? S'il est homme qui vaille, il l'a conservé intact avec sa sensibilité. Âge admirable, et qu'il sied de conserver jusqu'à la mort en participation avec les sentiments éternels que la vraie vieillesse ne peut imaginer, que la véritable jeunesse pressent sans erreur et dont elle ne reçoit jamais de déception. L'expérience et son fameux "si vieillesse pouvait" est un colon venu à la suite d'un explorateur et qui, le regard tourné vers les pays inexplorés, se repent de sa lâcheté, se condamne dans sa solitude, et s'exalte devant témoins. "Pourquoi peignez-vous ?" pourrais-je demander à nombre de peintres en les voyant retracer exactement sur la toile le décor monotone

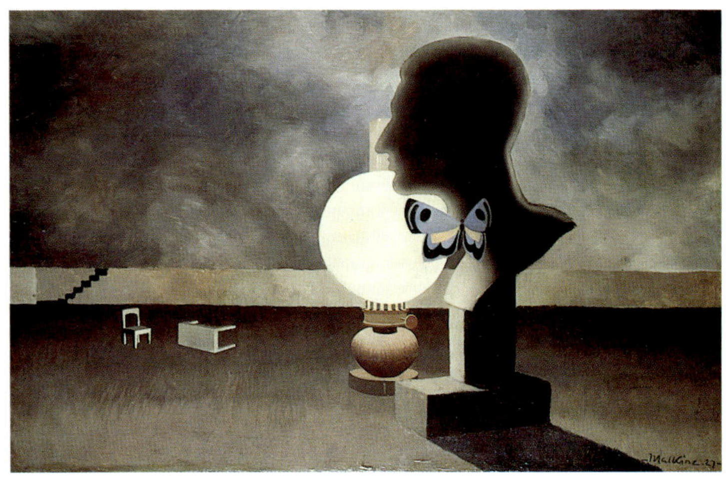

Georges Malkine, *La Délivrance du passeport,* 1927
Collection particulière

où se déroule leur vie sans accident – comme je demanderais : "Pourquoi explorez-vous ?" à des fantoches coiffés du casque colonial, armés de fusils porte-harpon, remontant la Seine à bord d'une baleinière dans les parages de Port-à-l'Anglais ou de Charentonneau. Malheur à ceux qui ravalent la peinture au rang de technique ! Malheur à ceux qui bannissent l'imagination de leurs toiles ! Leurs efforts insensés sont des efforts matérialistes, et les tombeaux, avec leurs vers secs, les recevront avant leur mort. Malheur à celui qui dans la vie doute de ces Muses : Inspiration, Imagination, Génie. Ce dernier terme, notamment, exprime bien par sa propre déchéance dans le sens commun la déchéance des œuvres humaines. On pouvait (on peut encore, si l'on ne craint pas le ridicule) parler jadis de son génie, et décrire par là le guide particulier qui sait vous conduire sur les routes des merveilles. Aujourd'hui, ces anges gardiens, les seuls qui existèrent jamais, déçus de guider des êtres essoufflés et préoccupés de questions basses, sont repartis en grand nombre pour des archipels lointains. Mais patience, ce mot reprendra son sens, comme le mot *poète* banni avec lui depuis les premières années de ce siècle et qui reparaît avec un bruit de tonnerre. *Peindre* et non pas *décrire, voir* et non pas *regarder, inventer* et non pas *reproduire,* voilà ce que, peintre, j'essaye de faire. Et si l'on me demande à mon tour : "Pourquoi peignez-vous ? Pourquoi fixez-vous les paysages surprenants que seul vous pouvez voir ?" je répondrai que, sans cela, la partie serait trop belle pour ceux que je n'aime pas[5]. »

L'exposé théorique, on le voit, est limité. Il s'inscrit de manière prudente dans le débat qui se noue, ces mêmes années, autour de la nature d'une supposée « peinture surréaliste », débat ouvert par un article de Pierre Naville dans le numéro 3 de *La Révolution surréaliste,* auquel Breton, dans les numéros suivants, répondra par plusieurs textes qui seront réunis en 1928 sous le titre générique *Le Surréalisme et la Peinture.* À ce débat Malkine, comme tous les autres peintres, ne prend pas part. Il ne choisit pas la confrontation. Sa peinture est le plus souvent d'apparence tranquille. La tension est retenue, l'émotion diffuse. Les effets sont inexistants, la provocation est infiniment douce, subtile. Un calme étrange semble régner. Et le silence. Les éléments iconographiques, du moins dans les œuvres figuratives, sont réalistes, simples, immédiats : l'eau, des paysages désertiques, des nuages, des chaises, des buildings, un cerf-volant et le « rapprochement en quelque sorte fortuit de deux termes », s'il joue parfois – dans *L'Orage* et *Le Baiser* par exemple –, ne semble pas être son souci premier. Il y a de temps à autre, comme le souligne Desnos, un jeu d'images relevant du jeu de mots : « En prenant au pied de la lettre telle expression figurée usée jusqu'à la corde, il leur rend une évidence, un éclat surprenant (cf. le nœud de cravate dit nœud papillon)[6]. » Certains détails, même n'apparaissant pas au premier abord, donnent à l'image une valeur d'étrangeté qui en renforce la puissance poétique. Mais l'utilisation de ces techniques « surréalistes » est toujours discrète et ne constitue jamais une fin en soi. Malkine ne procède pas par collage, par juxtaposition, par addition d'éléments, mais semble chercher à transcrire *en bloc* une vision de rêve.

« CELA NE RESSEMBLAIT À RIEN... »

« Personne en 1926 ne t'a dit
Que tu étais un peintre abstrait personne
On n'avait encore inventé ni le mot ni la chose »,
écrit Louis Aragon dans « Demeure de Georges Malkine ». Il précise ailleurs : « Un quart de siècle plus tôt, je veux dire il y a quarante ans ou plus, quelques-uns mis à part, qui a vu ce qu'il y avait de nouveau dans cette peinture ? Elle commença par des manières de poèmes (et Malkine n'était pas pour rien l'ami de Robert Desnos par qui je l'ai connu), puis, renonçant à la figuration inventa cette sorte de baiser florentin, *l'abstraction sans le dire,* non point à la façon renouvelée des grecs (Kandinsky, Malevitch, Mondrian...), mais une abstraction telle qu'il n'en devait fleurir une que sur les plates-bandes de bien plus tard[7]. »

Nul doute que, pour Malkine, le passage du figuratif à l'« abstrait » se soit opéré *le plus naturellement du monde*. Les deux styles ne sont pas opposés[8], mais semblent bien vouloir exprimer la même chose par des moyens différents. Comme les peintures figuratives, certaines peintures abstraites sont rattachées à un élément d'une réalité physique – un paysage : *Picadilly,* une fête foraine : *Attraction,* un insecte : *La Mante religieuse,* un élément : *L'Eau*. D'autres évoquent des

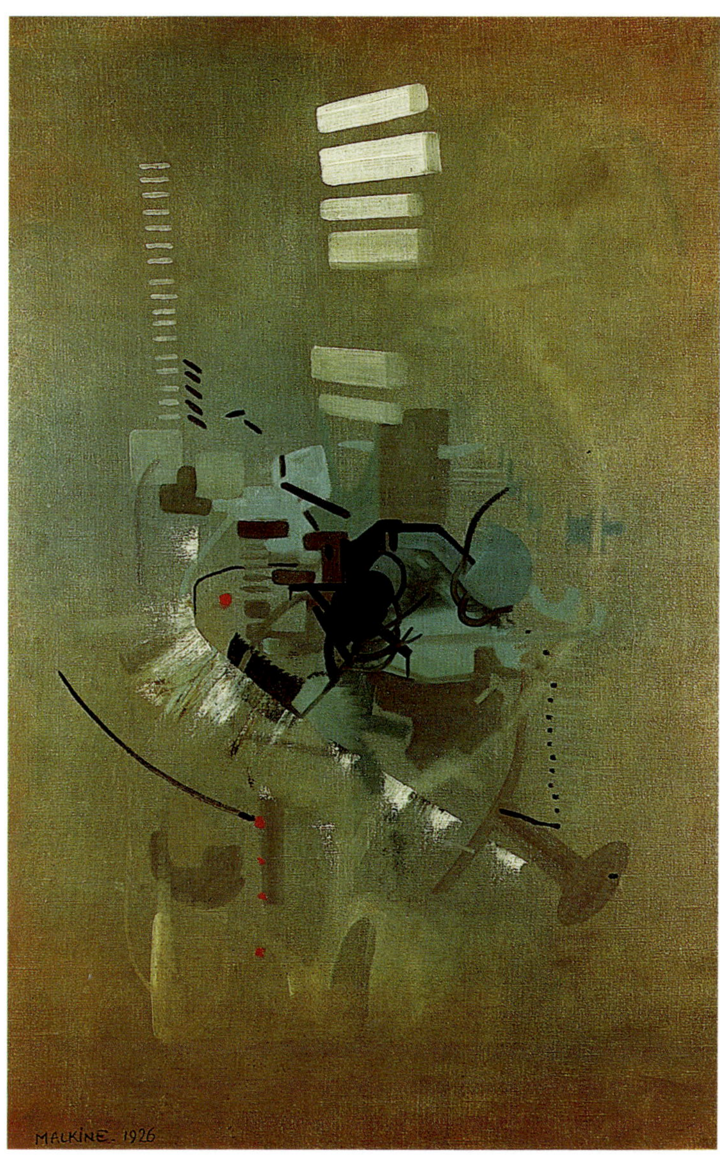

Georges Malkine, *Attraction,* 1926
Localisation inconnue

états – *Témoignage,* par exemple. Elles peuvent correspondre, pour quelques-unes, à la définition que Kandinsky donne de ses *Impressions,* mais c'est plutôt du côté de Paul Klee qu'il faut rechercher l'impulsion. À cause de la poésie, toujours, de l'infinie subtilité de ses œuvres, de son goût de l'invention, de l'harmonie des couleurs. Desnos situe Klee « dans la planète Mars[9] ». Pour évoquer Malkine, il parle des « îles bienheureuses ». Les deux peintres sont à ses yeux possédés par le voyage, c'est-à-dire par le merveilleux poétique. Et l'alliance entre la non-figuration et la poésie s'opère, chez l'un comme chez l'autre, de manière si naturelle, si discrète, si amoureuse en quelque sorte, qu'Aragon peut bien parler, effectivement, d'« abstraction sans le dire » et de « baiser florentin[10] ».

Plus encore que dans le cas de son aîné, les peintures « abstraites » de Malkine frappent également en raison de ce qu'elles annoncent avec plus de vingt ans d'avance. Écoutons Patrick Waldberg qui apprend fièrement à Malkine, en janvier 1969, qu'il vient d'acquérir *Attraction :* « Je possède depuis hier un nouveau Malkine, même format, même année que *L'Orage* [1926], mais très différent de conception. Il s'intitule *Attraction* et préfigure de façon saisissante tout un domaine de l'art moderne qui n'a commencé à voir le jour qu'aux environs de 1950. C'est un très beau tableau, subtil, d'un extrême raffinement, où la délicatesse du trait (de la touche plutôt) et l'aspect aérien de la composition feraient penser aux Chinois. » On songera effectivement, face à *Témoignage* par exemple, à certaines œuvres de Nicolas de Staël. *Attraction* annonce Camille Bryen, *La Mante religieuse* Tal Coat ou Hartung. Mais d'autres œuvres – *L'Eau,* par exemple – n'ont pas de postérité aussi évidente.

« TES AMIS HOCHAIENT LA TÊTE ET TU SOURIAIS... »

Ce qui caractérise Malkine dans son œuvre des années 1920, c'est bien une absolue liberté. S'il s'inscrit sans conteste au sein d'un élan que l'on qualifiera de surréaliste dans son intention et dans sa démarche, il est solitaire quant à ses réalisations. Sa peinture est tout entière tournée vers la recherche et l'expression d'une poésie qui prend ses racines dans la nuit, dans l'errance, dans la solitude et l'ombre sans cesse renouvelée du départ. C'est une poésie empreinte de nostalgie, d'un lyrisme très retenu, d'une désolation simple et triste. Mais il s'agit également d'une peinture qui cherche et parvient toujours à envoûter le spectateur. « Poésie immédiate », en quelque sorte, qui n'use pas d'effets mais qui dispose, au contraire, d'une économie de moyens peu commune. Pas de prouesses, pas d'innovations techniques révolutionnaires. Une peinture lisse, de facture classique, mais sûre et uniquement préoccupée de son but. Une peinture discrète, en quelque sorte.

On ne manquera pas, évidemment, de se demander pourquoi André Breton n'a jamais parlé de Malkine. Il a, on le sait, possédé certaines de ses œuvres. Il a accepté, on l'a vu, que des peintures de Malkine soient reproduites dans *La Révolution surréaliste* et qu'une exposition personnelle lui soit consacrée à la Galerie surréaliste. Mais, outre les difficultés relationnelles qu'il a pu éprouver avec Malkine et la complexité des réseaux d'amitié et d'influence au sein du groupe, il a sans doute jugé – cette raison indissociable des autres – que la conception que Malkine partageait avec Desnos d'une peinture d'exploration était par trop limitée, trop exotique, voire romanesque, autant que soumise, dans sa transcription plastique, à un caractère trop strictement illusionniste, voire esthétisant – qu'elle n'allait pas assez loin dans l'inattendu, le dérangeant. La valeur poétique des

images de Malkine, si elle pouvait séduire Breton lorsqu'elles étaient figuratives, le déconcertait sans doute quand elles devenaient abstraites – et abstraites à la manière de Klee, dont on sait que Breton ne prisait pas trop la peinture. Ni l'abstraction en général, du moins à cette époque.
D'autres, dans les mêmes années, portent sur Malkine un regard différent. Desnos note, dans le plan de l'enquête malheureusement inachevée qu'il rédige entre février 1927 et février 1928 pour Jacques Doucet sur « Dada Surréalisme » : « Le rôle d'André Masson. L'importance croissante de la peinture de Georges Malkine [11]. » André Masson, en 1966, se souviendra de ce que Malkine lui avait dit en lui apportant l'exemplaire de *The Night of Loveless Nights* de Robert Desnos, qu'il venait d'illustrer : « Pour moi, une seule chose compte : l'invention [12]. » Quarante ans plus tard, ce même Masson ira dîner chez Waldberg. « Masson est venu dîner ici l'autre soir, écrit Waldberg à Malkine. Il a longtemps regardé les trois tableaux visibles : *L'Orage*, *Attraction* et *La Chambre de Verlaine*. Il a estimé que l'on avait été jusqu'à présent très inattentif envers toi et m'a vivement approuvé de te défendre avec l'obstination que tu sais. » Max Ernst n'hésitera pas, en 1966, à offrir à Malkine un *Bonjour Monsieur Malkine* qui rappelle malicieusement Courbet. Ces attentions venant de deux des plus grands peintres et inventeurs du surréalisme, nul doute que, par-delà le silence d'André Breton, elles aient été droit au cœur de Malkine.
V. G.

1. Louis Aragon, « Demeure de Georges Malkine », *op. cit.*
2. André Masson cité par Pierre Naville dans *Le Temps du surréel*, Paris, Éditions Galilée, 1977, p. 210.
3. Robert Desnos, « Georges Malkine », *Paris-Soir*, 13 novembre 1926, repris dans *Écrits sur les peintres*, Paris, Flammarion, 1984, p. 87.
4. Robert Desnos, « Surréalisme », *Cahiers d'art* n° 8, 1926, repris dans *Écrits sur les peintres*, Paris, Flammarion, 1984, p. 91.
5. Georges Malkine, « Peinture d'exploration », *Paris-Soir*, 13 novembre 1926.
6. Robert Desnos, « Peinture surréaliste », 1929, repris dans *Écrits sur les peintres*, Paris, Flammarion, 1984, p. 118.
7. L. Aragon, « Le retour de Malkine », dans *Hommage à Malkine*, catalogue d'exposition, Paris, Galerie Mona Lisa, 1966.
8. L'ordre des tableaux dans la liste que Malkine établit dans son cahier l'atteste.
9. Robert Desnos, « Surréalisme », *Cahiers d'art* n° 8, 1926, repris dans *op. cit.*, p. 91.
10. Selon le Robert, l'expression (vx) signifie : baiser dans lequel se joignent les lèvres, la langue.
11. Robert Desnos, « Dada Surréalisme », *Nouvelles Hébrides et autres textes 1922-1930*, Paris, Gallimard, 1978, p. 290.
12. André Masson, dans *Hommage à Malkine*, catalogue d'exposition, Paris, Galerie Mona Lisa, 1966.

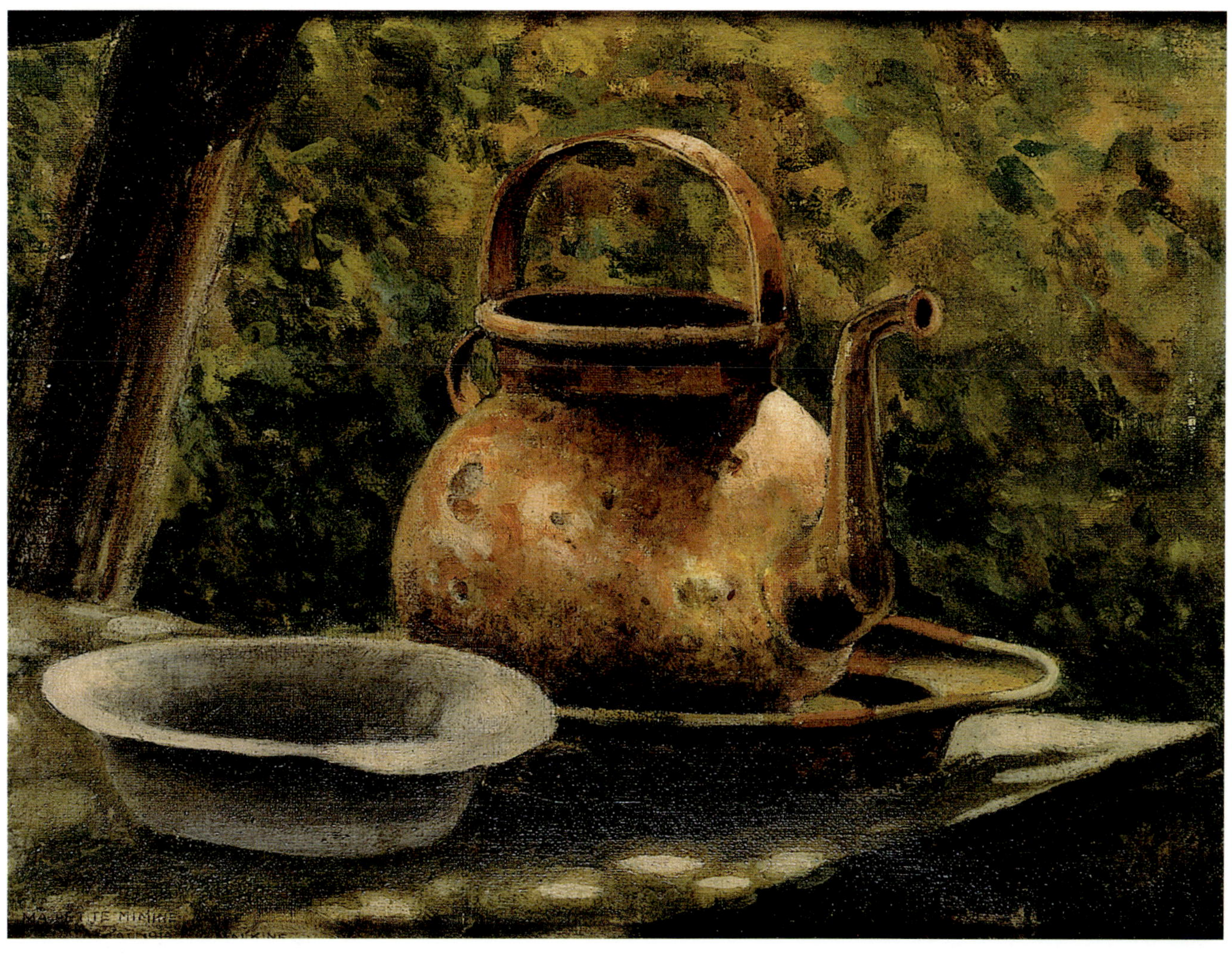

1. SANS TITRE, 1919

Cette peinture est l'une des seules œuvres d'avant les années 1920 qui nous soient parvenues. De cette époque on connaît aussi un petit intérieur peint à l'huile et le *Portrait d'un abbé* (1918), beau dessin de facture classique. La nature morte est d'un style néo-impressionniste attentif aux lumières et au rendu des matières. Elle ne traduit, selon Patrick Waldberg, « rien d'autre que [le] désir de peindre et nul n'eût pu pressentir, sinon, peut-être, par une certaine sensibilité de la touche, le monde poétique que [Georges Malkine] allait révéler quelques années plus tard ». Le choix d'une nature morte, tout comme celui d'un intérieur sont en eux-mêmes annonciateurs de l'univers de Malkine.

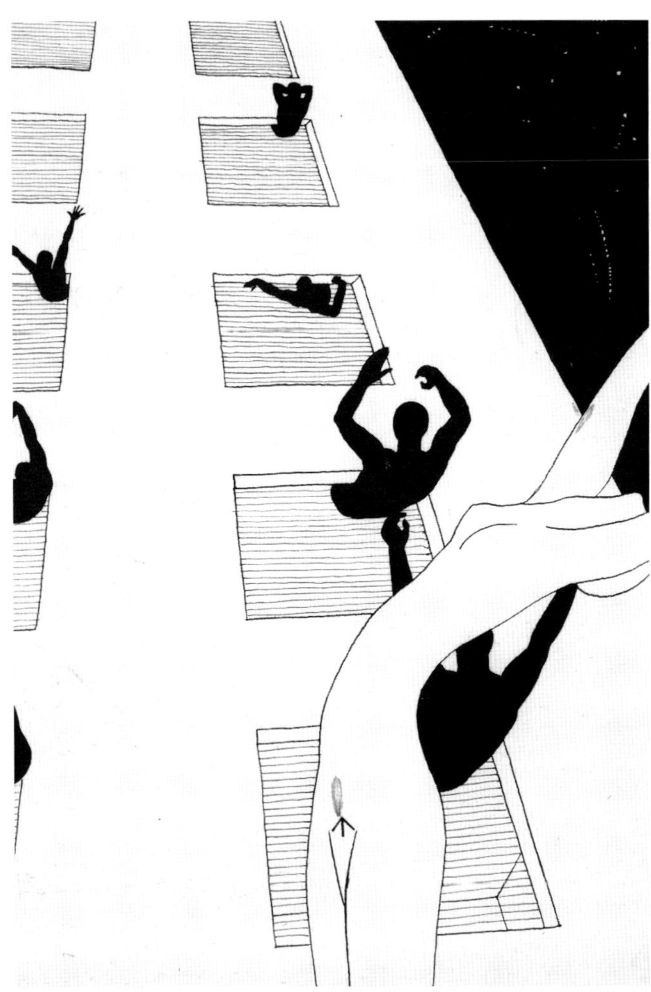

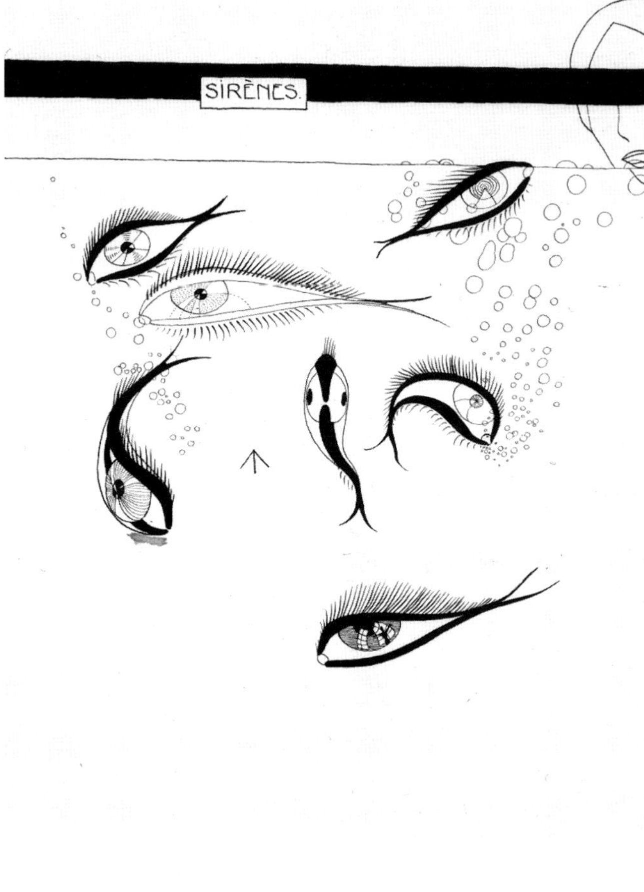

66. L'EXTASE,
1925

67. SIRÈNES,
1925

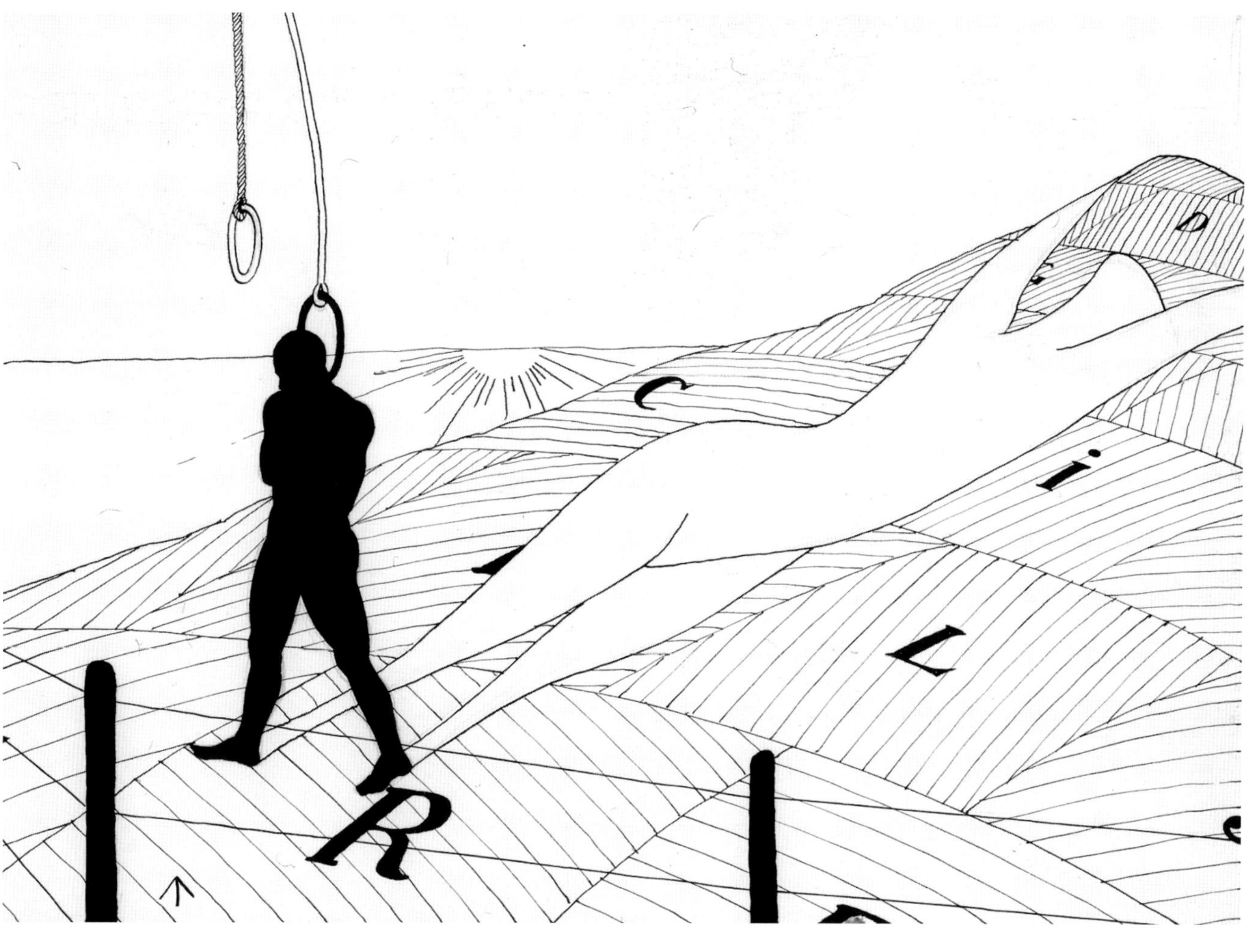

68. SANS TITRE, 1925

Malkine, à l'automne 1925, demande à Desnos : « Dessins. Me renvoyer : – L'homme noir à l'ombre-femme blanche sur terrain alphabétique. – Les sirènes. – Les maisons emboîtées avec l'échelle de corde. Pour ce dernier, que Masson m'a demandé, ne me le renvoie que si tu peux le faire dans un court délai : sinon tu le remettras toi-même à Masson quand il sera de retour à Paris. » On peut donc en conclure que ces dessins ont été faits en 1925, avant ou après le séjour des Breton, de Morise et de Desnos à Nice et à Thorenc-sur-Loup. Les dessins reviennent encore à deux reprises dans la correspondance avec Desnos, dans une lettre de la fin 1925 : « Que veut dire : “Tes dessins ont beaucoup plu (?) à Breton”, interroge Malkine. – Je parle du point d'interrogation, et pourquoi ne me dis-tu pas ce qu'il y a ? Et puis enfin, puisqu'il veut en publier ? », et dans une autre du début de 1926 : « Je viens d'écrire à AB en lui envoyant les titres de mes dessins. »

Les dessins finiront par rester chez Breton, même si, dans le cahier de Malkine, *L'Extase* est indiquée comme appartenant à Eluard. C'est peut-être ceux-ci qui ont été présentés, en novembre 1925, à la première exposition surréaliste à la Galerie Pierre. *L'Extase* a par ailleurs fait l'objet d'une publication dans le numéro 7 de *La Révolution surréaliste,* en juin 1926, en vis-à-vis des fameux *Poèmes à la mystérieuse* de Robert Desnos.

Cette même année 1925, Breton fait appel aux qualités de dessinateur de Malkine puisqu'il lui demande de créer le « logo » surréaliste. Le « logo » est directement inspiré des *Chants de Maldoror* de Lautréamont, ainsi que le rappelle Maurice Henry : « À la fin du sixième chant, le héros, transformé en un cygne noir, porte sur le dos une enclume et le cadavre d'un tourteau, ultime métamorphose de l'archange. »

Le seul autre dessin connu de Malkine de cette époque est celui qui est reproduit au verso de l'invitation à son exposition, en janvier 1927, à la Galerie surréaliste.

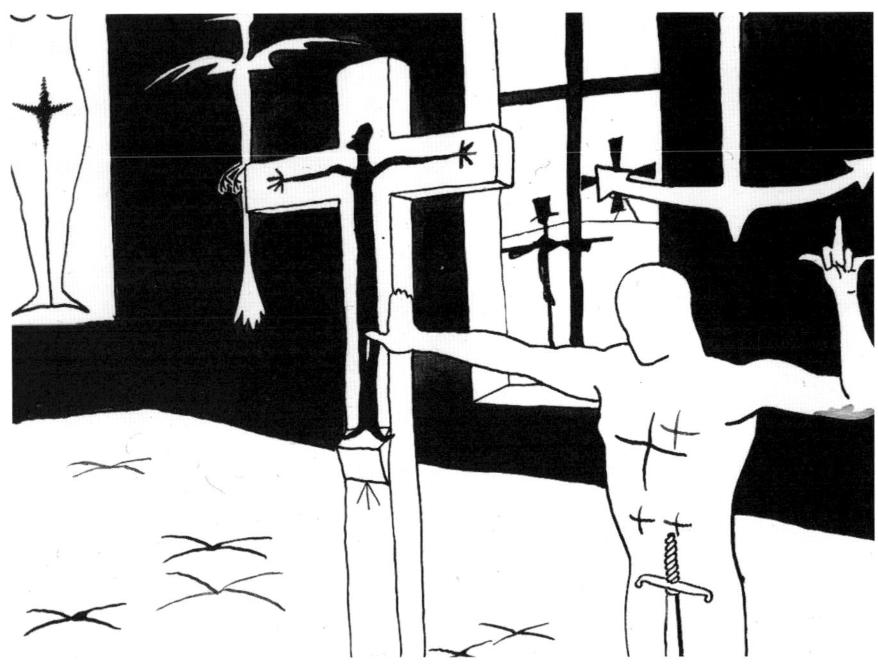

71

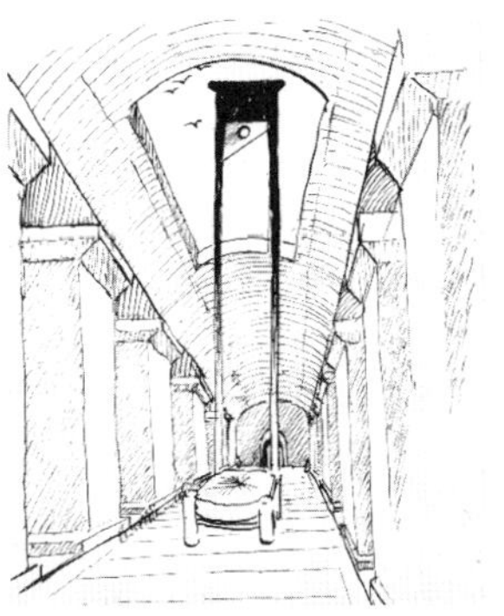

132. CATALOGUE DE L'EXPOSITION GEORGES MALKINE, GALERIE SURRÉALISTE, 1927

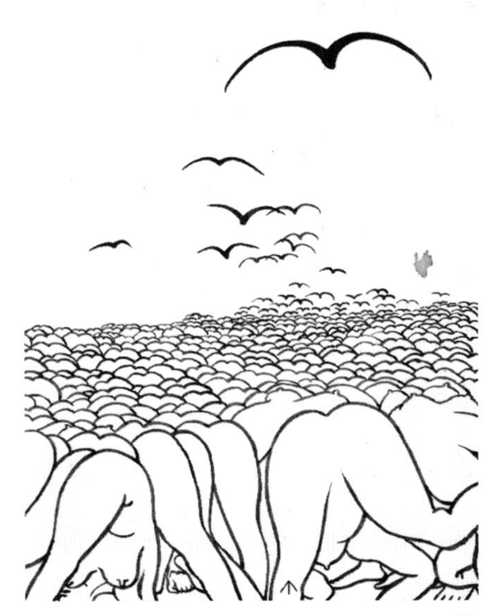

69

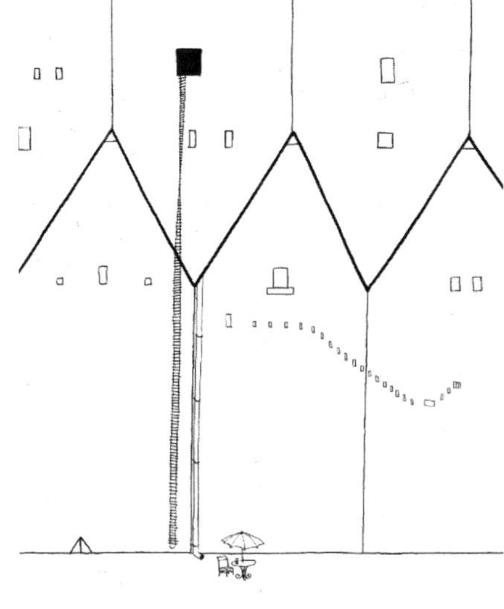

70

152. LOGO SURRÉALISTE DESSINÉ PAR GEORGES MALKINE

71. SANS TITRE, 1925

69. SANS TITRE, 1925

70. SANS TITRE, 1925

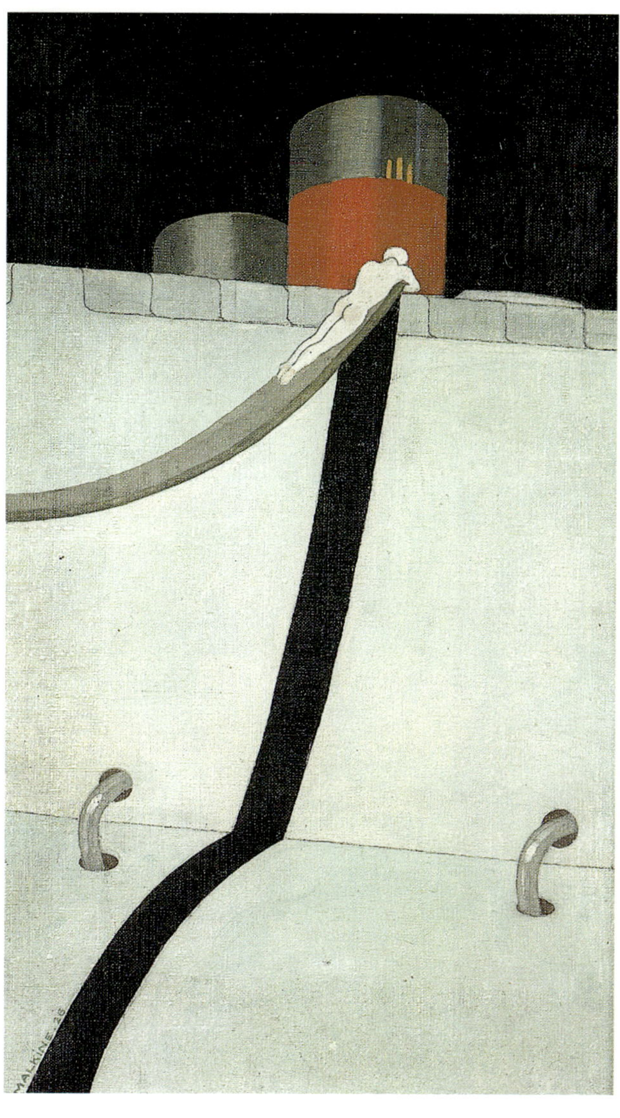

2. MAGIE BLANCHE, 1926

Magie blanche figure en quatrième position dans le cahier où Malkine, à partir de janvier-février 1926, note le titre de ses œuvres et leurs éventuels acquéreurs. Il leur attribue des numéros que nous donnons ici à titre indicatif. De l'année qui précède, une seule œuvre nous est connue : *Alcools,* datée de 1925.

L'œuvre évoque un bateau par ses deux grosses cheminées et ses larges pans d'apparence métallique. La composition est très simple, verticale, à peine dérangée par les fausses obliques du cordage-toboggan et de son ombre. Les couleurs claires et froides des pans métalliques, renforcées par le contraste sombre de l'ombre, sont à peine réchauffées par le rouge des cheminées. Les deux tuyaux coudés au premier plan laissent supposer, derrière l'apparence lisse des surfaces, toute une machinerie en action ; le titre achève de fixer l'étrangeté de l'œuvre. Au sommet de la corde-toboggan, enfin, la silhouette allongée d'un homme semble surveiller le déroulement d'une opération dont on ignore tout.

Cette œuvre fait curieusement écho, et jusque dans le détail du toboggan, au texte que Malkine publie dans le premier numéro de *La Révolution surréaliste :* « Puis, une odeur, qui venait des seins de la passante et qui [...] transforma subitement notre route si nerveuse en une sorte de toboggan étrangement ascendant et strictement confortable [...]. »

Dans le premier *Manifeste,* Breton parle des « secrets de l'art magique surréaliste » pour qualifier l'automatisme. « Chair et sang de la poésie », la magie se tient à la lisière du surréalisme et se confond avec le rêve et le merveilleux qui sont à sa source. *Magie blanche* répond à ce programme, qui semble transcrire l'épisode d'un rêve en combinant des éléments réalistes.

On notera enfin que, dans les années 1960, Malkine peindra de nouveau une œuvre intitulée *Magie* (cat. 45).

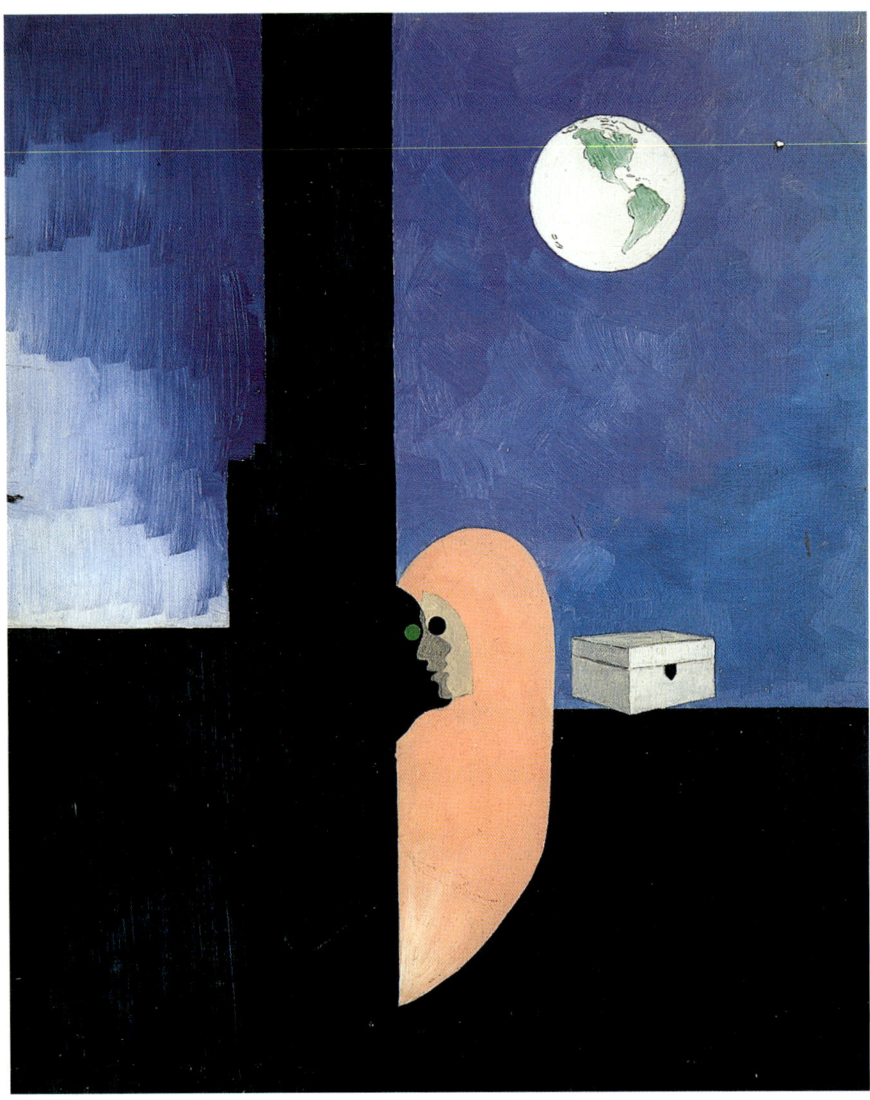

3. SECRET DU VOYAGE, 1926

N° 11 dans le cahier de Malkine.

Construite en deux parties coupées verticalement par une large bande noire et séparées horizontalement en deux zones, cette œuvre duelle oppose et réunit à la fois le jour et la nuit, l'homme et la femme. Son titre, qu'on pourrait étendre à toute la peinture de Malkine, évoque également un double déplacement : voyage intérieur et exploration du monde. La petite valise placée dans la partie droite – féminine – s'orne d'un motif en forme de cœur, laissant ainsi entendre que le voyage dont il est question est aussi celui de l'amour. « Qui de vous n'est parti sans bagage, demande Malkine dans le texte publié dans *La Révolution surréaliste* n° 1, mais qui au premier pays n'achèterait pas une petite valise pour y plier son cœur ? »

Homme né de la nuit, fenêtre noyée de brume d'un côté, femme posée dans la clarté d'un « clair de terre » – allusion au titre du premier recueil d'André Breton –, valise toute prête de l'autre, coloris noirs, gris et roses, tout est ici suggéré. Œuvre-rébus, elle ne livre son secret que lentement. Et ce secret réside en son centre, dans la sorte de transfiguration que dessine l'enlacement, dans le visage de la femme, du profil d'un visage d'homme – l'étreinte ainsi figurée tout comme l'opposition du sombre et du clair rappelant *La Nuit espagnole* de Picabia.

Les surréalistes ont eu, face au voyage, des attitudes divergentes. Peu goûté par André Breton, le voyage vers les pays lointains, façon Morand ou Valery Larbaud, était suspect à ses yeux d'un exotisme de pacotille. On se souvient par ailleurs de la « disparition » de Paul Eluard en 1924 et de son retour peu glorieux.

Georges Malkine, de tous les surréalistes de la première vague, est sans doute le seul à avoir beaucoup voyagé : en Afrique, en Océanie et en Europe. Les deux textes publiés dans *La Révolution surréaliste* sont construits comme des voyages. Ce goût du départ est partagé par Robert Desnos dont les récits surréalistes – *Nouvelles Hébrides*, *Deuil pour deuil*, *La Liberté ou l'amour !* – ne sont qu'une suite d'errances de ville en ville et jusque vers des continents inexplorés. Lorsqu'il écrit sur la peinture de Malkine, c'est cette référence au voyage et aux « îles bienheureuses » qui vient spontanément sous la plume du poète.

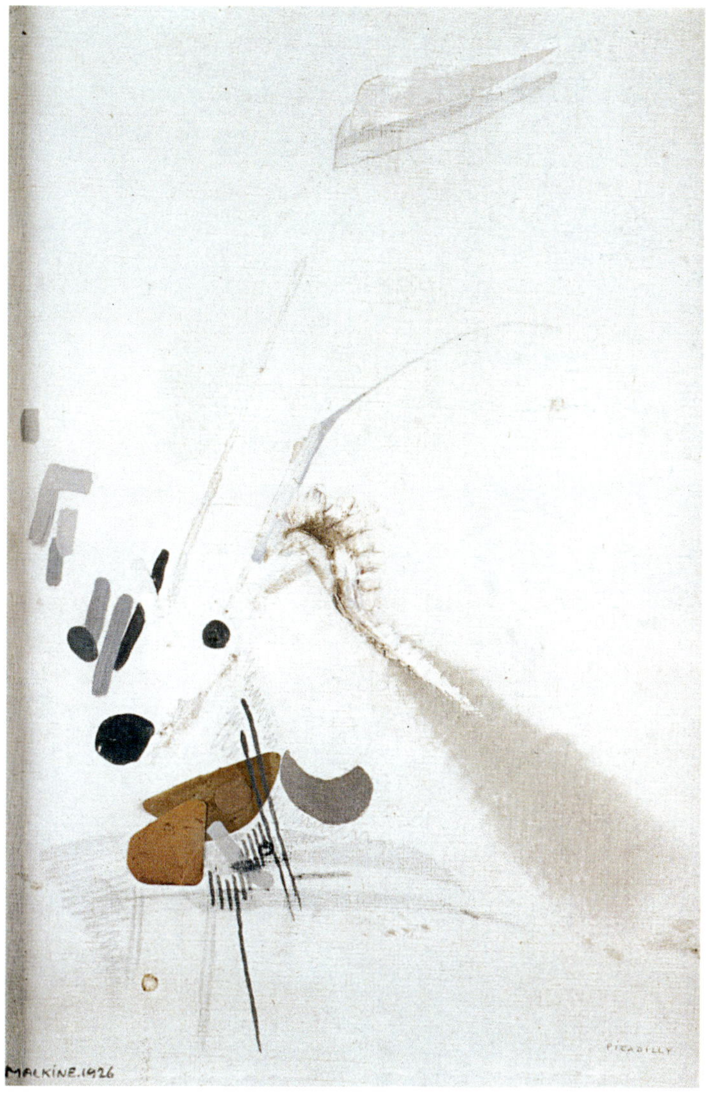

4. PICADILLY, 1926

N° 19 dans le cahier de Malkine.

Non figurative, en dépit de son titre, *Picadilly* donne l'impression d'avoir jailli presque d'un seul mouvement, grâce à une série d'obliques plus ou moins marquées – la plus longue semblant représenter une sorte de fanion –, comme nées d'un cœur composé de cercles noirs et de trois formes brunes collées. En association avec le titre, les tonalités grises et brunes peuvent évoquer le brouillard, brouillard bien réel ou figurant la fumée de l'opium, les deux interprétations n'étant pas contradictoires si l'on songe aux promenades dans Londres que raconte Thomas De Quincey dans ses *Confessions d'un mangeur d'opium*.

Si les éléments collés – par leur découpe et les rapports qu'ils entretiennent – peuvent rappeler certains collages cubistes, le jeu des matières, la floraison des éléments peints, la mise en page laissant la plus grande partie de l'œuvre totalement flottante et libre, et la volonté de non-figuration la tirent cependant vers quelque chose d'inconnu.

Pour le moins surprenante, cette manière n'a en tout cas pas d'équivalent dans la peinture surréaliste de cette époque. Elle justifie pleinement la remarque d'Aragon :
« Personne en 1926 ne t'a dit
Que tu étais un peintre abstrait personne
On n'avait encore inventé ni le mot ni la chose ».

Cela sous réserve, bien sûr, des œuvres de Kandinsky, de Mondrian et de Malevitch – ceux-là mêmes qu'Aragon qualifiait de « grecs » et auxquels en effet cette œuvre ne saurait se rattacher.

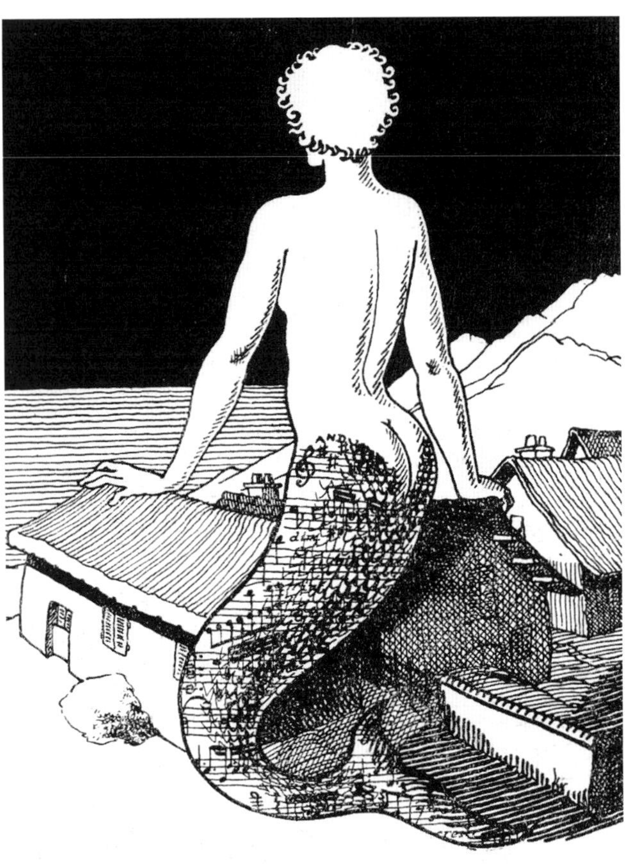

124. GEORGES MALKINE, ILLUSTRATION POUR « CHANSONS NOUVELLES » DE FERNAND MARC, 1933

5. SIRÈNES, 1926

Les *Sirènes* figurent dans le cahier de Malkine sous le numéro 31.

Un dessin de la collection André Breton (cat. 67) constitue peut-être l'ébauche de ce tableau. On y retrouve la même composition : un aquarium rempli d'yeux-poissons, un visage de femme et un cartouche portant le titre.

Le tableau, en jouant avec le cadre et une traverse de bois rapportée, marie plusieurs plans, organise un jeu savant et complexe qui découpe l'espace en différentes zones dont on ne parvient plus à reconstituer ni la succession ni les frontières. Tout se passe comme si entre ces éléments se nouait un étrange ballet, sorte de « vases communicants » fondant la réalité de l'un dans celle de l'autre : ainsi les yeux de la femme, que cache la barre de bois transversale, sont-ils dans l'aquarium métamorphosés en poissons ; ainsi les deux corps, dans le coin supérieur, que leurs proportions et leur apparence lisse ramènent aux dimensions et à l'aspect des poissons. La référence aux sirènes vient éclairer cette cascade de métamorphoses bleutées.

La sirène est présente dans le bestiaire fantastique du surréalisme. Masson, Hérold et Magritte en ont peint. Nadja, dans un dessin du 18 novembre 1926, se représente ainsi. Mais c'est surtout à Robert Desnos que l'œuvre fait allusion puisque, comme dans le tableau, Desnos associe la sirène – la femme aimée – à l'hippocampe – le poète : « Oh rien ne peut séparer la sirène de l'hippocampe ! » La femme mythique est d'ailleurs très présente dans l'œuvre poétique de Desnos. Dans *La Liberté ou l'amour !*, par exemple, il demande : « Avez-vous déjà rencontré des Sirènes ? Si non je vous plains. Pour ma part, il n'est pas d'aube où l'une d'elles ne vienne jusqu'au bord de mon lit, tout humide encore des vagues de l'ombre. » Desnos associera explicitement la sirène, quelques années plus tard, à Youki.

Cette référence à l'univers de Desnos, on la retrouve dans nombre d'œuvres de Malkine. L'amitié très forte qui unit le peintre et le poète génère naturellement un langage poétique commun et des images partagées ; jusqu'aux couleurs, parmi lesquelles le bleu souvent domine – la « femme aux habits bleu de ciel » de *Deuil pour deuil* –, et jusqu'à l'eau, élément des plus cher aux deux hommes. Sans compter, ici, les yeux qui y baignent : « Eau, tu roules trop d'yeux pour que j'ose te contempler », écrit Desnos dans *Deuil pour deuil.* Tout converge donc pour nous permettre de lire aussi, dans *Sirènes,* un hommage à Desnos.

La sirène reviendra plusieurs fois dans l'œuvre de Malkine : dans l'une des illustrations réalisées pour *Chansons nouvelles* de Fernand Marc (1933) et dans une toile de 1968 (cat. 50). La métamorphose des yeux en poissons, Malkine la réutilisera, près de quarante ans plus tard, dans *La Seconde Vue* (1967). Selon le même procédé, il transformera les feuilles d'un arbre en oiseaux dans *L'Arbre Chant* (1967) ou des mains en fleurs dans *Bouquet* (1966).

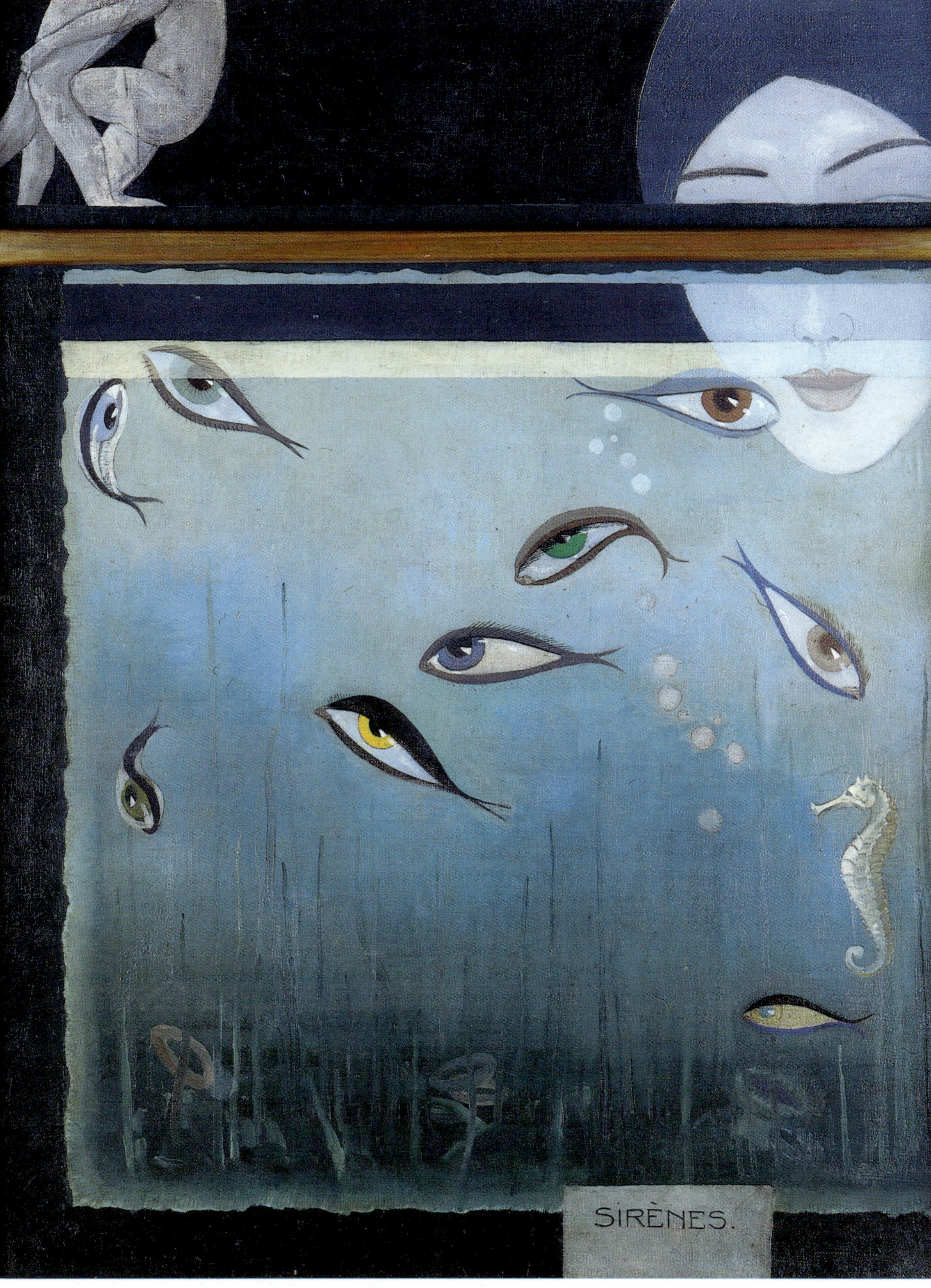

49

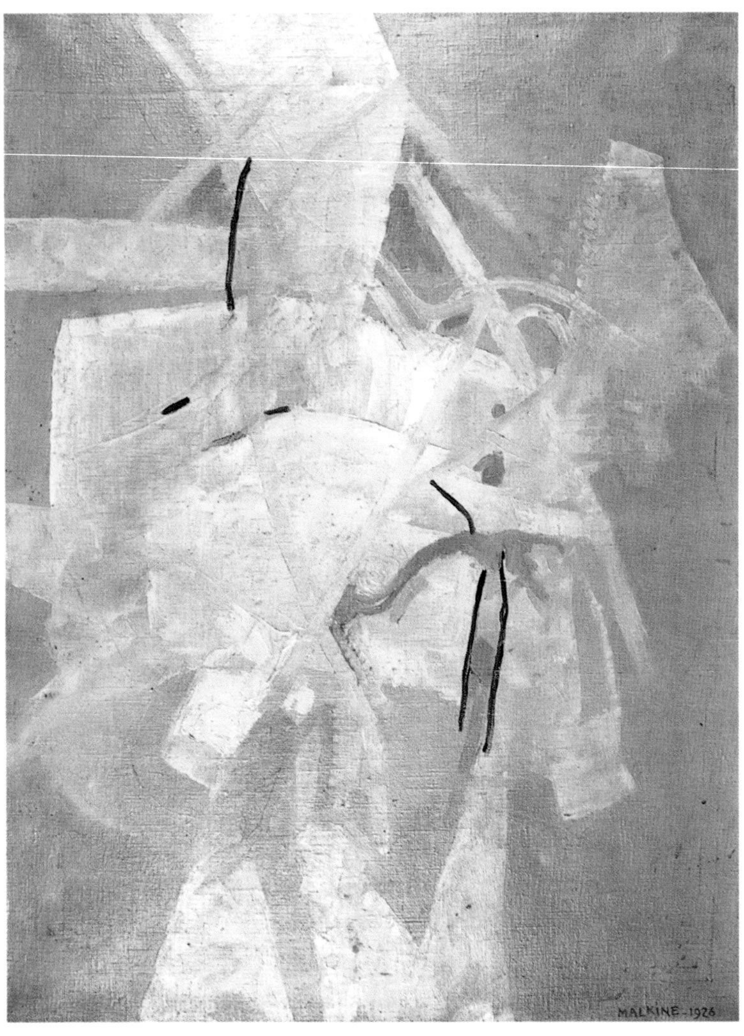

6. TÉMOIGNAGE, 1926

N° 66 dans le cahier de Malkine.

Contrairement à *Picadilly,* la peinture ici ne ramène à aucune réalité physique mais à une *parole donnée* ou à un *témoignage.* Simple jeu de formes et de lignes, l'œuvre semble suivre les méandres d'une pensée laissée libre d'errer à sa guise, n'obéissant à aucune logique d'aucune sorte. L'harmonie des gris, des bleus et des verts clairs y est comme heurtée par quelques lignes noires qui s'y superposent et s'y opposent.

Œuvre surprenante, pour le moins, que cette composition abstraite titrée en 1927 *Je donne ma parole,* et en 1966 *Témoignage.* Elle fait sans aucun doute partie de ces tableaux dont parle Patrick Waldberg quand il écrit : « Il existe de cette époque des toiles faites de touches juxtaposées qui se superposent à des formes indécises et que l'on peut considérer comme la préfiguration de ce qui sera plus tard nommé "abstraction lyrique". À l'encontre des recherches des peintres abstraits contemporains, ces tentatives ne reposaient sur aucune donnée théorique, mais visaient seulement, à travers les notations linéaires et colorées, à traduire les mouvements d'une mélodie intérieure. »

Œuvre livrée au seul hasard ? « Dictée de la pensée » ? « Automatisme psychique » ? Peut-être. Au sens où l'entendra Jean-Paul Riopelle quand, en 1951, il écrira : « Seul peut être fécond un hasard total qui physiologiquement, physiquement, psychiquement est condamné à être troué par l'organicité du peintre, avec cet avantage d'y laisser entrer toutes les chances de fuite cosmique. » Ou bien faut-il considérer ce *Témoignage* à la lumière de ce qu'écrira, en 1946, Charles Estienne de Nicolas de Staël : « Et voyez Nicolas de Staël, c'est, suivant la phrase d'André Breton, "l'œil à l'état sauvage". Un extraordinaire *epos* rythme ici les caravanes de formes et les fulgurantes zébrures verticales jaillies le plus souvent des hasards de la matière. »

Ce qui est sûr, et quelle que soit la référence que l'on choisit, c'est que le *Témoignage* de Malkine a bien, dans le pire des cas, vingt ans d'avance.

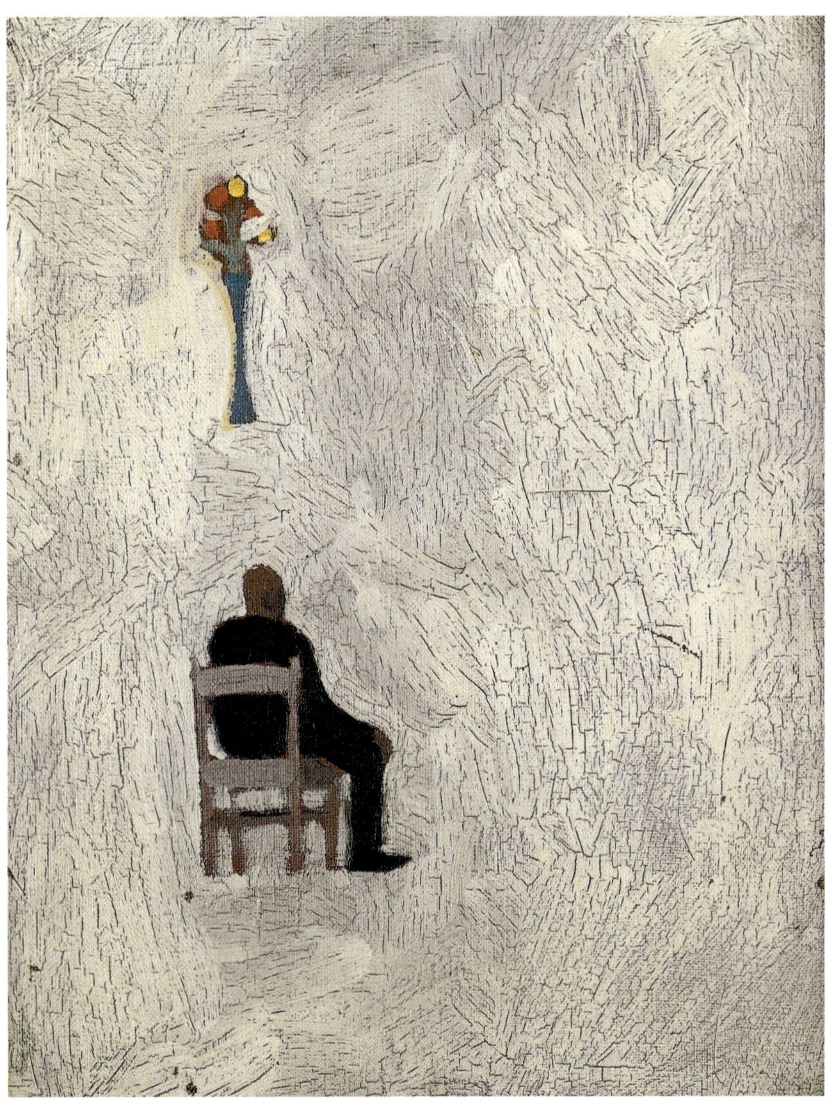

7. ESPOIR, 1926

N° 87 dans le cahier de Malkine.

Cette œuvre, présente en janvier 1927 au sein de l'exposition Malkine à la Galerie surréaliste, était créditée sur le catalogue : « coll. A. Breton ». Elle avait été reproduite – avec *La Vallée de Chevreuse* appartenant à Nancy Cunard – quelques semaines plus tôt dans le numéro 8 de *La Révolution surréaliste,* à l'instigation, on peut raisonnablement le supposer, de son propriétaire.

D'une extrême simplicité, elle met en scène, flottant librement sur un fond jaune clair uni, un homme assis sur une chaise, vu de dos et, plus loin, une sorte de lampadaire. L'homme, assez grossièrement dessiné, n'est pas identifiable. Il attend quelque chose ou quelqu'un, contemple le lampadaire – un feu rouge ? une balise ? – dont les feux allumés pointent dans trois directions différentes. En l'absence de tout repère spatial – ni terre ni ciel –, la situation ainsi posée offre toutes les interprétations possibles. Le titre – *Espoir* – accentue l'impression d'incertitude. L'énigme est absolue.

La chaise est l'un des éléments iconographiques les plus constants dans l'œuvre de Malkine. Mais les chaises qu'il peint sont généralement vides – à l'exemple de celles qui figurent dans *La Voix du silence* de René Magritte. Renvoyant, dans la croyance populaire, à l'identité de son occupant (à l'instar des fameuses chaises de Van Gogh), la chaise de l'*Espoir* est une des rares, avec celle du *Visiteur* (1969), à être occupées, habitées en quelque sorte. Cette toile peut donc fournir, en corrélation avec son titre, une ébauche d'interprétation de la présence de cet élément iconographique : signe d'espérance, la chaise serait ainsi la trace, la manifestation de l'attente et du désir. Désir amoureux dans *Le Baiser* (cat. 23), désir contrarié dans *L'Orage* (cat. 12), désir de rencontre dans *La Visite* (1966) et désir éteint dans *Les Chaises* (1969).

8. PORTRAIT DE ROBERT DESNOS, 1926

N° 81 dans le cahier de Malkine.

Le visage de profil, admirablement dessiné, se détache sur un fond uni comme s'il s'agissait d'une figure de proue. Le regard est droit, d'un bleu clair, les lèvres roses, les cheveux un peu batailleurs dont une mèche s'échappe sur la tempe. Le portrait est certes légèrement idéalisé mais on y sent tout de même la personnalité de Desnos, rêveur éveillé, poète endiablé, fou amoureux, à cette époque, de la « mystérieuse ». Marie-Claire Dumas décrit ainsi Robert Desnos en 1922-1923 : « Les joues pleines, un peu enfantines, les yeux tantôt étincelants, tantôt éteints sous de lourdes paupières, les cheveux rejetés en arrière, qui parfois déferlent sur le front, la bouche charnue et gourmande composent un visage un peu maladroit et désarmant. »

« Dis donc, je te propose, non seulement d'exposer ton portrait mais encore de le vendre, s'il y a acheteur à bon prix, ce qui pourrait tout de même arriver », écrit Georges Malkine à Robert Desnos (en 1926 ?). Il nous est impossible de savoir si le portrait dont parle Malkine est celui-ci ou bien un autre – dont la localisation est inconnue – puisque Malkine a peint, en 1926, deux portraits de Desnos.

Alors que l'autre portrait est d'une facture plutôt classique, celui-ci frappe par sa modernité. Dans sa pose un peu hiératique, et en dépit d'un dessin beaucoup plus affirmé et réaliste, il pourrait rappeler le travail de portraitiste de Joseph Sima entre 1928 et 1930. On y retrouve – en particulier dans le *Portrait de Berenice Abbott,* la même impression de surgissement, donnant à la figure une présence et une force peu communes.

Georges Malkine a peint peu de portraits. Une *Femme rousse,* figurant en première position dans le catalogue de l'exposition de 1927, pourrait être un portrait de Caridad de Laberdesque, avec laquelle il vivait alors. Mais Robert Desnos est le seul dont Malkine ait fait non pas *un* mais *deux* portraits – il lui consacrera de même deux « Demeures ». Une version dessinée de ce portrait sera publiée dans un numéro de *Labyrinthe* (1945) rendant hommage au poète mort dans un camp de concentration.

Il faut encore signaler un portrait de Pierre de Massot dans un collage de 1933 intitulé, en référence au poème éponyme, *Le Déserteur.* On notera enfin qu'après la guerre, revenant à la peinture, c'est par un portrait (cat. 30) qu'il inaugurera une nouvelle manière.

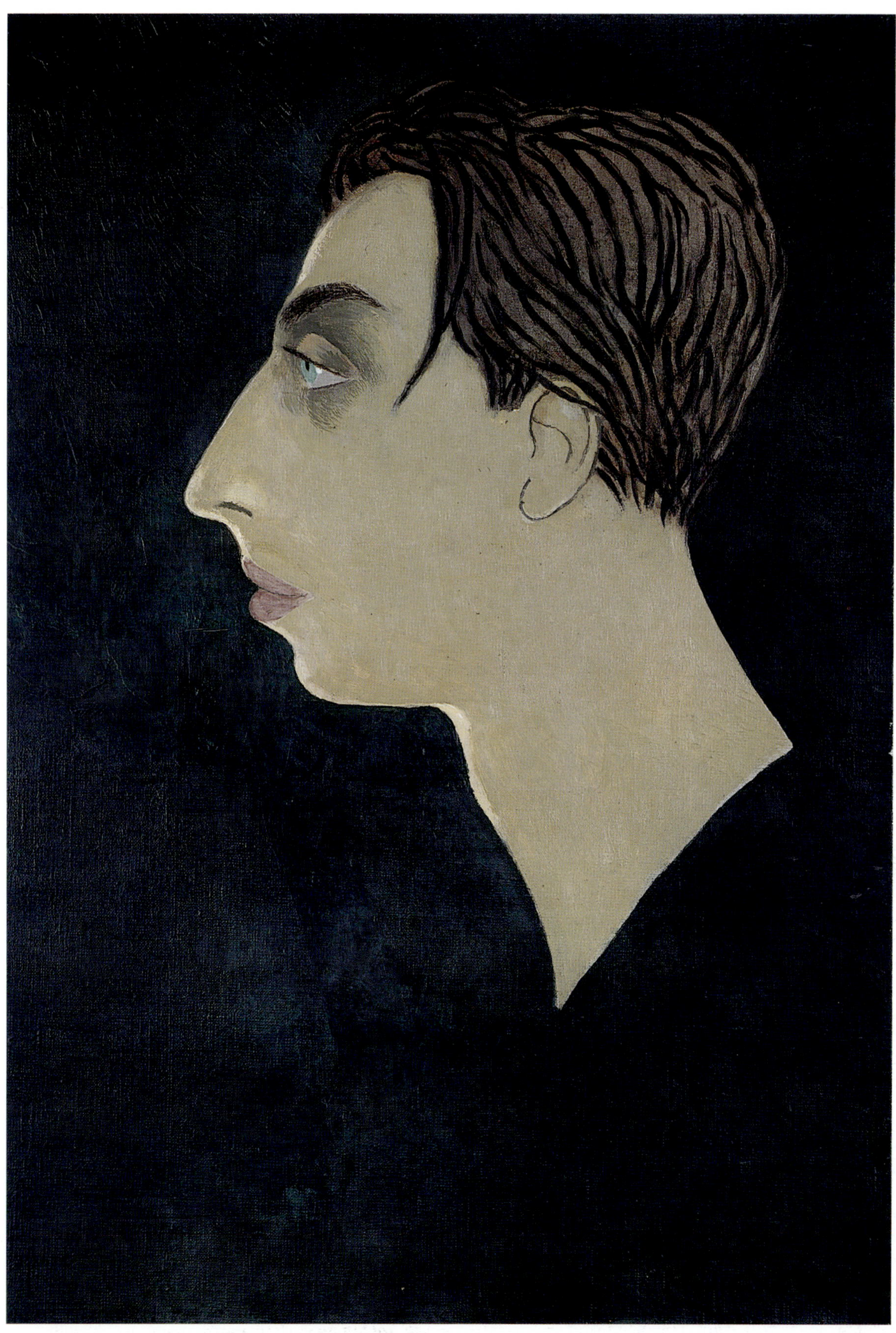

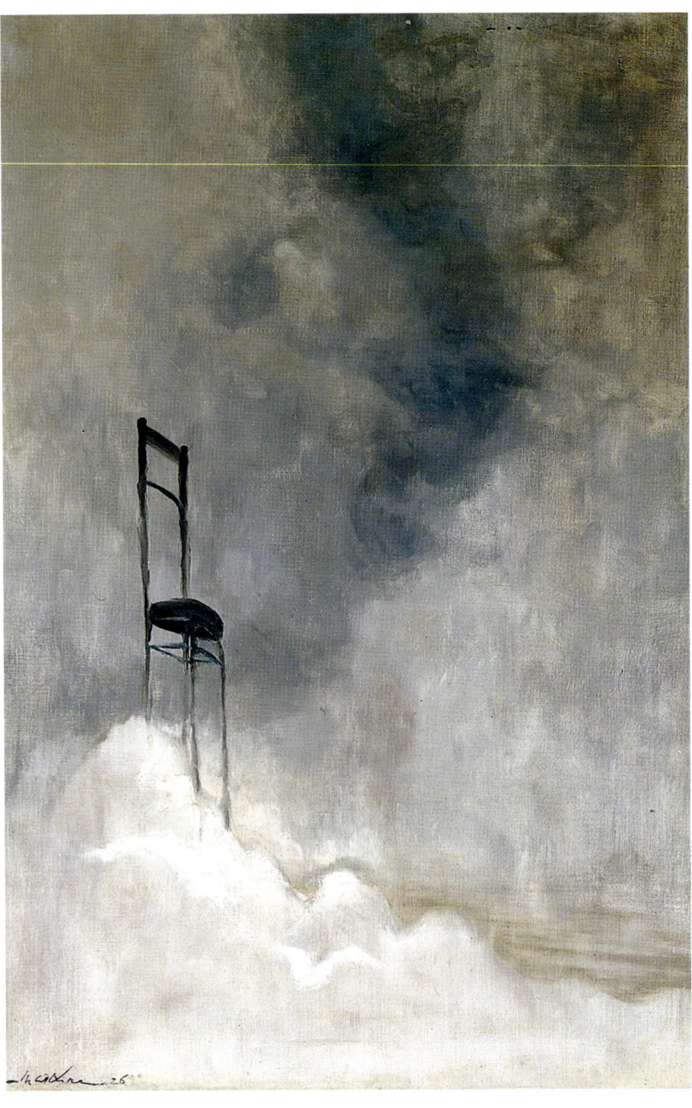

9. L'ORAGE, 1926

L'Orage porte dans le cahier de Malkine le numéro 114. C'est, avec *La Nuit d'amour,* l'un des tableaux le plus souvent reproduits de Malkine. C'est aussi l'un des plus simples puisqu'il ne figure, posée au milieu d'un ciel nuageux, qu'une chaise à la perspective un peu étirée, dont les pieds se perdent dans la chevelure blanche d'un gros cumulus.

Cette œuvre, dans son principe comme dans sa réalisation, semble répondre parfaitement à la définition de l'image surréaliste, au fameux « rapprochement de deux éléments de nature apparemment opposée sur un plan de nature opposée à la leur [qui] provoque les plus violentes déflagrations poétiques » (Max Ernst). Elle souligne à merveille le « rapport spontané, extra-lucide, insolent qui s'établit, dans certaines conditions, entre telle chose et telle autre, que le sens commun retiendrait de confronter » (André Breton). Elle fonctionne en effet comme un collage, comme un cadavre exquis, un dialogue dont les termes seraient ceux-ci :

« Qu'est-ce que l'orage ?

– Une chaise volant au milieu des nuages. »

Par son dépouillement, par sa sobriété, par l'évidence de l'image qu'elle propose, cette œuvre atteint sa force et emporte la conviction que telle est effectivement l'image de l'orage. Elle est ainsi très symptomatique de la manière de Malkine : aller au plus simple, au plus direct, prendre le plus court chemin vers l'image, vers la poésie.

Dans le texte qu'il donne pour le premier numéro de *La Révolution surréaliste,* on trouve mention d'un orage : « Un orage. Le premier que je vis, en somme, parce qu'il me fut donné, à moi homme, de voir un orage dans sa totalité. Vous voyez cela ? Non. » Dans une lettre de 1946, Malkine précise : « Peut-être n'est-ce que pour cela que j'ai quelque peu dessiné et peint : pour me montrer à moi-même des choses que je ne voyais pas ailleurs. »

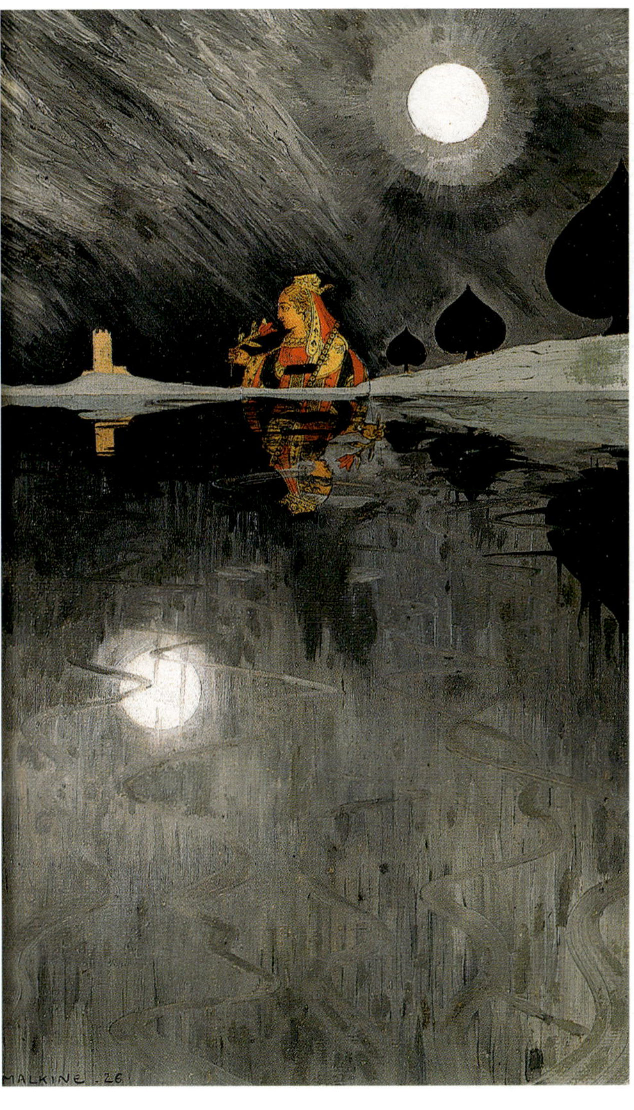

10. LA DAME DE PIQUE, 1926

Sous ce titre, cette œuvre n'est pas répertoriée dans le cahier de Malkine.

Ce même cahier débute pourtant par une œuvre intitulée *Le Roi de cœur* (localisation inconnue), dont on sait seulement qu'elle fut achetée par Jacques Doucet. Une *Dame de cœur* apparaîtra dans une œuvre de 1968 intitulée *Fétiche.*

Pour ce qui est de *La Dame de pique,* le paysage présente des similitudes frappantes avec celui d'*Alcools* (1925) : un lac au premier plan, sur la rive duquel se dressent des dominos géants (dans *Alcools*) et l'image du pique (dans *La Dame de pique*). Dans les deux cas, l'atmosphère est lourde, électrique (dans *Alcools*) et nocturne (dans *La Dame de pique*). Les deux œuvres enfin font référence au jeu – dominos ou jeu de cartes.

Outre *Le Roi de cœur,* donc, *La Dame de pique*. Celle-ci est figurée par sa représentation usuelle des cartes à jouer, collée sur la toile. Trois grands piques plantés comme des arbres viennent border le lac tandis que, dans le fond du paysage, un donjon ferme la perspective. Une pleine lune éclaire la scène. On notera que son reflet dans l'eau n'est pas à sa place « logique », détail qui donne à l'œuvre sa réalité de carte à jouer.

La symbolique de la Dame de pique, à laquelle l'œuvre renvoie explicitement, est plutôt négative. Femme mauvaise, médisante, d'influence néfaste, elle n'annonce rien de très bon.

On appréciait beaucoup les jeux de cartes rue du Château et dans l'atelier de Masson rue Blomet – où l'on jouait aussi aux échecs, aux dames et aux dominos. Mais les cartes à jouer pouvaient être également, pour Breton en particulier, un support divinatoire, même si Mme Sacco – celle-là même dont il est question dans la « Lettre aux voyantes », texte de Breton dédié à Malkine – n'utilisait ni jeu de cartes « ordinaire » ni tarot lors de ses consultations (elle compta Breton et Malkine parmi ses clients).

On notera enfin, étrange coïncidence, que cette œuvre fut achetée en premier lieu par Lise Deharme, dont André Breton était, à cette époque, très épris. Or Lise Deharme apparaît précisément en Dame de pique dans le jeu de cartes photographique de Man Ray réalisé dans les années 1930.

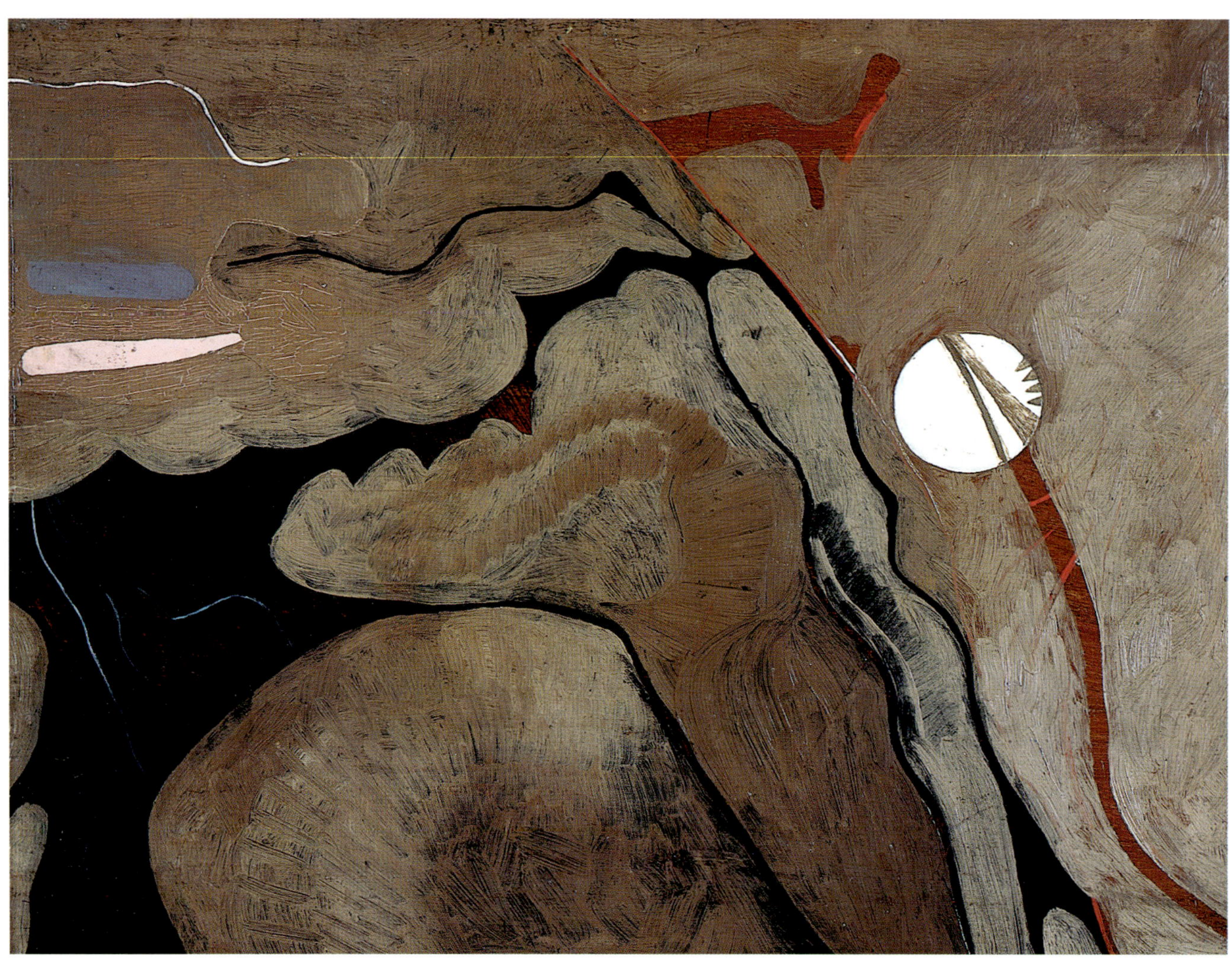

11. SANS TITRE, 1926

Matière travaillée, raclée, griffée, créant par endroits des reliefs et des creux, l'œuvre évoque un paysage vu d'avion – estuaire, méandres, bras de fleuves... – mais on pourrait tout aussi bien y lire un échantillon de tissu organique ou encore un fragment de roche vus au microscope. La découpe des formes, les veines noires et rouges qui les creusent, tout donne l'impression que l'on a affaire à un élément naturel. Jusqu'au cercle blanc que l'on ne peut s'empêcher d'associer au soleil. Cela serait relativement simple, en somme, si ce n'était, dans le bord droit, deux silhouettes à peine esquissées qui, quand on retourne la toile, apparaissent de manière plus nette encore : un homme et une femme, en buste, côte à côte, soulignés par deux touches : bleue pour l'homme et rose pour la femme.

Serait-on devant l'un des fameux « tableaux tournants » dont fait état le catalogue de l'exposition à la Galerie surréaliste de 1927 ? – et dans ce cas le titre de l'un d'eux, *Langage de nuit,* semblerait correspondre tout à fait. En l'absence de toute précision sur la nature de ces « tableaux tournants » et dans l'ignorance du titre de cette œuvre, rien ne permet d'opter pour une telle hypothèse. De ce que nous savons des œuvres de la même époque – somme toute assez peu de choses –, elle n'a pas d'équivalent ou de parente proche.

L'œuvre pourrait évoquer les recherches que Max Ernst entreprend alors avec ses frottages et son *Grand Amoureux* de 1926 (qui figurait dans la collection d'André Breton), où des figures humaines s'inscrivaient aussi dans l'épaisseur de la matière. On songe, de même, aux tableaux de sable qu'André Masson commence à réaliser en 1926 et dans lesquels il utilise également la matière pour faire surgir des formes humaines ou animales.

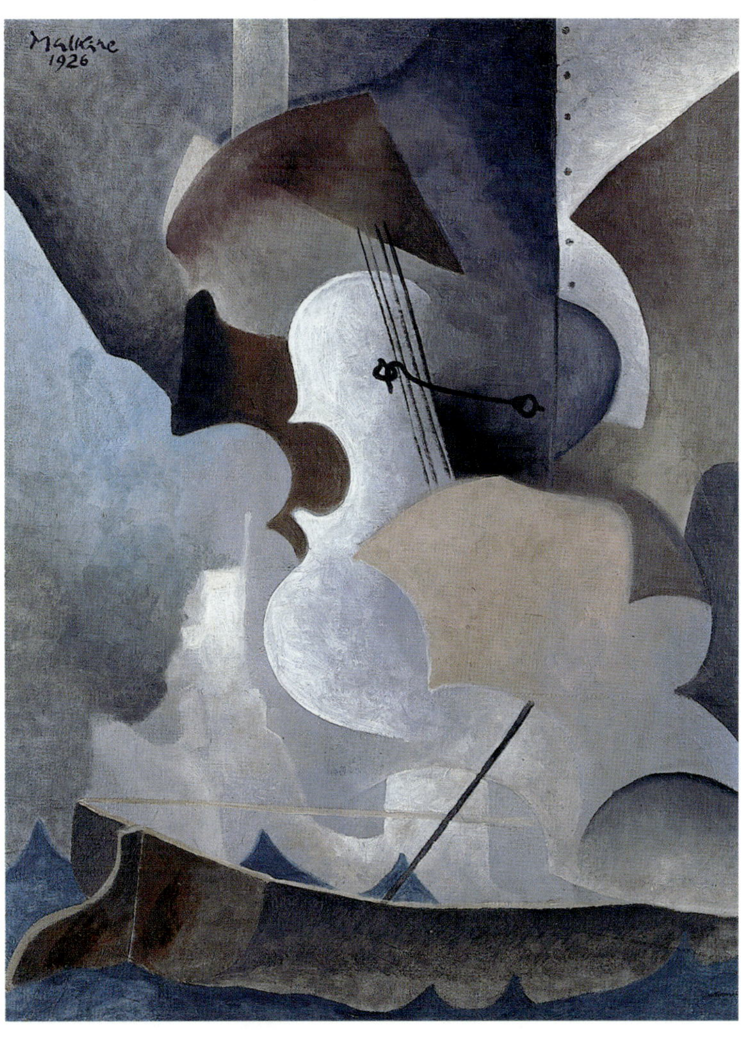

12. RÊVE AU LONG COURS, 1926

Cette œuvre n'est pas répertoriée dans le cahier de Malkine. Une lettre de Malkine adressée en 1966 à son propriétaire nous éclaire cependant sur sa date : « Je suis disposé à signer cette toile, écrit-il, mais j'aimerais connaître, si possible, son histoire depuis 1926. Je me suis souvent demandé ce qu'elle était devenue. Incidemment, son nom est *Rêve au long cours.* [...] Dans le cas d'une rétrospective, j'aimerais que cette œuvre y figure. » Cette signature tardive explique sans doute son emplacement inédit sur la toile.

On repère au sein de cette harmonie de formes disposées en plans successifs, dans l'angle supérieur droit, un plan métallique bordé d'une rangée de rivets où vient s'ancrer un crochet retenant, au centre de la toile, le corps d'un violon, tandis qu'en bas une barque dérive sur l'eau. Structurée par une série de droites verticales et un premier plan horizontal, l'œuvre est rythmée par d'innombrables courbes qui fragmentent l'espace, courbes reprenant, comme en écho, les formes du violon – rappelons ici que les parents de Malkine étaient tous deux violonistes et que Malkine apprit à jouer de cet instrument.

Rêve au long cours pourrait faire songer, par sa composition comme par le jeu des couleurs, à certaines peintures de Picabia des années 1913-1914, n'étaient-ce, nettement affirmés, les éléments figuratifs du violon et de la barque.

L'association de ces deux éléments avec le titre laisse ouverte l'interprétation. Le rêve est-il musique, la musique est-elle voyage, le voyage est-il rêve ? On pourrait multiplier les termes et les hypothèses, la musique, le rêve et le voyage n'ayant cessé d'habiter la vie de Malkine.

Soulignons enfin que le violon et la mer, ici réunis, annoncent le titre du roman que Malkine écrira à la fin des années 1940 : *À bord du Violon de mer.*

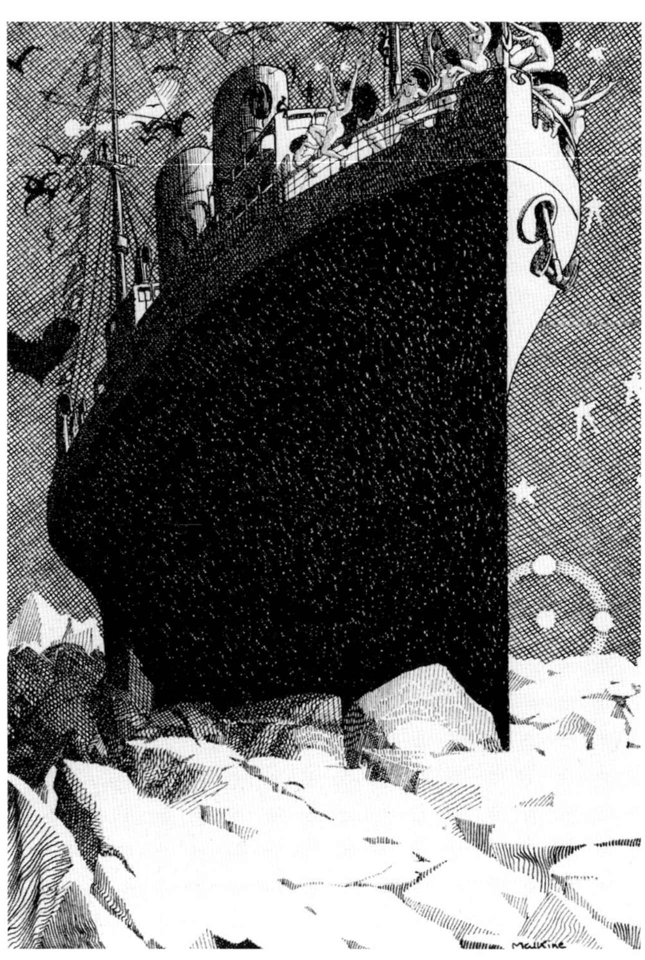

123. GEORGES MALKINE, ILLUSTRATION POUR « THE NIGHT OF LOVELESS NIGHTS » DE ROBERT DESNOS, 1930

13. L'EAU, 1926

Cette œuvre porte dans le cahier de Malkine le numéro 107. Ses formes sont simples, géométriques, laissant deviner des ébauches – ou des restes estompés – de lignes de construction : droites, cercles, angles à peine soulignés, diffus dans le fond quasi uniforme de la toile. Il y a dans cette œuvre une apparente contradiction entre ce qui pourrait passer, même curieusement, pour le dessin d'une mécanique ou d'une architecture, et la nature de l'eau, fluide par définition. Sauf à émettre l'hypothèse que c'est la nature même de l'eau, sa mécanique interne, que Malkine a voulu décrire.

Quoi qu'il en soit, *L'Eau* diffère encore, dans son style, des autres œuvres non figuratives, qu'il s'agisse de *Picadilly,* de *Témoignage* ou de *Marcher la nuit.*

L'eau est chez Malkine, comme chez de nombreux surréalistes, l'un des éléments les plus présents. Elle a souvent été assimilée à l'écriture automatique – qui « coule » et « jaillit » comme un torrent et dont la vitesse se mesure en « débit ». « Machine à chavirer l'esprit » (Aragon), elle revient très fréquemment sous forme d'inondations – celle de 1910, qui a submergé une partie de Paris, était vivace dans toutes les mémoires. On la retrouve par exemple dans le deuxième cahier d'*Une semaine de bonté* de Max Ernst. Elle est aussi très souvent figurée sous la forme de naufrages. Desnos parsème ses récits de voyages maritimes tous plus dangereux les uns que les autres. « Paraissez, icebergs, trombes, maelströms, récifs, épaves, lames de fond, canots désemparés, bouteilles à la mer... » *(La Liberté ou l'amour!)* Pour illustrer *The Night of Loveless Nights,* Malkine figurera de même un paquebot échoué.

En contraste, l'eau de Malkine semble souvent plus calme, plus sereine, presque plus heureuse. Elle n'a pas cet aspect inquiétant et abyssal qu'on lui prête le plus souvent et qui justifie qu'on l'assimile parfois à l'inconscient. Lacustre, elle intervient dans *Alcools* (1925), dans *La Dame de pique* (cat. 10) ou encore dans *Le Baiser* (cat. 23). Océane, elle soutient la barque du *Rêve au long cours* (cat. 12). Mais elle est aussi l'élément de vie des *Sirènes* (cat. 5). On en retrouvera des traces dans les œuvres des années 1960, *Marée basse* notamment (cat. 49) ou *Le Piano de Calais* (cat. 51). Elle marquera la fin de son œuvre, s'élevant dans le ciel sous la forme d'oiseaux, dans *La Mer* (cat. 53).

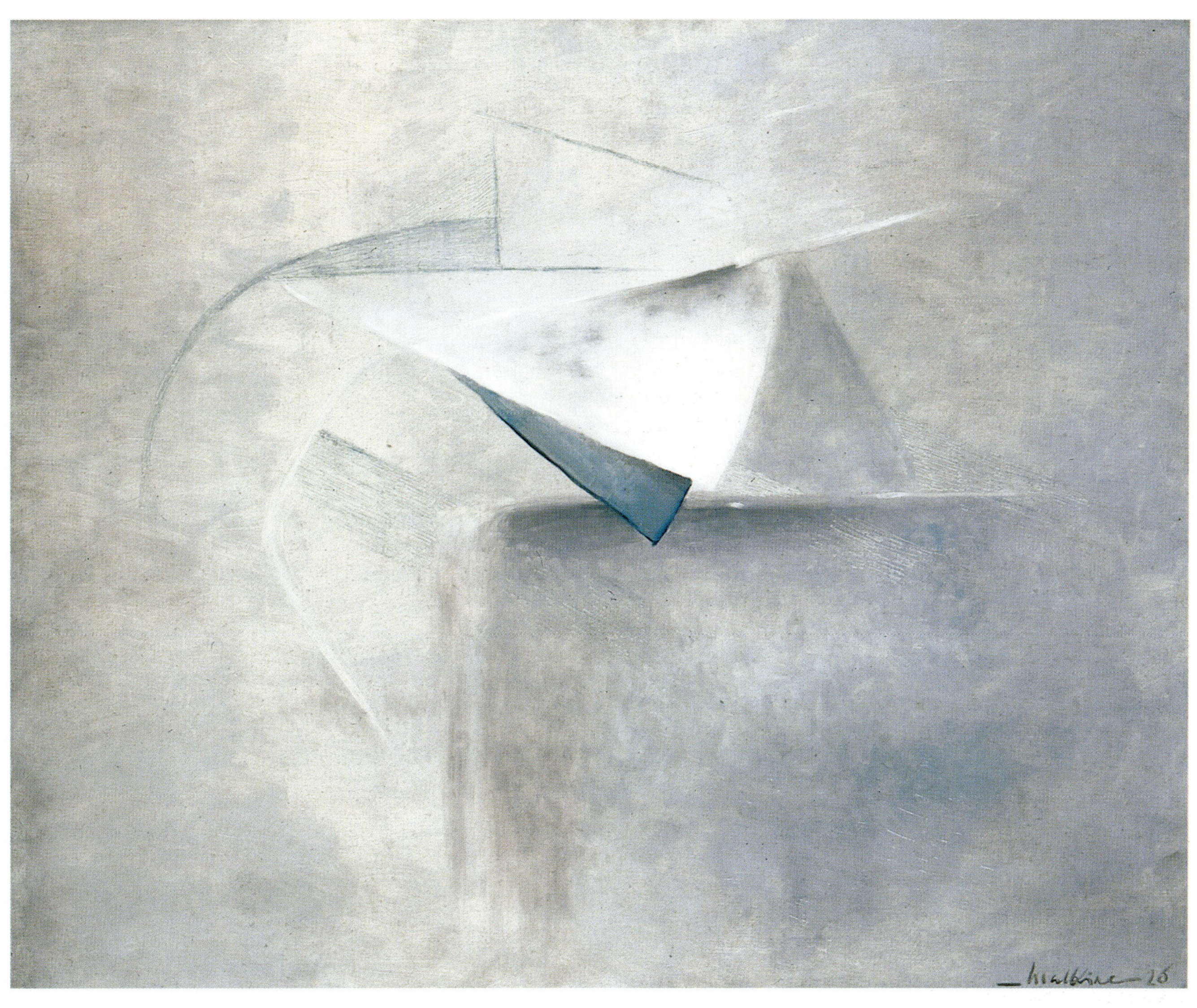

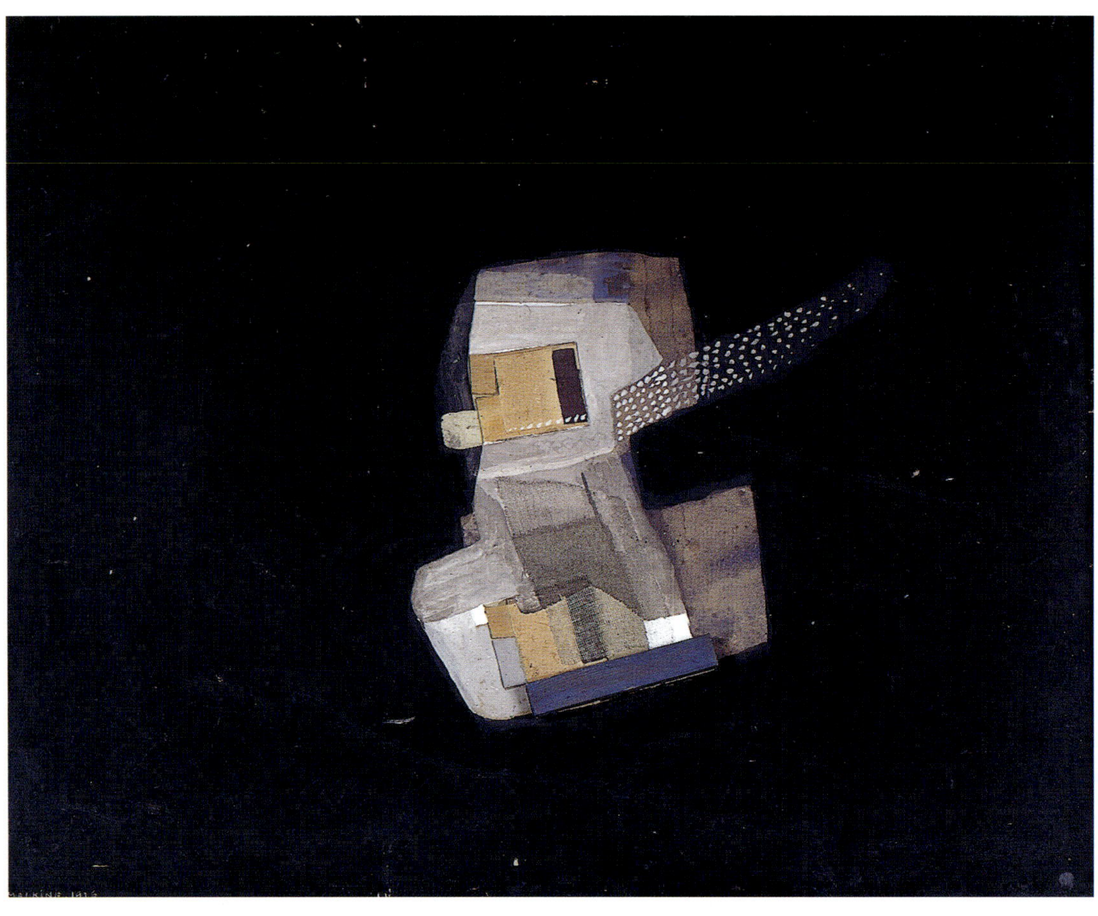

14. MARCHER LA NUIT, 1926

Cette œuvre porte dans le cahier de Malkine le numéro 106.

Sur un fond uniformément noir prend place, au centre du carton, un libre jeu de formes enchevêtrées. Des éléments en relief – dont certains ont disparu – viennent s'intégrer dans la composition, laquelle semble n'obéir, dans son principe, à aucune volonté de figuration mais résulter uniquement de sa propre logique interne.

L'allure générale de l'œuvre, ses tonalités grises, ocre et bleues, la présence des éléments en relief pourraient faire songer à certains collages cubistes mais il nous semble que c'est plutôt à Kurt Schwitters qu'il faut ici songer.

Le titre de l'œuvre évoque une de ces longues échappées nocturnes dont on sait que Malkine était friand, souvent accompagné de Desnos. Ces balades dans Paris étaient pour eux l'occasion de se laisser porter par la poésie de la ville, par la recherche du merveilleux, cette lumière particulière dont témoigne par exemple Louis Aragon dans *Une vague de rêves* : « Il y a une lumière surréaliste : celle qui, à l'heure où les villes s'enflamment, tombe sur l'étalage saumon des bas de soie ; celle qui flambe dans les magasins de la Bénédictine et sa sœur pâle dans la perle des dépôts d'eau minérale ; celle qui éclaire en sourdine le bureau bleu des voyages aux champs de bataille, place Vendôme ; celle qui subsiste tard, avenue de l'Opéra, chez Barclay, quand les cravates se muent en fantômes ; lumière des lampes de poche sur les assassinés et l'amour. »

Cette œuvre annonce enfin les grandes gouaches que Malkine réalisera l'année suivante (cat. 15 à 21), dont l'une, précisément, porte le nom d'une place de Paris.

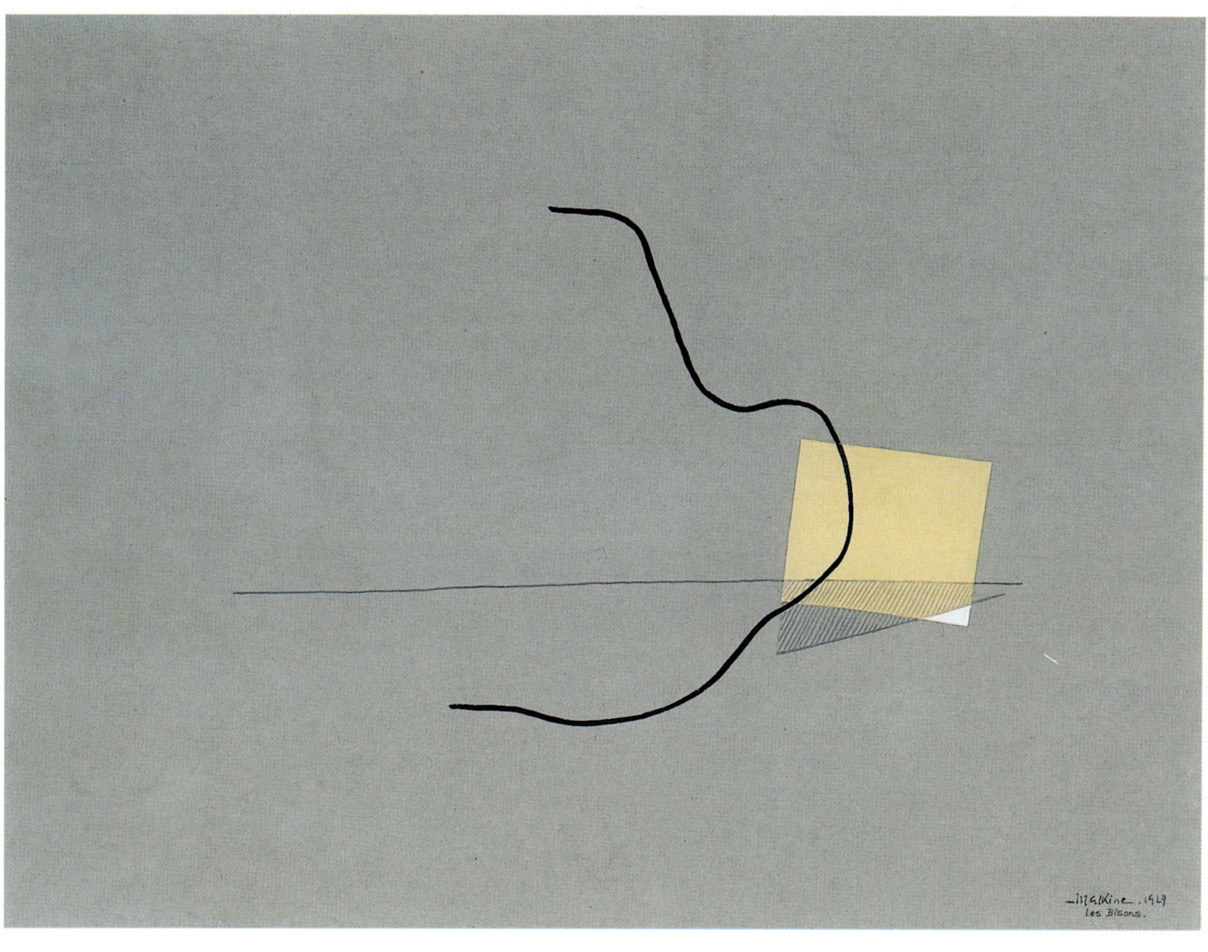

15. LES BISONS, 1927

Dans le cahier de Malkine, toute une série d'œuvres sont réunies, en 1927, par une large accolade portant cette mention : « Grandes gouaches ». À l'intérieur de cette série, *Les Bisons* portent le n° 134, *Les Denrées* le n° 153, *Le Paravent* porte le n° 163, *La Visite* le n° 164, *Le Boudoir* le n° 211, *La Place Falguière* le n° 218 et *L'Escalier chaud* le n° 221.

Ces œuvres présentent une étonnante unité de technique et de style. Réalisées sur du papier de couleur, elles allient la gouache, l'encre, le crayon gras et la mine de plomb et comportent toutes des éléments de collage. Non figuratives, elles marient des papiers découpés et collés à des éléments dessinés et peints en un jeu précis et élégant, généralement centré au milieu de la feuille et laissant l'espace à l'entour entièrement libre.

Elles paraissent concentrer la réalité transposée d'un objet, d'une place ou d'un lieu, créant ainsi une sorte d'analogie plastique propre à leur auteur. Il s'en dégage une force tranquille, l'impression d'une grande pureté, d'un équilibre maîtrisé ne jouant pas l'œuvre d'art *contre* la réalité mais les transfigurant au contraire par une sorte d'opération magique – un miracle. « Ce qui caractérise le miracle, ce qui fait crier au miracle, cette qualité du merveilleux, est sans doute un peu la surprise, comme on a voulu faiblement le signaler », écrit Louis Aragon dans « La peinture au défi » en 1930. Et il poursuit : « Mais c'est bien plus, dans tous les sens qu'on peut donner à ce mot, un extraordinaire dépaysement. »
Si la technique évoque certains papiers collés cubistes, la non-figuration absolue de ces œuvres interdit de pousser plus loin cette référence. « Il faut dès maintenant préciser que le collage tel qu'on l'entend aujourd'hui est quelque chose d'entièrement différent du papier collé cubiste », rappelle Aragon. Il nous semble que la meilleure correspondance que l'on pourrait trouver à cette série de gouaches serait *Revolving Doors*, série de dix collages que Man Ray exécute en 1916-1917.

Si la rupture théorique et pratique avait été accomplie par son aîné, Malkine retrouve dans ses gouaches de 1927 la même *évidence,* la même *désinvolture,* que celle de Man Ray. Mais aussi la même inventivité et le même bonheur d'expression. André Breton ne s'y était pas trompé, qui conserva dans sa collection cinq de ces œuvres.

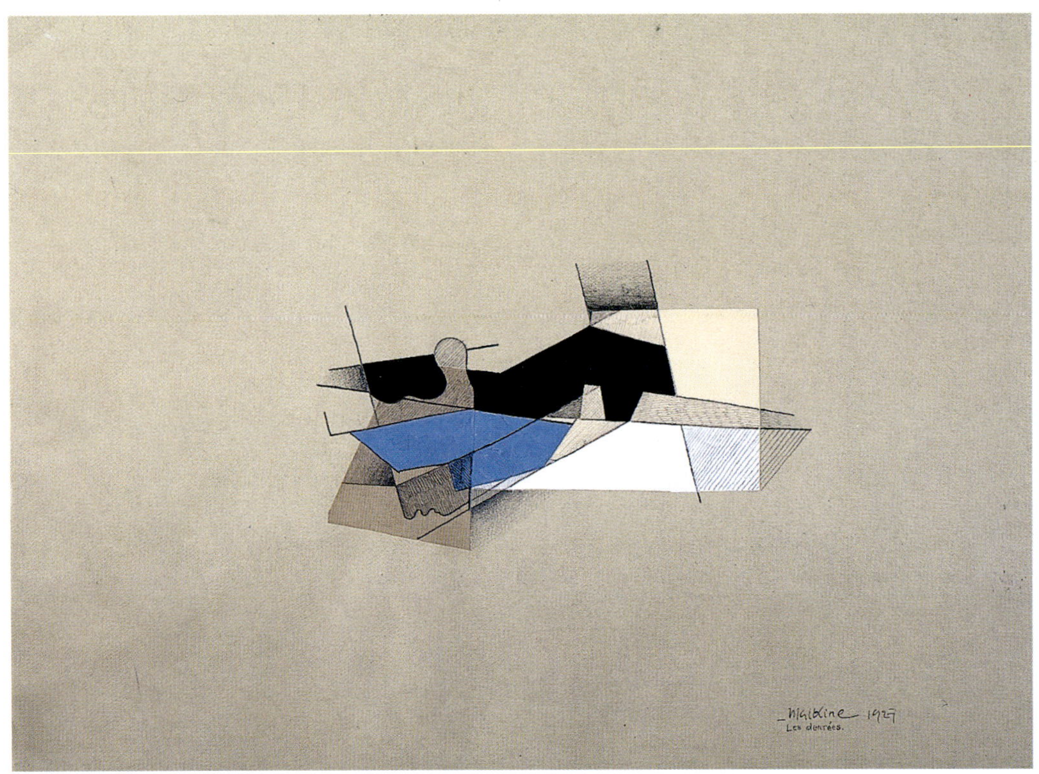

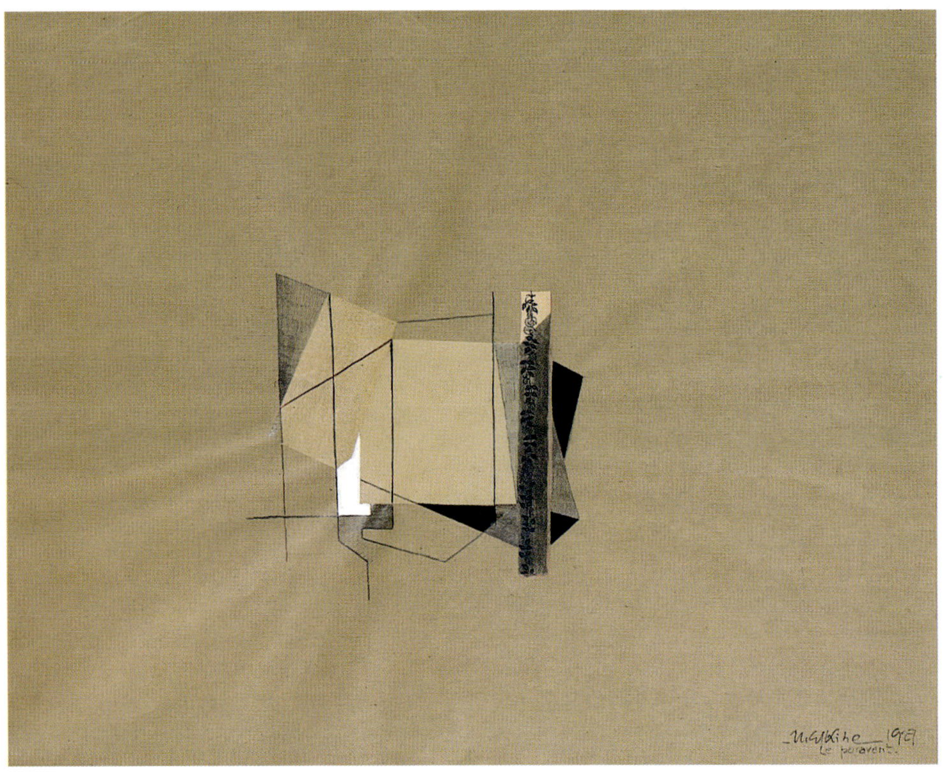

16. LES DENRÉES,
1927

17. LE PARAVENT,
1927

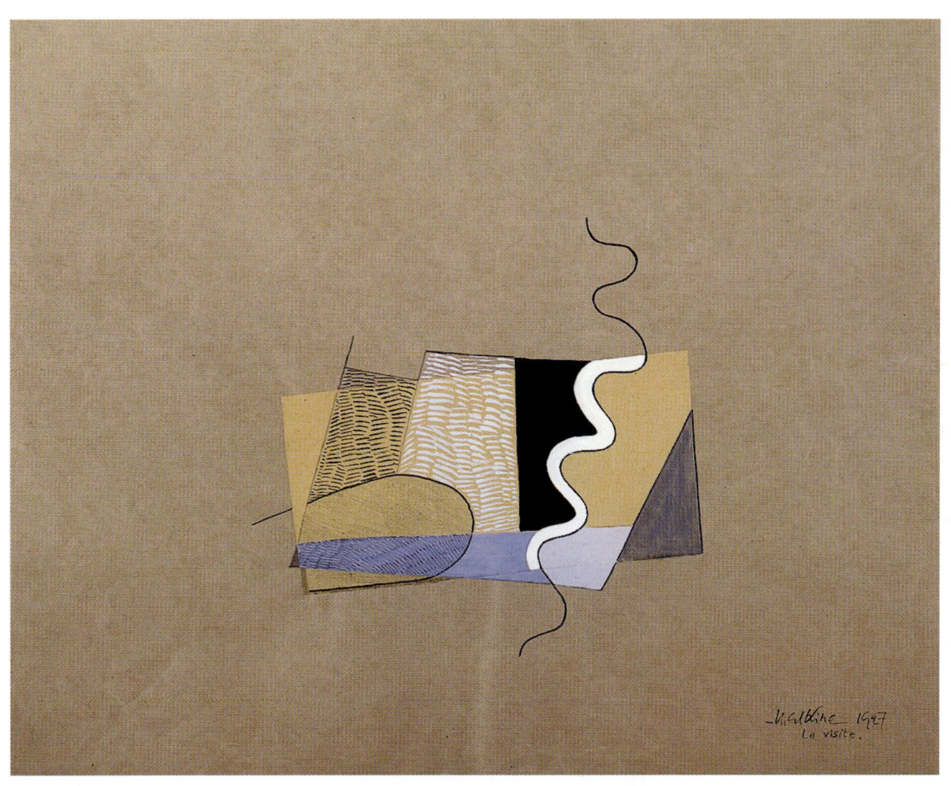

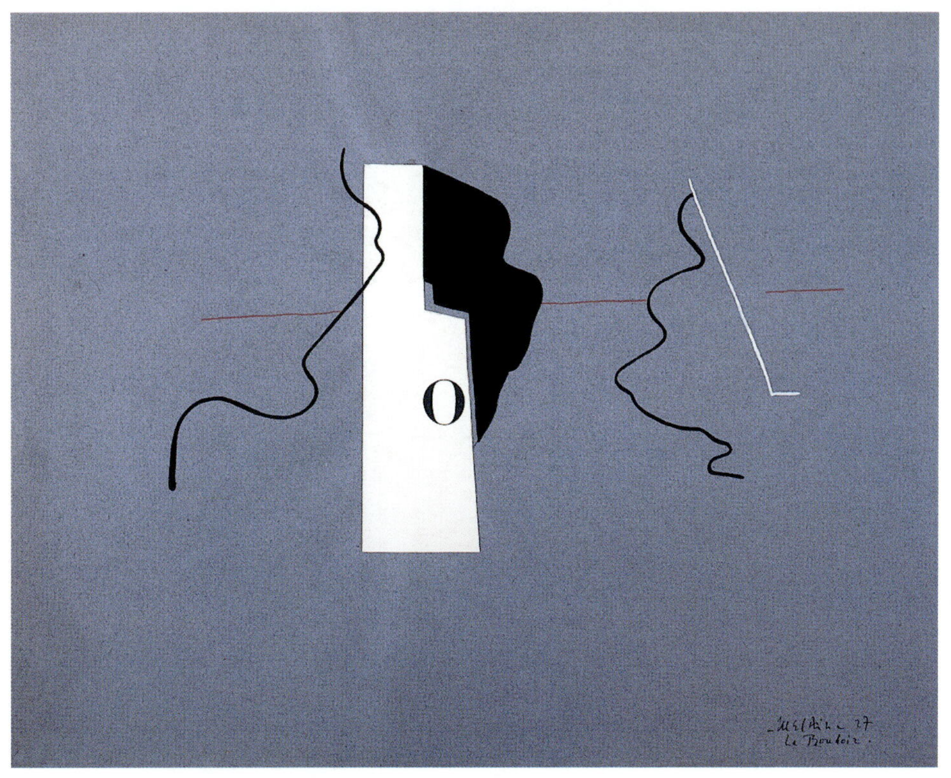

18. LA VISITE,
1927

19. LE BOUDOIR,
1927

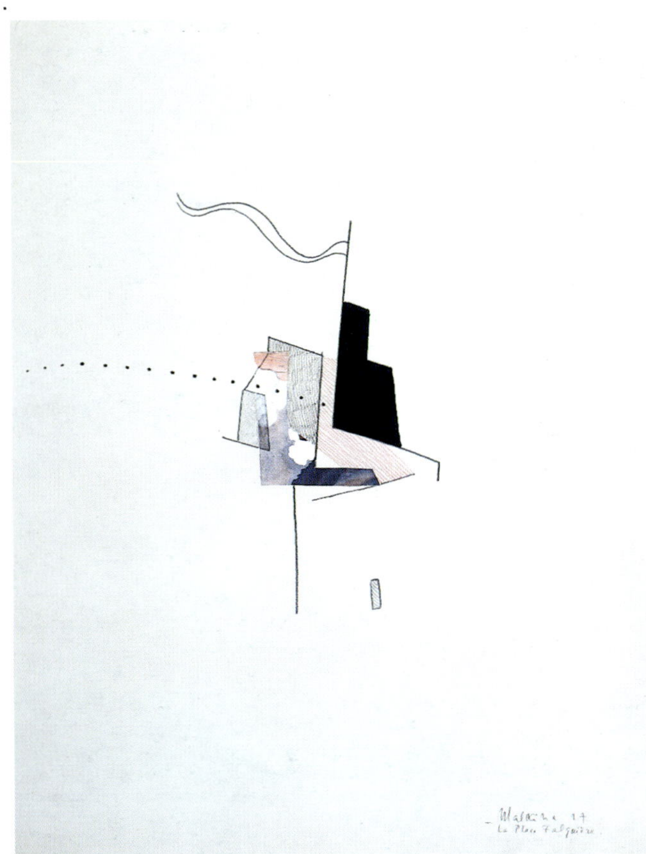

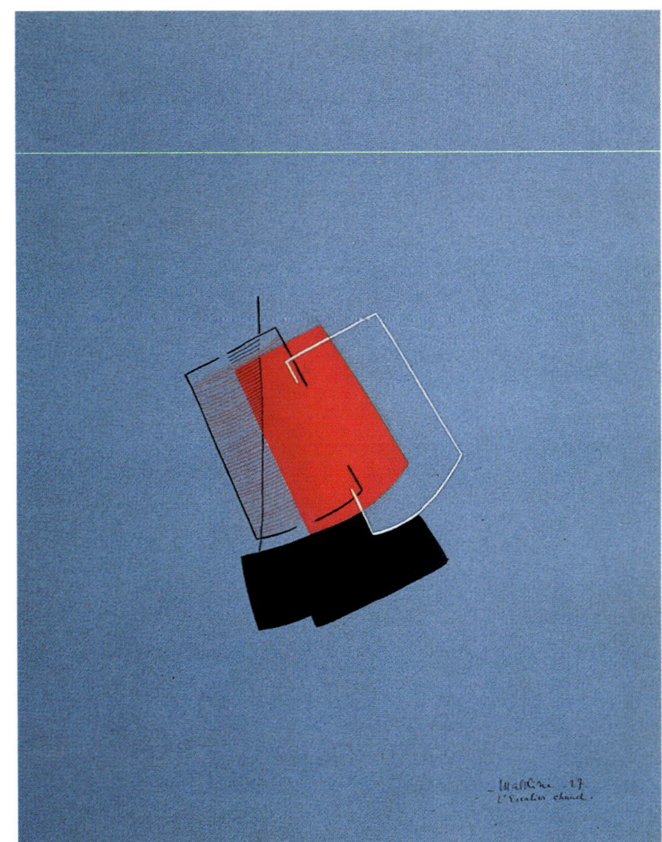

20. LA PLACE FALGUIÈRE,
1927

21. L'ESCALIER CHAUD,
1927

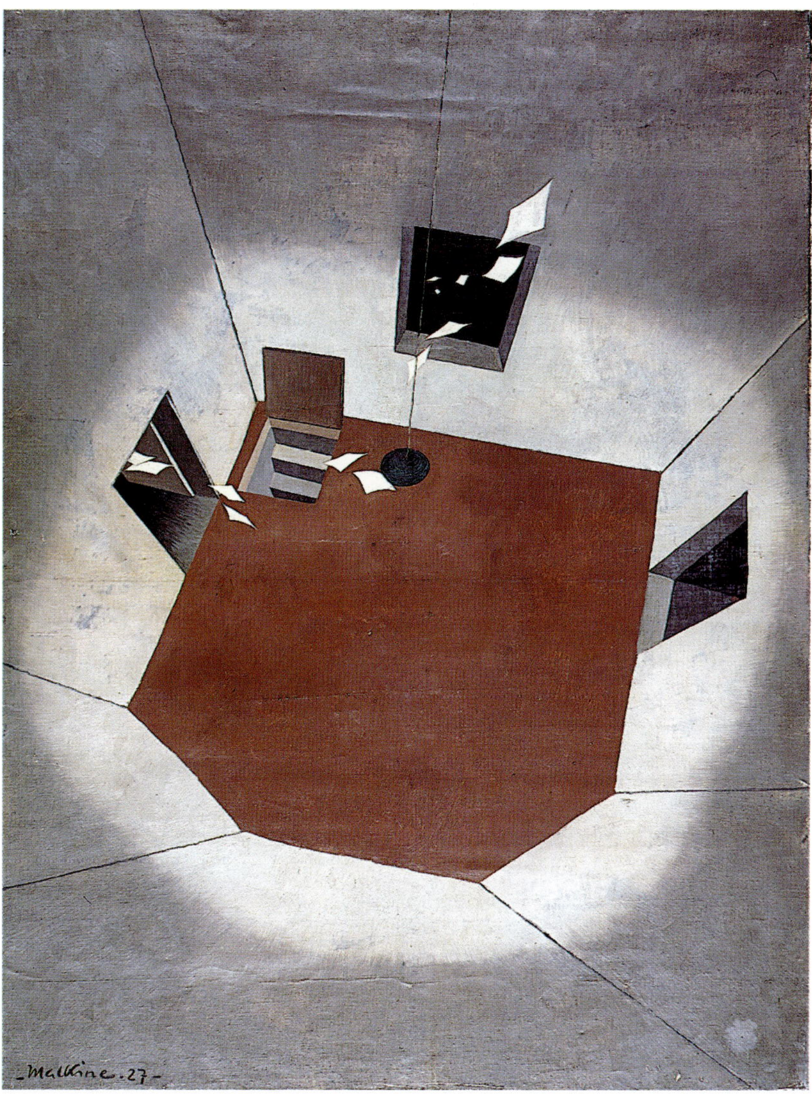

22. SANS TITRE, 1927

De toutes les toiles qui nous sont connues, cette œuvre est l'un des exemples les plus frappants des expériences audacieuses de mise en page de Malkine. La pièce qu'il dépeint est vue en « contre-plongée » pour employer un vocabulaire cinématographique, et légèrement de biais. Il s'agit d'une pièce hexagonale – le sommet d'une tour ? – délimitée par des murs nus dont certains sont percés d'une porte ou d'une fenêtre donnant sur une nuit noire. Dans un coin du plancher, une trappe ouverte laisse voir les dernières marches d'un escalier. Le bas de la pièce est éclairé par une lampe suspendue au bout d'un long fil. Un courant d'air fait voler des feuilles blanches à travers la pièce.

Une fois que l'œil s'est adapté au point de vue pour le moins inhabituel de la peinture, l'étonnement ne cesse pas. Le même procédé à l'œuvre dans *Le Baiser* semble devoir fonctionner ici : absence de présence humaine mais indices de cette présence par la lampe allumée, la trappe ouverte et les papiers – même vierges de toute écriture – volant à travers la pièce. Il y a là une histoire dont le peintre ne nous livre que la trace – prélude ou conclusion dont l'énigme a dû fasciner André Breton puisqu'il conserva cette peinture dans sa collection.

On rapprochera toutefois l'intérieur que dépeint la toile de ce que Malkine écrivait en 1947, parlant de son goût pour les gravures de Piranèse : « À présent je me demande si j'aime ses gravures en tant que dessins, ou parce qu'elles reproduisent les endroits que je préfère dans la vie, c'est-à-dire les grands locaux vides, les appartements déserts, les grandes caves voûtées, les enfilades de portes dans des habitations nues, certains escaliers vus de biais. Tout cela sans tapis, sans ornements et surtout sans hommes. »

23. LE BAISER, 1927

Cette œuvre porte dans le cahier de Malkine le numéro 233.

Une étendue d'eau, au premier plan, est fermée par une sorte de digue sur laquelle s'élève un monument aussi mystérieux qu'imposant. Une porte fermée en interdit l'accès. Ce paysage crépusculaire rappelle lointainement celui de *L'Île des morts* d'Arnold Böcklin. Mais la structure du monument et, surtout, la présence des deux chaises vides posées sur l'eau créent une énigme que le titre finalement choisi ne contribue guère à résoudre (l'œuvre avait d'abord été intitulée *Paysage des amoureux*).

Construite sur une série de diagonales – celles que forment l'alignement des deux chaises, la ligne de la digue, les pans de mur s'avançant vers le lac – qui ne convergent pas mais s'échappent au contraire vers un point de fuite situé hors de l'œuvre, l'irrésolution géométrique est renforcée par le fait que les deux chaises sont placées de telle manière que leurs éventuels occupants d'une part ne pourraient se toucher – et s'embrasser encore moins – et d'autre part se tourneraient presque le dos. Étrange *Baiser* que celui qui ne met en jeu aucune présence humaine et enclôt cette absence dans un paysage nocturne pour le moins inquiétant dominé par le noir et le bleu. Étrange *Baiser* qui n'exprime rien de charnel mais renvoie à une éternité silencieuse, et finalement à la mort.

« Qu'est-ce que le baiser ? » demandait en 1928 André Breton à Suzanne Muzard. « Une divagation, tout chavire », lui avait-elle répondu grâce au jeu des « dialogues ».
Le Baiser de Malkine diffère de tous les « baisers » figurés par les autres peintres surréalistes, qu'il s'agisse de celui des *Amants* de Magritte en 1928 (avec lesquels il partage toutefois ce poignant sentiment d'étrangeté), du grand *Après la pluie (les amoureux)* de Picabia et plus encore de ceux de Picasso. Ne s'attachant pas à le décrire dans sa réalité physique, Malkine donne à son *Baiser* une dimension épique, presque sacrée.

« Tu sais que Sacco partage la vie en 3, 4 ou 5 phases, écrit Malkine à Desnos à la fin de 1927 ou au début de 1928. Elle m'avait annoncé le début de la troisième pour octobre 1927... j'ai son papier sous les yeux. Le 10 octobre, j'ai eu 29 ans, la galerie réouvrait, j'avais ma première longue conversation particulière avec Breton depuis des temps, j'apportais rue Jacques-Callot la première toile de moi que Breton ait *aimée* *, je crois [...].
* Les Chaises dans l'eau – *(Le Baiser)* »
Cette lettre est l'unique document faisant référence à un jugement d'André Breton sur une œuvre de Malkine.

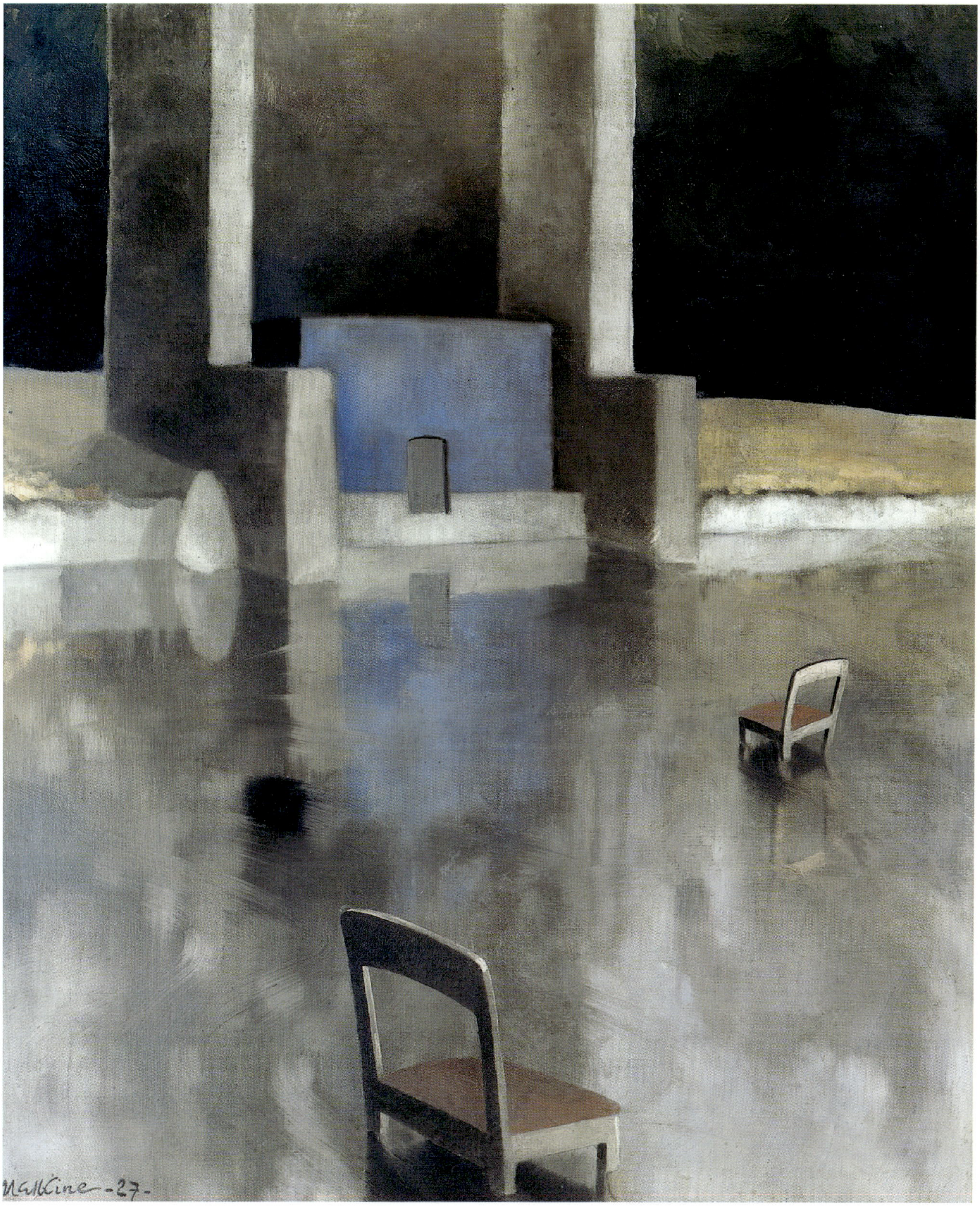

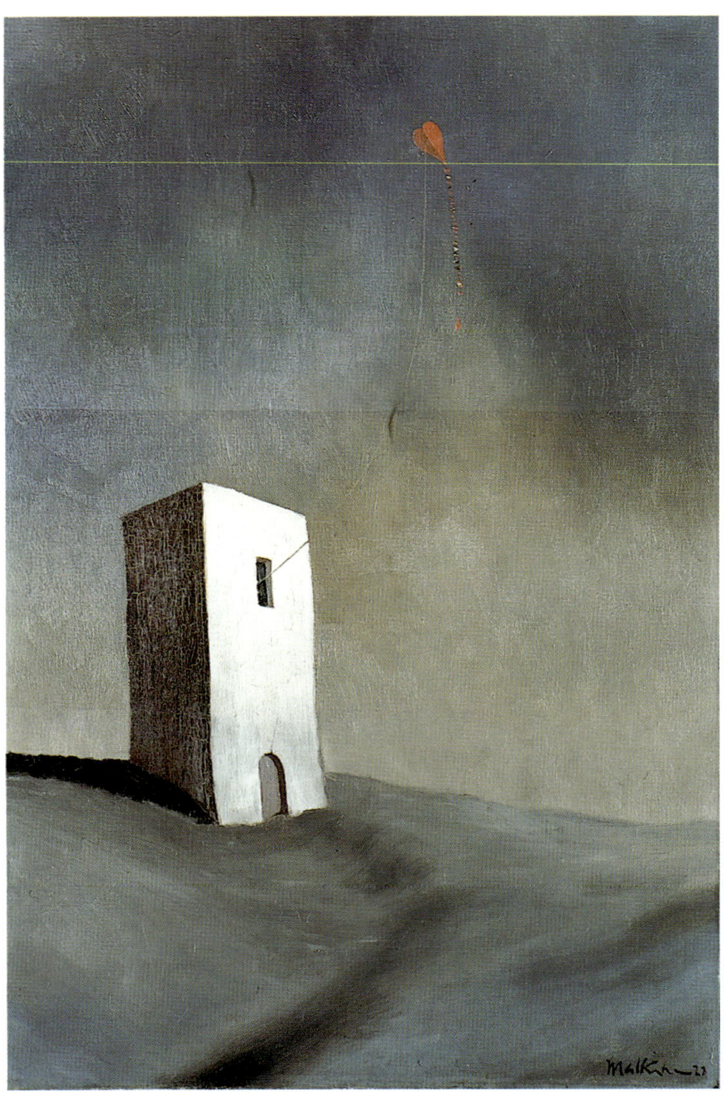

24. SANS TITRE, 1928

Une maison en forme de tour carrée, posée dans un paysage désert, est percée en façade d'une porte et d'une fenêtre ; un cerf-volant de papier rouge vole dans le ciel, dont le fil est retenu par quelqu'un – ou simplement accroché ? – dans la pièce à l'étage de la tour. Le seul élément vivant dans ce tableau est le vent qui porte le cerf-volant. Le reste est tranquillement immobile, comme figé, silencieux. Le gris, le brun et le bleu dominent l'œuvre, à peine troublés par le point rouge vif du cerf-volant.

Si l'on s'en réfère aux peintures connues de ces années 1927-1928, il semble bien que Malkine ait abandonné, du moins dans ses huiles, toutes ses expériences non figuratives. *Le Baiser* et l'œuvre sans titre ci-dessus, tout comme *Le Premier Retour* (1927), *La Délivrance du passeport* (1927), *La Nuit du casino* (1928) et *Dreamland* (1928), sont figuratives et mettent en scène des paysages ouverts au sein desquels un ou plusieurs objets viennent jouer les trouble-fête. Aucun document, aucun indice ne permettent d'éclairer cette évolution, qui conserve aujourd'hui son caractère d'hypothèse.

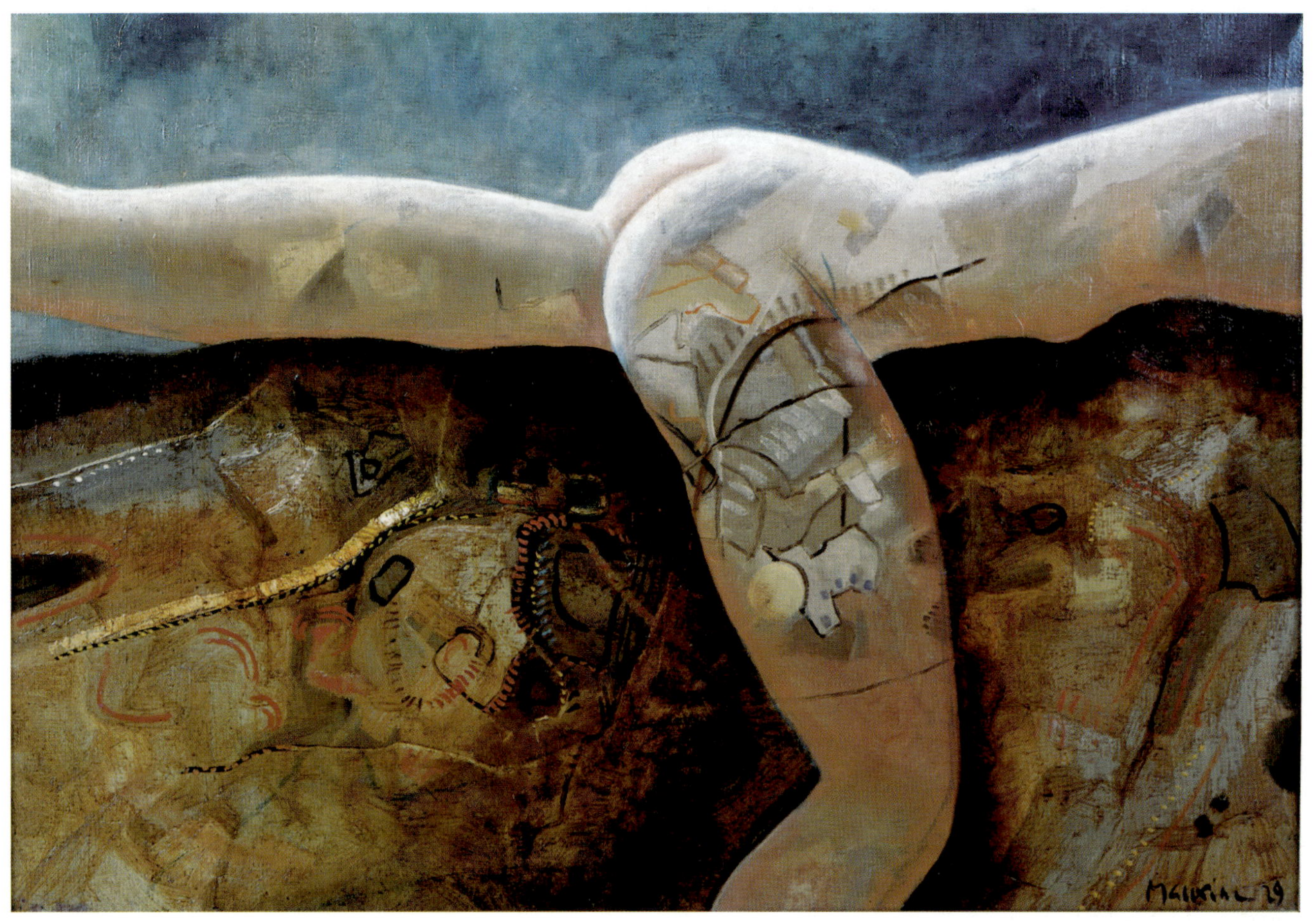

25. TATOUAGES, 1929

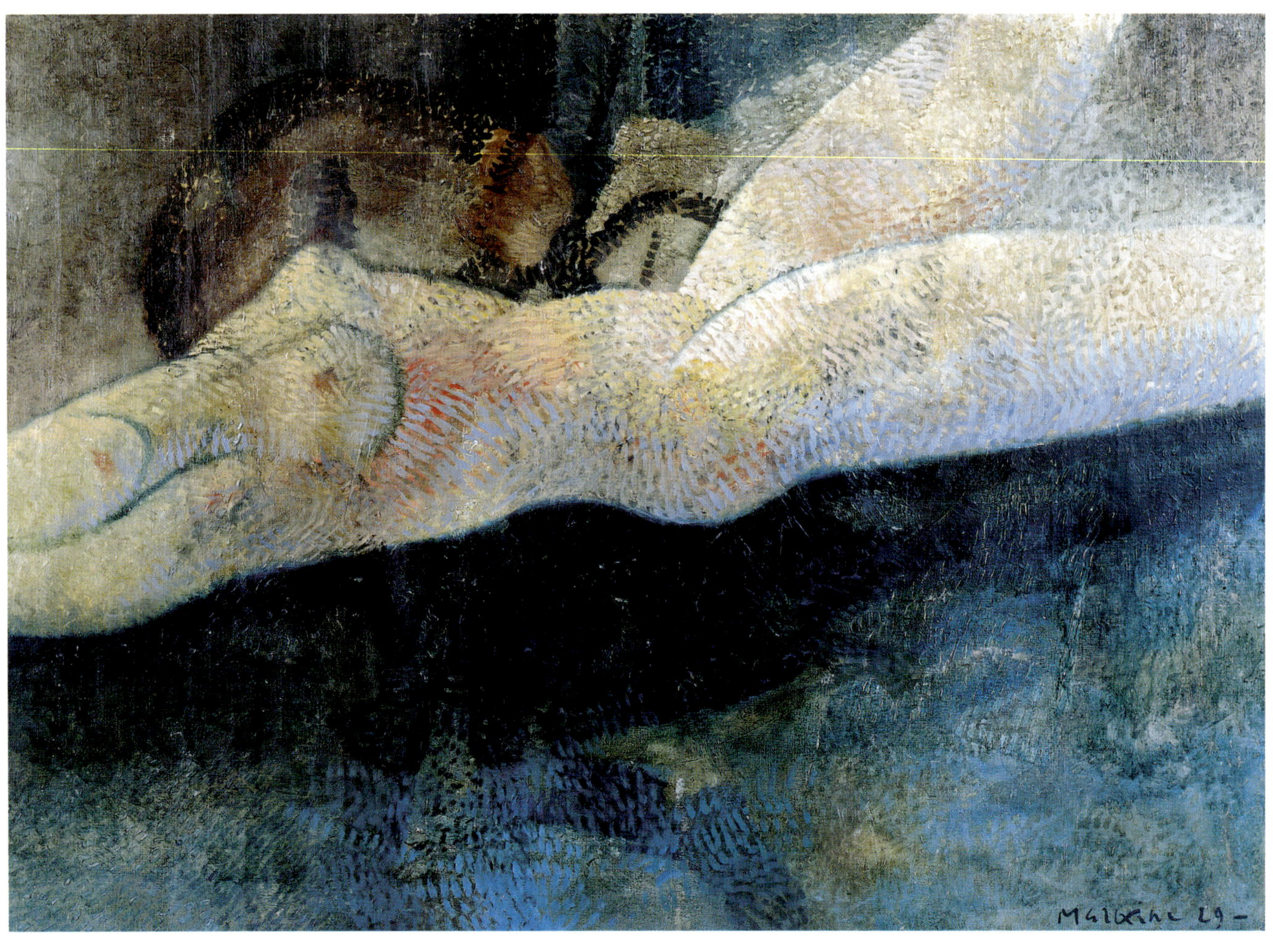

26. LA TAHITIENNE, 1929

C'est encore une nouvelle manière que celle de *Tatouages* et de *La Tahitienne*. *Tatouages* est un grand nu couché sur un remblai de terre ocre et se détachant sur un fond de ciel nuageux. Le remblai, saisi en coupe, révèle, enchâssées, une multitude de formes fossiles que l'on retrouve également tatouées sur la cuisse et la hanche de la femme. De celle-ci on ne voit ni la tête, ni les bras, ni les pieds.
La tête de *La Tahitienne* est en revanche esquissée, ainsi que les bras levés au-dessus d'elle. Le corps, sur le dos, est posé sur une surface moussue verte et bleue, et on distingue à l'arrière-plan des formes rocheuses rougeâtres dont les rugosités rappellent – ou préfigurent – les formes fossiles de *Tatouages*. Les corps étirés et fins évoquent la manière des grands nus de Modigliani. L'ocre et le rouge dominent. Dans *La Tahitienne*, les touches sont plus marquées, la matière est plus épaisse.

Ces deux œuvres marquent une incontestable rupture : elles tranchent par la représentation « réaliste », presque classique, des corps, par le genre auquel elles se réfèrent, par leur traitement technique, par leur taille enfin, plus grande que toutes les autres œuvres connues jusqu'à cette époque.
Mais certaines parties du tatouage font écho à des éléments de *Témoignage* (cat. 6) ou de *La Mante religieuse* (1926). Le traitement des formes fossiles de *Tatouages* ou des surfaces de *La Tahitienne* évoque de même des formes non figuratives que Malkine a peintes en 1926.

Le mot tatouage vient du tahitien *tatou* (Malkine peindra en 1966 une autre toile intitulée *Tatouage*) et les deux œuvres, par leur titre autant que par leur date, font penser au voyage que Malkine fait à Tahiti en 1929. Faut-il comprendre que ces deux nus datent de son retour ? Faut-il y voir Yvette Ledoux, la femme que Malkine rencontre lors de son voyage en Océanie et avec laquelle il se mariera en 1930 ? Rien, évidemment, ne permet de l'affirmer avec certitude. Il faudra attendre la fin des années 1950 pour voir Malkine revenir, dans ses peintures avec sable, à des nus féminins – mais sans rapport aucun, stylistiquement parlant, avec ceux de 1929.

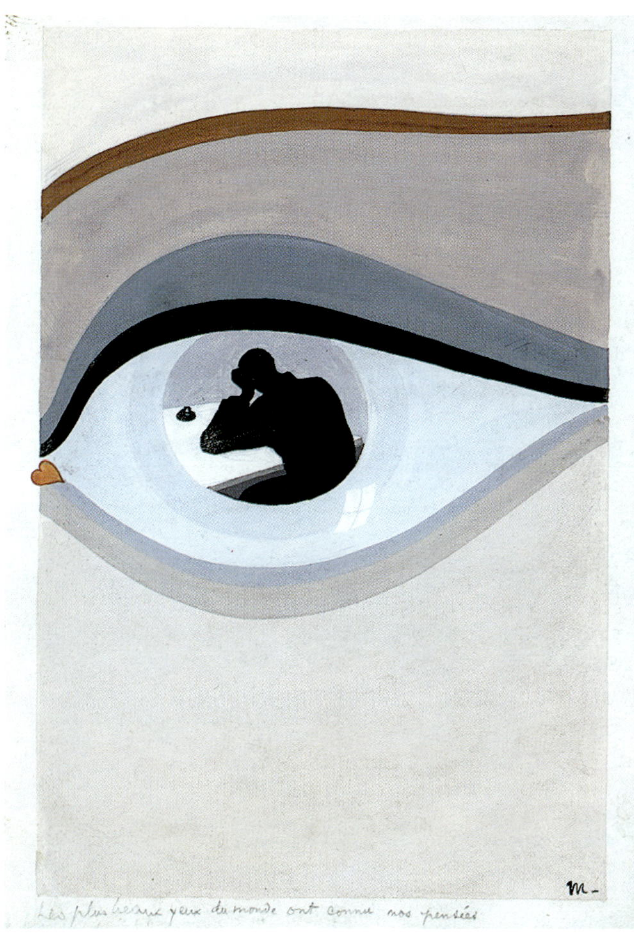

72. LES PLUS BEAUX YEUX DU MONDE ONT CONNU NOS PENSÉES, C. 1929

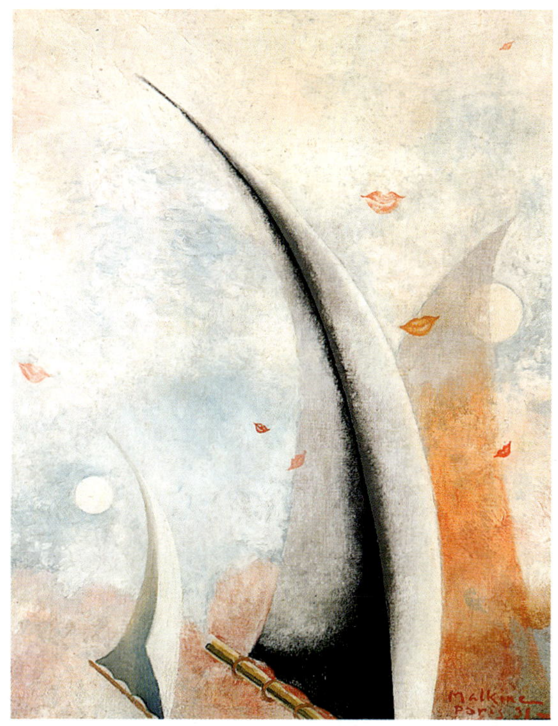

27. CE QUE J'AI VU DANS CET ŒIL, 1931

Dans un ciel bleu et rose, deux voiles gonflées glissent vers le bas. Flottant, éparses, dans le ciel, sept lèvres maquillées de rouge esquissent des sourires. La référence à l'œil exprimée par le titre renvoie évidemment à l'illustration que Malkine avait faite, l'année précédente, pour *The Night of Loveless Nights* et à la petite gouache dont le titre est tiré d'un vers de Desnos : « Les plus beaux yeux du monde ont connu nos pensées ».

L'œil occupe une place importante dans l'univers surréaliste. On se souvient des « yeux de fougère » de Nadja, des yeux-paysages démesurément agrandis de Gala dans *La Femme visible* de Dali, du *Faux Miroir* de Magritte, et bien sûr des collages de Max Ernst pour *À l'intérieur de la vue* de Paul Eluard. Dans tous les cas, l'œil n'est pas un miroir et il ne s'agit pas d'y retrouver sa propre image, mais bien d'y découvrir *un autre monde.* « L'œil surréaliste, écrit Jean-Paul Clébert, ne saurait se contenter du rôle passif d'un miroir réfléchissant les objets. À la réceptivité, le regard doit opposer l'acuité. » C'est ce à quoi répond précisément l'œuvre de Malkine, qui ne dépeint ni l'œil ni son propriétaire mais la vision qu'il a rendue possible.

Il s'agit de la dernière œuvre connue de l'époque « surréaliste » de Malkine. Les sept lèvres rouges qui y figurent ne peuvent pas ne pas rappeler les sept lèvres également rouges qui ornaient, dans le dernier numéro de *La Révolution surréaliste,* en décembre 1929, la page d'ouverture du « Second manifeste » d'André Breton – « Second manifeste » qui cristallisera, on le sait, l'éclatement du groupe. Malkine, jusqu'en 1931, restera fidèle à Breton. Mais, à l'image des voiles s'échappant du tableau, il s'éloignera lui aussi, après Desnos, de ces années qui auront marqué sa jeunesse et si fortement nourri sa peinture.

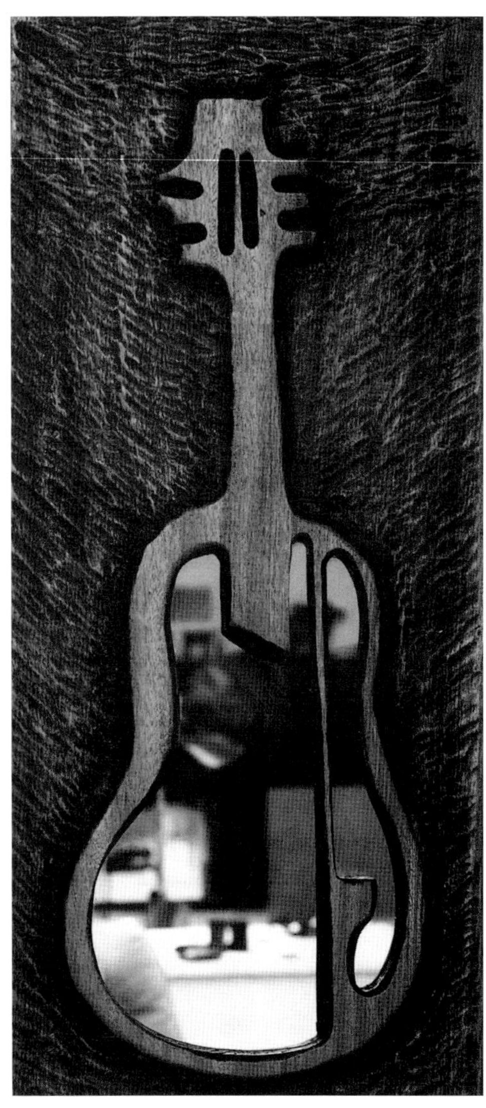

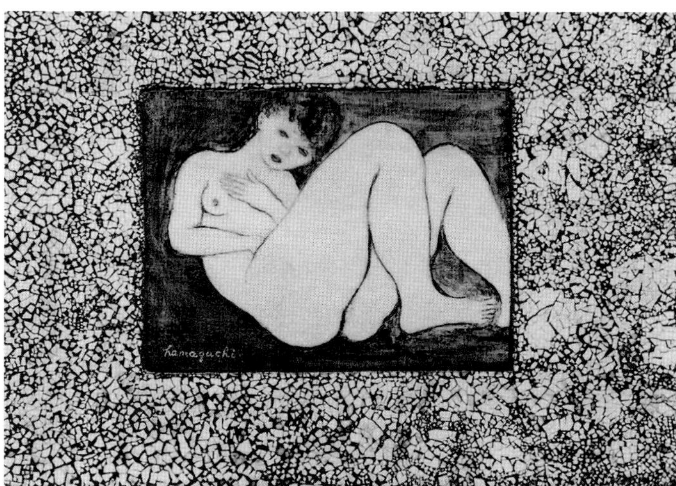

Yozo Hamaguchi, *Nu* (portrait d'Yvette Malkine), *c.* 1935
Le cadre de la gravure, réalisé avec des coquilles d'œufs, est de Georges Malkine.
Localisation inconnue

96. MIROIR,
C. 1930

Au début des années 1930, Malkine se consacre à la confection de cadres, notamment pour les œuvres d'un peintre américain, Marion Rites. Une exposition présentera ces œuvres à Paris en 1932 – un article de Georges Neveux paru dans *Bravo* en octobre 1932 en témoigne –, mais aucune d'entre elles, malheureusement, ne nous est connue. Le seul témoignage de cette activité est un miroir enchâssé dans un bois sculpté en forme de guitare. Malkine réalisera d'autres cadres pour son ami Yozo Hamaguchi, rencontré au début des années 1930, et en compagnie duquel, avec Yvette Ledoux, il fera un voyage dans les Caraïbes.

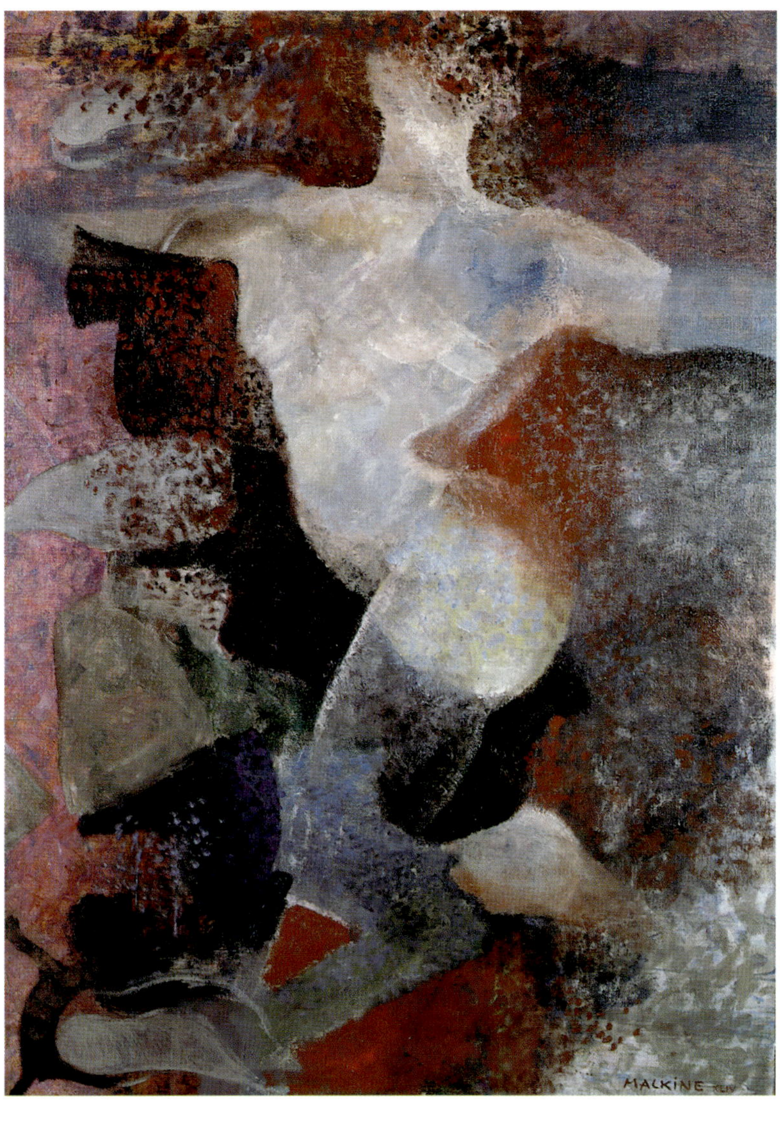

28. BACCHANTE, 1944

Cette *Bacchante* est étonnante à plus d'un titre. Le tableau – figure féminine, bras écartés, lèvres pulpeuses, bondissant au milieu de formes colorées – semble maladroit. Par ses teintes rouges, par son traitement en touches larges, il évoque lointainement la *Tahitienne* de 1929. Mais une impression d'inachevé domine, et le sens de cette œuvre reste énigmatique.

Dans l'Antiquité, les Bacchantes étaient les prêtresses de Bacchus, dieu du Vin, qui célébraient les fêtes orgiaques appelées bacchanales. Figures joyeuses, donc, festives, délirantes, elles symbolisent la débauche et l'ivresse plutôt que la tristesse et le dénuement. Or la date de réalisation de cette œuvre – 1944 – contraste singulièrement avec ce thème. Même si elles nous sont mal connues, les années de guerre ont été, pour Malkine, des années de souffrance et de solitude : il a connu la misère, la clandestinité, il a été arrêté, torturé, détenu dans un camp de travail en Allemagne. Tous ceux qui l'ont vu ont été frappés par son état physique déplorable et par sa grande détresse morale.

Faut-il donc supposer, entre la réalité de sa vie et cette œuvre, une distance empreinte d'humour ? Ou bien une volonté d'ironie poussée jusqu'au sarcasme ?

1946 - 1970

PEINTURE « ARDENTE ET TRISTE »

De 1933 à la fin de la guerre, Malkine ne peint plus. Cette période de sa vie, il la consacre, outre des « petits métiers » aussi nombreux que variés, essentiellement au cinéma. Et à l'opium. Les années 1930 et 1940 sont pour lui celles d'une errance sans fin, physique et morale, dont témoigne Patrick Waldberg, qui l'a rencontré en 1932 : « J'ai fréquenté Malkine durant des périodes de repos, dans un petit appartement qu'il habitait rue Hautefeuille et dont les fenêtres donnaient sur la place Saint-André-des-Arts. Nous parlions peu. Il nous faisait écouter sur son gramophone les airs chantés par les Mills Brothers ou bien le *Chant inca* de Roger Désormières. Parfois il rompait le silence et, de sa voix cuivrée à la diction très pure, il évoquait une scène de Stevenson ou de Conrad ou quelque fait obscur de sa vie errante qui lui revenait en mémoire et qu'il confrontait à mon jeune enthousiasme. Je le revis dans des chambres d'hôtel où nous partagions de lentes intoxications, toujours en silence et selon les préceptes d'une sagesse chinoise. [...] Je perdis de vue Malkine, puis, un beau jour, je le retrouvai à la foire du Trône, le torse moulé dans un maillot bleu et blanc, plus brun que jamais, jeune et souple, sautillant dans des espadrilles gitanes. Il était opérateur de balançoires et venait de parcourir la France en compagnie d'un cirque[1]. »

Cette alternance de périodes créatives et de périodes de « paresse idéale », pour reprendre l'expression de Patrick Waldberg, Malkine l'aura pratiquée à plusieurs reprises. Il est des moments dans sa vie, où la vie, précisément, ne déborde plus dans l'art. « Il y a deux espèces de besoins d'art, écrivait-il à Claude-André Puget en juillet 1922, et par suite deux sortes d'art. Certains demandent à l'art d'accentuer en eux le sentiment de leur existence ; d'autres lui demandent de le leur faire oublier. Je suis sans doute des premiers. » Malkine s'en est toujours tenu à cette conception. Dans les moments où le « sentiment de [son] existence » s'affaiblit, il cesse de peindre : sa peinture ne le satisfait plus, dit-il.

« J'AI TOUT D'UN COUP ENVIE DE PEINDRE... »

Durant l'été 1945, Malkine se désintoxique. Il rencontre Sonia Niel en 1946. Sa première fille naît en février 1947. Jetant un regard en arrière, il écrit à un ami en septembre 1947 : « Je me suis abruti systématiquement pendant vingt ans parce que j'avais estimé de fort bonne heure que c'était encore ce qu'il y avait de moins dégueulasse. Et puis... je me suis trop habitué à ce genre d'abrutissement. Alors, j'en essaye un autre : le bonheur. » Cette renaissance s'accompagne *tout naturellement,* en somme, d'un goût retrouvé pour les deux grandes passions que Malkine aura vécues tout au long de sa vie : la musique et la peinture. Avec Sonia, il se remet à écouter de la musique et, à sa demande, à peindre. Pour conjurer le désespoir : « Je sentais venir, écrit-il en octobre 1947, un de ces accès de cafard monstrueux, une de ces vagues de fond d'écœurement qui conduisent les “instables” à la Légion étrangère, aux paradis artificiels, à Tahiti et autres activités artistiques... Ce qui ne simplifie rien, c'est que j'ai tout d'un coup envie de peindre. Je pense à une dizaine de toiles au moins. » Et quelques semaines plus tard : « Je peins beaucoup depuis un mois. Comme ça n'est pas très grand chez nous et que je ne peux travailler que si je suis seul, je me suis installé aux cabinets. Je n'y peins pas à grands coups de fusil, comme toi, car il n'y a pas de vipères. Rien qu'une grosse araignée douce et velue, qui descend périodiquement au bout d'un fil pour venir voir où j'en suis. J'ai parfois l'impression qu'elle va dire quelque chose, mais elle s'en garde bien. Elle doit connaître les artistes. »

Ces citations nous renseignent plus utilement que tous les commentaires sur la personnalité de Malkine et cette « désespérance polie » qui n'a jamais cessé de l'habiter. « L'art est un jeu, écrit-il. Peut-être ne suis-je pas assez gai pour jouer. Et être gai ne me paraît pas plus désirable qu'être triste. » Cela pour comprendre également l'atmosphère « ardente et triste » qui, dès l'origine mais plus encore dans son œuvre des années 1950 et 1960, va baigner toute sa peinture. Malkine écrit à Patrick Waldberg en 1967, parlant de la lecture qu'il fait alors de Barrès, en dépit de son antisémitisme : « Je savais dans mon for subconscient que je lirais tout de même Barrès plus tard à cause de quatre mots entrevus il y a quarante ans dans une boîte de bouquiniste : *Sienne, ville ardente et triste*. Je sais bien que les mots, comme les hommes, perdent peu à peu de leur force et qu'on associe aujourd'hui n'importe quel mot à n'importe quel autre – mais je n'ai jamais oublié ceux-là. (Il est vrai, d'ailleurs, que ma peinture est parfois ardente et triste. Peut-être faut-il voir là, etc.) »

Car si la manière de Malkine, on va le voir, change du tout au tout par rapport à ses années surréalistes, et de même au cours des décennies 1950 et 1960, la nature des images, elle, ne varie pas : paysages urbains, chambres-natures mortes, marines, toutes peintures empreintes de nostalgie, de solitude et de mélancolie. Il s'agit encore et toujours de « paysages intérieurs », moins exotiques, peut-être, qu'auparavant, moins « surréalistes » dans leur apparence et dans leur facture, plus familiers dans leurs éléments, mais tout aussi étrangement sourds et tendres. Ce que percevra bien Georges Neveux quand il écrira, en 1966 : « Malkine reproduit avec une exactitude et une précision diaboliques le profil de cet univers qui se dresse au tréfonds de nous et que même les yeux de notre sommeil ne perçoivent que rarement; cet univers d'au-delà nos rêves, et que même nos rêves nous cachent comme un écran de fumée. Univers rocheux et lumineux de nos dolmens intérieurs. Univers immobile, mais d'une immobilité active et qui rayonne la vie. Univers tragique mais qui laisse filtrer l'espoir, et même parfois la tendresse[2]. »

Paysagiste de l'âme, Malkine n'aura jamais cessé de porter sur le monde son regard distant, lucide, non pas désabusé mais irrémédiablement *ailleurs*.

RUPTURES ET CONTINUITÉ

Le cheminement qui va de la fin des années 1940 à la fin des années 1960, on est tenté de le lire, *a posteriori*, comme une continuité. Il est pourtant fait de ruptures, d'élans, de recherches en apparence contradictoires. Mais il semble également animé, en souterrain, par la quête d'une expression, d'une expressivité, d'une technique qui parviennent le plus exactement possible à *dire* le regard qu'il porte sur le monde.

Les années 1947-1948 sont celles des clefs et des ancres. En 1949, Malkine, changeant radicalement sa manière et sa couleur, peint un étonnant portrait, *Madame Léa*. D'autres suivront au cours des années 1950. Mais pris par son travail – il dessine des motifs pour des nappes, des serviettes et des napperons –, par sa vie familiale et par le manque d'espace, Malkine peint peu. Il s'y emploie de nouveau plus régulièrement à partir de 1953, disposant, l'été, d'une maison à Shady. Durant l'été 1956, pourtant, il détruit nombre de ses œuvres – comme il l'avait déjà fait en 1921. Signe d'insatisfaction, évidemment, et de dépit. Mais signe d'exigence tout autant. Ce n'est qu'à partir de la fin des années 1950, une fois à la retraite, qu'il recommence véritablement à peindre.

Son travail prend alors plusieurs directions, que l'on peut rapprocher de celles, opposées, qu'il semblait suivre en 1926 : peinture figurative d'un côté, non figurative de l'autre. Et, comme dans les années 1920, les deux manières sont concomitantes. Il essaie des techniques et des supports différents (huile sur toile, sur Isorel) et découvre enfin la manière de réaliser des peintures avec sable, technique qu'il recherchait depuis les années 1920. En dépit d'une profonde discontinuité et de réalisations très différentes, on voit donc bien que des liens unissent le travail de Malkine des années 1920 à celui des années 1960.

Les peintures avec sable apparaissent à la charnière des années 1950-1960, avec une série de nus plantureux exprimant une sorte de joie de vivre à la fois contenue et radieuse. Mais ces années 1960-1962 sont aussi celles des recherches abstraites, toutes construites selon le même principe : un fond moiré sur lequel s'inscrit un réseau de lignes et de formes simples, géométriques. Ces œuvres évoquent certains travaux de Paul Klee aussi bien que les mobiles de Calder. Elles semblent rattachées, pour nombre d'entre elles, à la recherche d'une topographie sensible de certains lieux. D'autres préfigurent la recherche d'un équivalent plastique de ces personnalités aimées et admirées que les « Demeures » finaliseront. Cette série, commencée en 1959, s'interrompra en 1963.

« DIRE CE QUE J'AI ENCORE À DIRE... »

Le style et la forme sur lesquels il va finir par se fixer, on les repère dès les premières années de la décennie 1960 : il s'agit de paysages, d'intérieurs, de natures mortes, de nus réalisés à l'huile. Le dessin en est épuré – simple cerne noir –, la matière épaisse, travaillée, la lumière sourde, les tons à la fois chauds et éteints dominés par des bruns, des verts, des ocres. C'est cette veine que Malkine va poursuivre jusqu'à la fin de sa vie.

Entre 1955 et 1962, Malkine a participé à quelques expositions à Woodstock. L'université de Long Island lui a consacré, en 1962, une exposition personnelle. Aucune n'a eu de succès. Au début de 1966, il exprime le désir de revenir à Paris. Il y arrive en avril et retrouve aussitôt ses vieux amis, dont Patrick Waldberg. Celui-ci se démène et ne tarde pas à lui trouver une galerie. Une première exposition est programmée pour octobre à la Galerie Mona Lisa. Malkine, qui n'a apporté que quelques toiles avec lui, va s'enfermer dans une petite chambre et peindre pendant l'été les trente-six œuvres qui seront exposées.
Après le succès de cette première exposition, il continue de peindre sans relâche, malgré une santé de plus en plus fragile, pour fournir la matière des trois autres expositions personnelles qui lui seront consacrées, en 1967 à la Galerie René Laporte, à Antibes, en 1969 de nouveau à la Galerie Mona Lisa et en 1970, une semaine avant sa mort, à la Galerie Govaerts à Bruxelles. « Pour moi, écrit-il à Patrick Waldberg le 28 juillet 1966, j'ai l'impression que c'est la première fois de ma vie que je peux vraiment peindre... Je passe par des accès prononcés de dépression et même, le Diable me pardonne, de presque-satisfaction (3 %). Certaines toiles sont, je crois, assez bien venues ; d'autres pas du tout, sur lesquelles j'ai passé une couche de blanc pour les détruire sans perdre le support. »
À Waldberg encore, le 17 septembre : « Si je le pouvais, je recommencerais trois sur quatre de mes toiles, qui me donnent l'impression de ne pas avoir été suffisamment travaillées. Je n'ai pourtant pas peint plus *vite* que je n'ai été accoutumé de le faire, mais c'est la première fois qu'il m'a été donné de pouvoir peindre *pendant des mois* sans désemparer ; et c'est probablement là ce qui me donne cette impression. » En octobre, quelques jours après le vernissage de l'exposition à la Galerie Mona Lisa, il lui écrit : « Ce qui m'empêcherait d'avoir le *temps* de me réjouir – si mon tempérament m'y inclinait – c'est la terrible impatience où je suis de pouvoir enfin peindre paisiblement, c'est-à-dire dans la solitude et le silence ininterrompus – ou du moins suffisamment prolongés ; dans l'absence d'autres préoccupations que celle de dire ce que j'ai encore à dire (cela aussi tient beaucoup à mon âge et à mes forces malgré tout déclinantes). »
Il s'agit donc bien plus d'élan et d'impatience que d'un testament pictural. Les toiles que Malkine peint – et vend – alors s'inscrivent dans la continuité de son travail précédent et marquent également un retour vers le passé. Il poursuit la veine des nus « en situation », ou se tourne vers des images à double sens. Il reprend certains éléments présents dès les années 1920 : les chaises, les ancres, la guillotine... Plus généralement, ses œuvres renouent avec le « porte-à-faux », selon l'expression d'Aragon, de celles des années 1920. Il y a là un lien, une unité indiscutable qui, audelà de la forme, très différente, réunit les deux périodes. Ce qu'on y découvre, c'est la même attitude face au monde – celle d'un passant.

Ce Malkine-là n'est donc pas différent du Malkine des années 1920. À lire sa correspondance avec Patrick Waldberg, on y sent, intacts, et l'enthousiasme et le souci que la poésie ne soit pas dévoyée. Malkine était et reste poète. Poète des villes, poète des paysages intérieurs, rêvés, inventés, mais inscrits dans l'épaisseur de l'huile, comme enfouis, secrets. Malkine garde sa puissance de *révélation*. Il continue de *peindre* et ne se contente pas de *décrire*. De *voir* plutôt que de *regarder*. Et d'*inventer*, bien plus que de *reproduire*. Il ne cesse de « fixer [des] paysages surprenants que seul [il peut] voir ». Le monde de Malkine semble s'être réduit à cela, qu'il nous dévoile : dans l'éphémère d'une vie, assumer le mouvement et l'immobilité, l'apparence et le réel, la vie et le rêve. Toutes choses contradictoires, que le surréalisme s'était donné pour tâche, à l'origine, de fondre et de résoudre.
V. G.

1. Patrick Waldberg, *Georges Malkine*, Bruxelles, André de Rache éditeur, 1970, pp. 40-43.
2. Georges Neveux, dans *Hommage à Malkine*, catalogue d'exposition, Paris, Galerie Mona Lisa, 1966.

Sonia Malkine raconte qu'un jour de 1946, peu après l'avoir rencontré, elle demanda par jeu à Malkine de lui prouver, pinceaux à la main, qu'il était bien peintre. À cette époque correcteur dans la presse, Malkine n'avait pas peint, excepté la *Bacchante* de 1944, depuis le début des années 1930. Malkine s'exécuta et peignit l'œuvre sans titre de 1946.

On y voit, figurés de manière grossièrement réaliste sur un fond de ciel très sombre où se distingue l'ombre d'une serrure, successivement une maison rouge, un énorme pied de femme chaussé d'une chaussure à talon haut, une boîte de sardines et, venant clore la « nature morte », l'image verticale d'une clé.

« J'ai fait 9 petites toiles, qui toutes représentent des clefs. De tous modèles, de toutes les couleurs, dans toutes les positions. Il y a de 3 à 17 clefs sur chaque toile. Pourquoi je ne fais que des clefs, je n'en sais rien, mais je trouve que c'est un langage absolument complet. Je sais déjà que je ne peindrai pas toujours des clefs car il me vient, de temps en temps, de singulières envies de représenter des marteaux... », écrit Malkine à un ami en novembre 1947.

Symbole riche de sens, la clé est aussi la « clef du cœur » de la femme aimée, ce que renforcerait la présence du pied et de la chaussure féminins. Ou *La Clef des songes,* titre d'une œuvre de 1929 (reproduite dans le numéro spécial de *Variétés* consacré au surréalisme en juin 1929) et par ailleurs titre d'une émission que Desnos animait à la radio dans les années 1930.

Après les clés, Malkine ne peindra pas des marteaux mais des ancres. Ces dernières reviendront notamment dans une toile de 1948 intitulée *Le Départ.* Souvent utilisées comme symboles de la sécurité et de la confiance, elles renvoient chez Malkine au mouvement, au voyage, au *départ.* C'est à la fin de 1948 qu'il quittera définitivement la France pour les États-Unis. Les ancres réapparaîtront au cours des années 1960, notamment dans *Aux îles Sanguinaires* (cat. 48).

Les deux derniers dessins ici réunis, libres variations de formes végétales ou organiques, ne sont pas sans rappeler l'univers marin de Tanguy, auquel Malkine avait rendu visite à Woodbury, sitôt arrivé outre-Atlantique. *La Treizième revient* est l'incipit du poème « Artémis » de Gérard de Nerval :

« La Treizième revient... C'est encor la première ;
Et c'est toujours la seule, – ou c'est le seul moment;
Car es-tu reine, ô toi ! la première ou dernière ?
Es-tu roi, toi le seul ou le dernier amant?... »

On notera que Paul Eluard a possédé le manuscrit de ce poème étrange, l'un des plus mystérieux du recueil *Les Chimères.*

Avant de trouver du travail comme dessinateur dans une fabrique de nappes et de serviettes, Malkine avait tenté sa chance dans plusieurs directions. Il avait notamment réalisé des bijoux en écorce de noix de coco – colliers, bagues pour un doigt, pour deux doigts... –, qu'il avait en vain cherché à vendre. Certains furent finalement offerts, par exemple à Kay Sage, peintre mariée à Yves Tanguy.

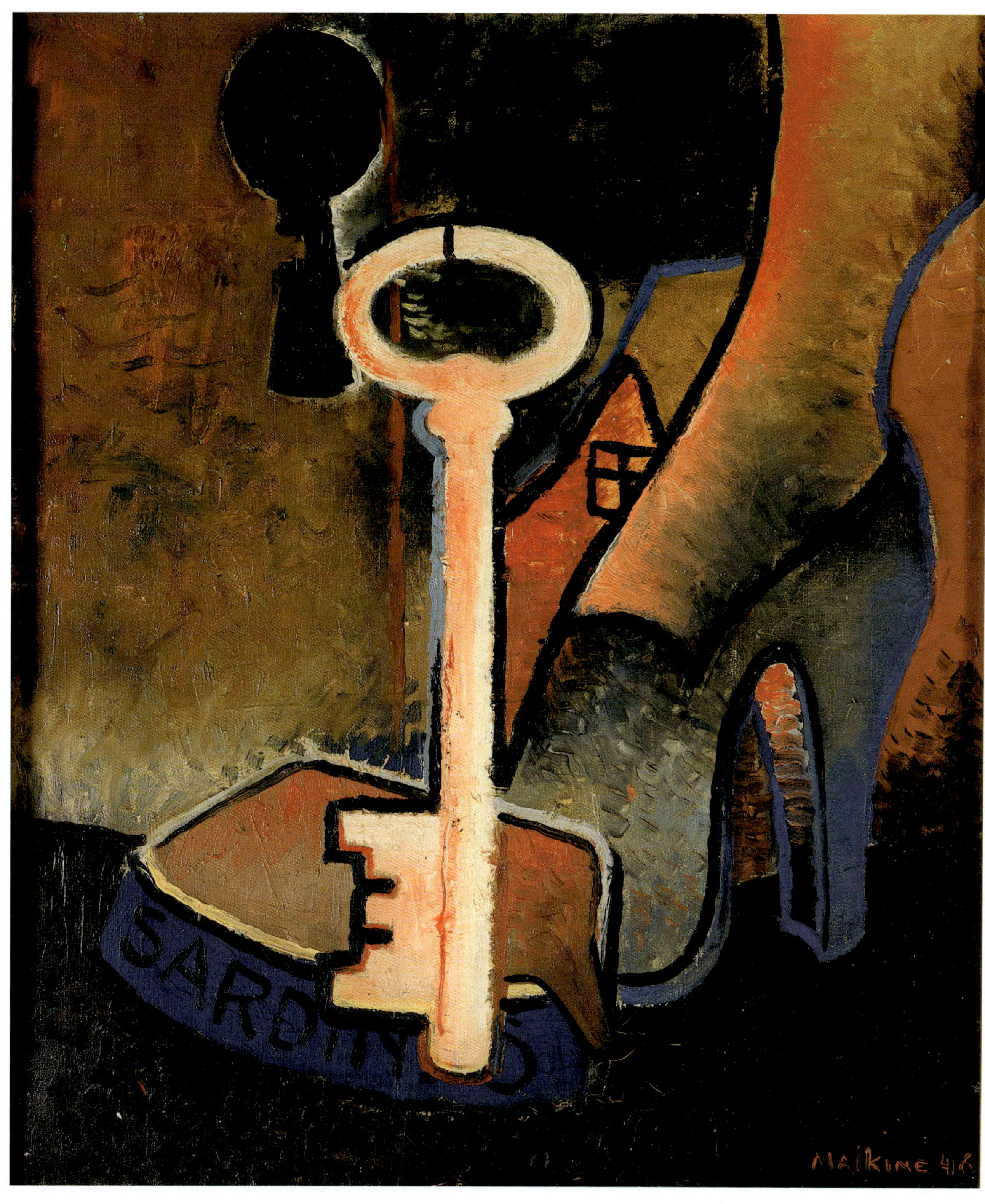

29. SANS TITRE, 1946

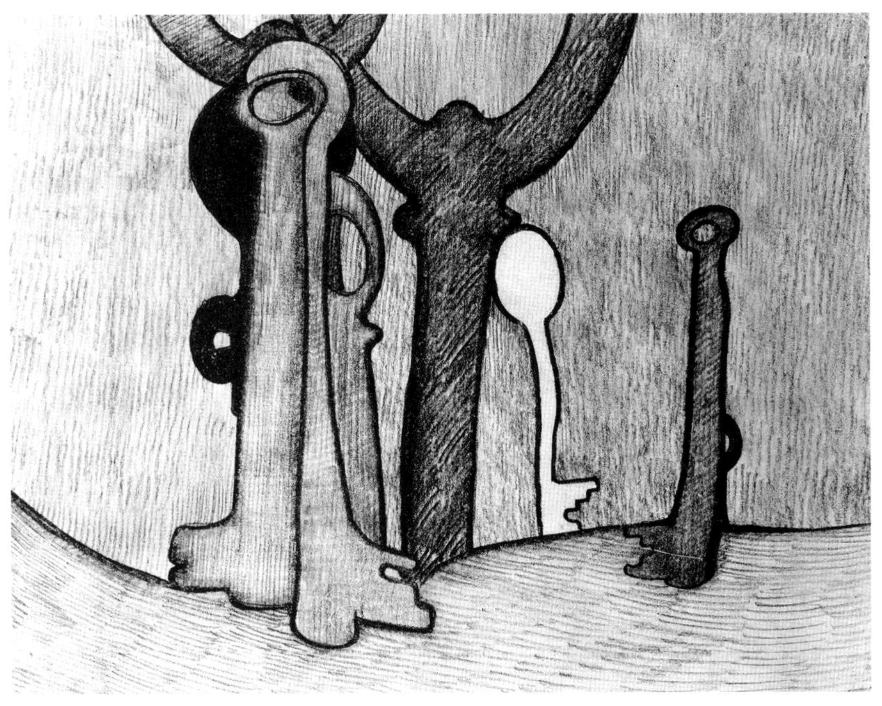

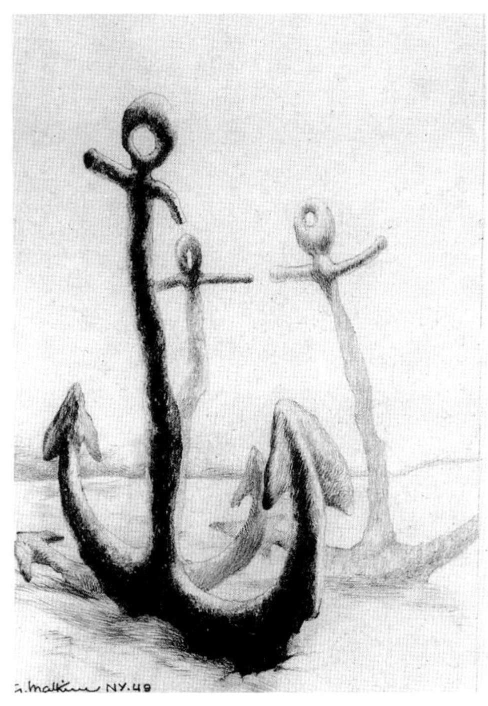

73. SANS TITRE,
C. 1946

74. SANS TITRE,
1949

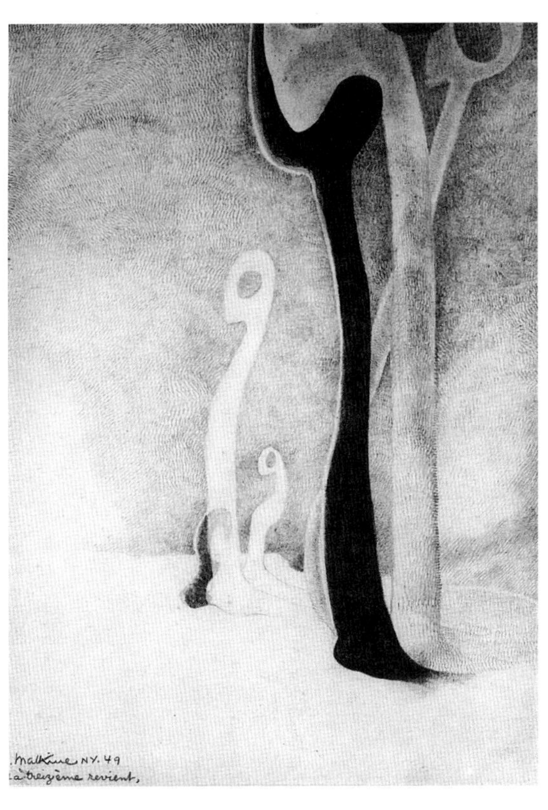

75

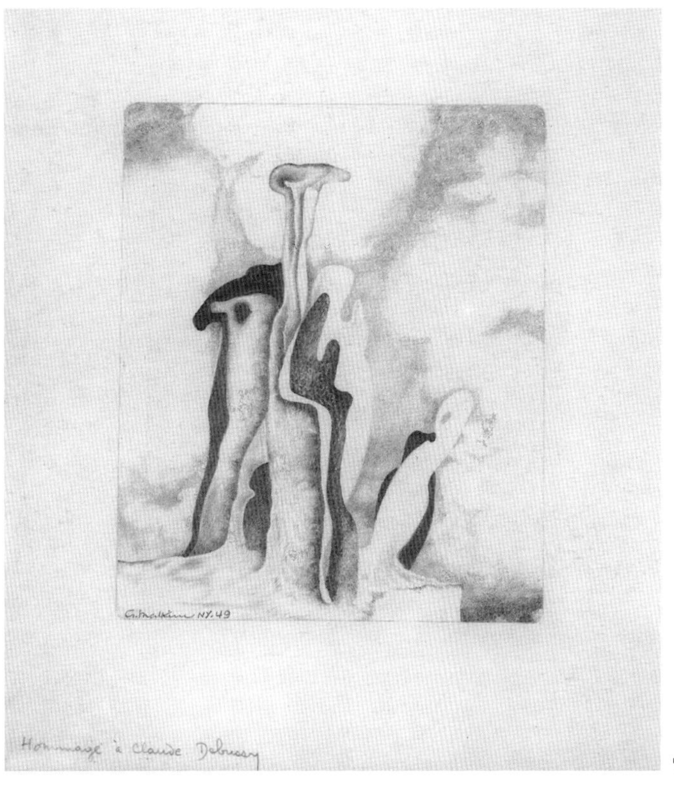

76

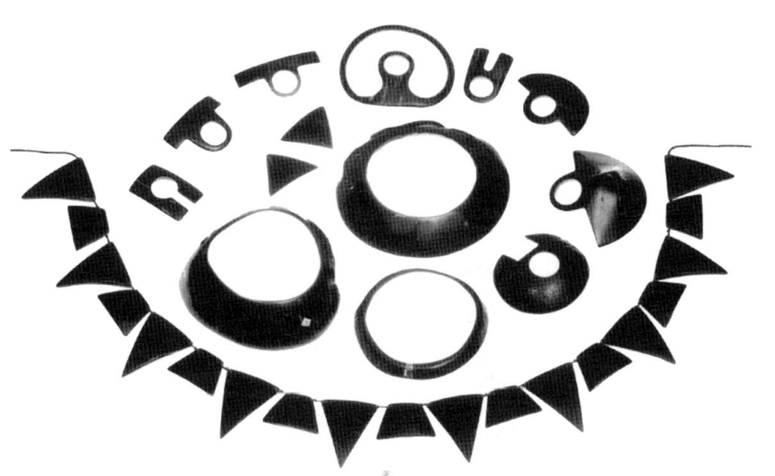

97

75. LA TREIZIÈME REVIENT, 1949

76. HOMMAGE À DEBUSSY, 1949

97. ENSEMBLE DE BIJOUX, C. 1950

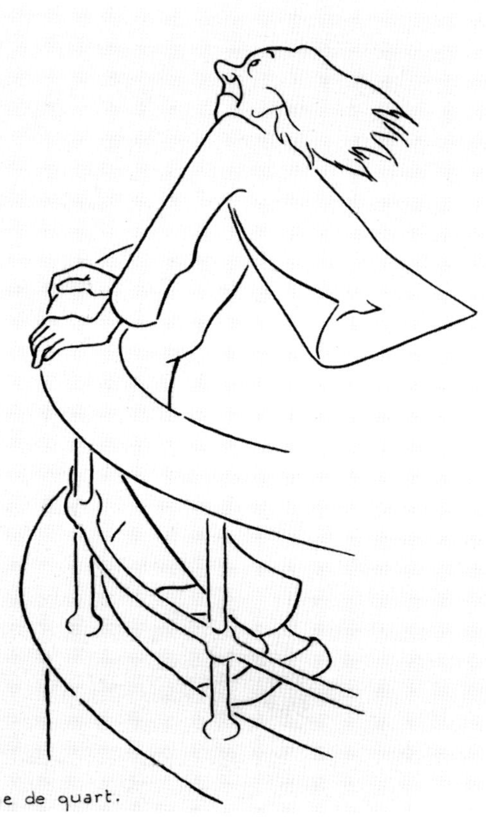

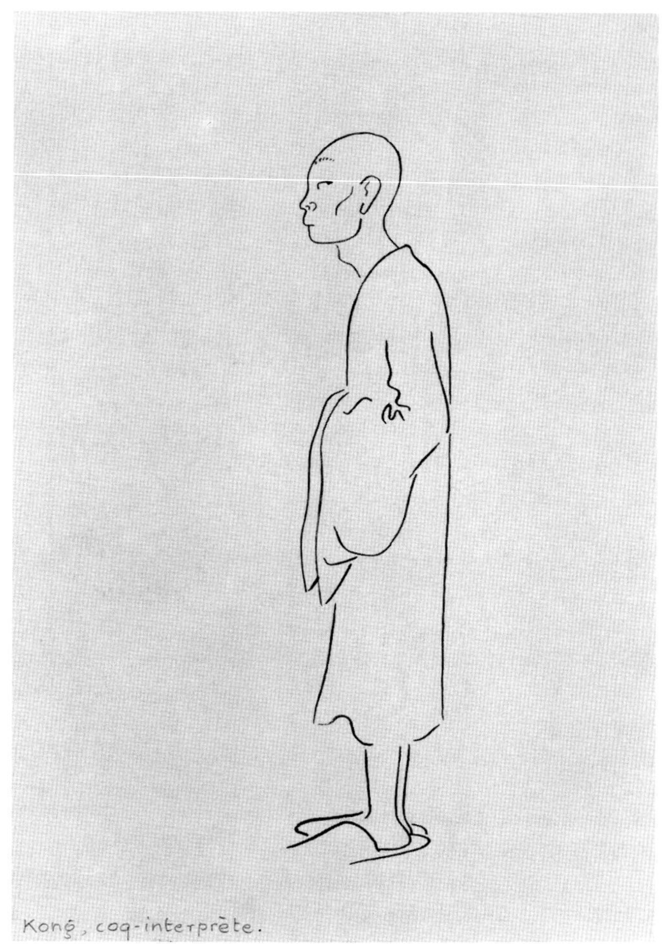

78. ILLUSTRATIONS POUR « À BORD DU VIOLON DE MER », C. 1950

L'ASTROLOGUE DE QUART
KONG, COQ – INTERPRÈTE

Malkine commence à écrire, à la fin de 1949, un récit qui deviendra *À bord du Violon de mer.* Le roman raconte l'errance tragi-comique d'un bateau sur lequel a embarqué le narrateur. Il est probable que le souvenir de son retour de Haïti, en 1937, quand le bateau sur lequel il se trouvait s'était malencontreusement immobilisé en plein océan pendant plusieurs jours à la suite d'incidents mécaniques, lui en a donné l'idée.

Il donnera le manuscrit à lire, en 1949 et en 1950, aussi bien à Yves Tanguy, aux États-Unis, qu'à Claude-André Puget et à Georges Neveux à Paris. Ce roman-naufrage d'un *nonsense* absolu, pétri de ces jeux de mots dont il partageait le goût avec Desnos, ne trouvera pas d'éditeur de son vivant.

Pour l'illustrer, Malkine a réalisé une vingtaine de portraits-silhouettes des différents personnages ; exécutés d'un simple trait à l'encre, ils ont probablement été dessinés parallèlement à l'écriture du récit. On trouve par ailleurs dans le fonds Desnos conservé à la Bibliothèque littéraire Jacques-Doucet un autre dessin (cat. 91) dont la similitude de style et de technique rappelle à l'évidence les illustrations pour *À bord du Violon de mer,* et laisse penser, en l'absence de toute autre indication, qu'il pourrait s'agir d'un dessin de Malkine.

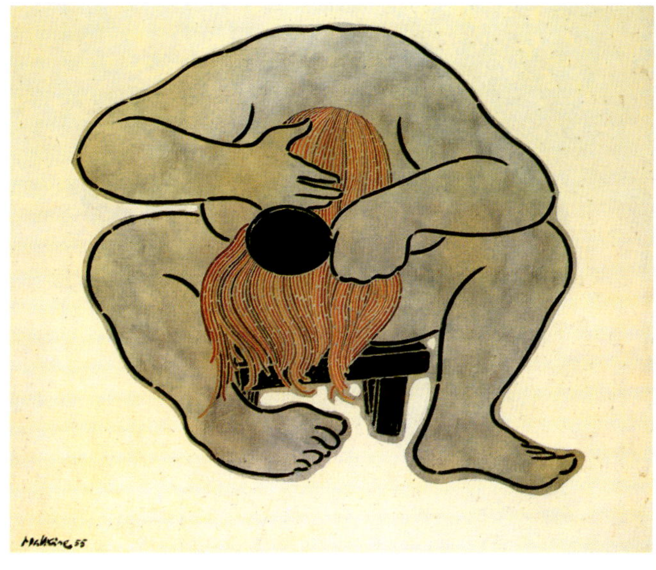

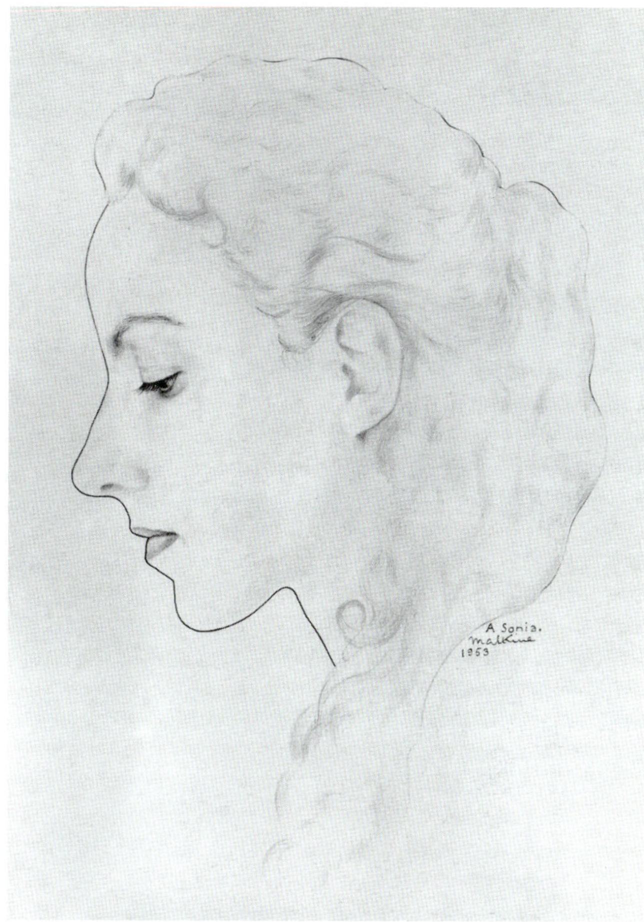

31. ANISKA,
1955

77. PORTRAIT DE SONIA,
1953

Nous avons affaire ici à cinq portraits réalisés entre 1949 et 1958, période pendant laquelle Malkine est pris par son travail alimentaire. Le peu qu'il parvient à peindre ne semble pas le satisfaire puisqu'en 1956 il détruit vingt-sept œuvres.

Madame Léa est le portrait d'une prostituée parisienne aux yeux vairons qui lui avait permis, pendant la guerre, d'échapper à une filature des Allemands. Il s'agit d'un portrait réaliste, très aguichant en somme, n'était-ce le regard baissé, pensif et triste du personnage. Le rouge de la chevelure rappelle celui des *Bacchantes* de 1944 et de l'œuvre sans titre de 1946.

Nicole représente, de manière tout aussi réaliste, une femme assise. L'arrière-plan est constitué d'un building sur lequel est posé une chaise. Il y a là un jeu d'équilibre qui confère à la peinture un caractère étrange et indéchiffrable et qui reviendra très souvent dans l'œuvre de Malkine.

Aniska, tout comme *Kuala Lumpur,* est peint à l'huile sur Isorel. Malkine va utiliser ce support jusqu'au début des années 1960. Il y cherche sans doute la possibilité d'un travail sur la matière que la toile classique ne permet pas de la même façon. Dans les deux œuvres, le peintre s'est concentré sur la texture et la couleur de la peau, simplifiant à l'extrême son dessin et supprimant tout décor.

Aniska se rattache à un genre pictural classique, celui des femmes se coiffant, thème que Degas, par exemple, a abondamment traité en utilisant souvent, comme c'est le cas ici, des poses inhabituelles. *Kuala Lumpur* semble figurer une prostituée dans l'attente du client.

Le *Portrait de Sonia,* dessin de facture classique, a été réalisé en 1953. Sonia Malkine se souvient qu'elle lisait un livre près d'une lampe. Malkine, en face d'elle, dessinait. Après une ou deux heures, l'ampoule de la lampe claqua soudain. Malkine alors reposa son crayon. Le dessin était fini.

Lors de l'exposition à la Galerie Mona Lisa, en octobre 1966, Malkine, de toutes les œuvres qu'il avait peintes aux États-Unis depuis la fin des années 1940, n'en présenta que deux : *Madame Léa* (hors catalogue) et le *Portrait de Sonia*. Signalons enfin que *Madame Léa* et *Nicole* sont les deux seules œuvres dont Malkine a expressément spécifié qu'il souhaitait qu'elles ne soient jamais vendues.

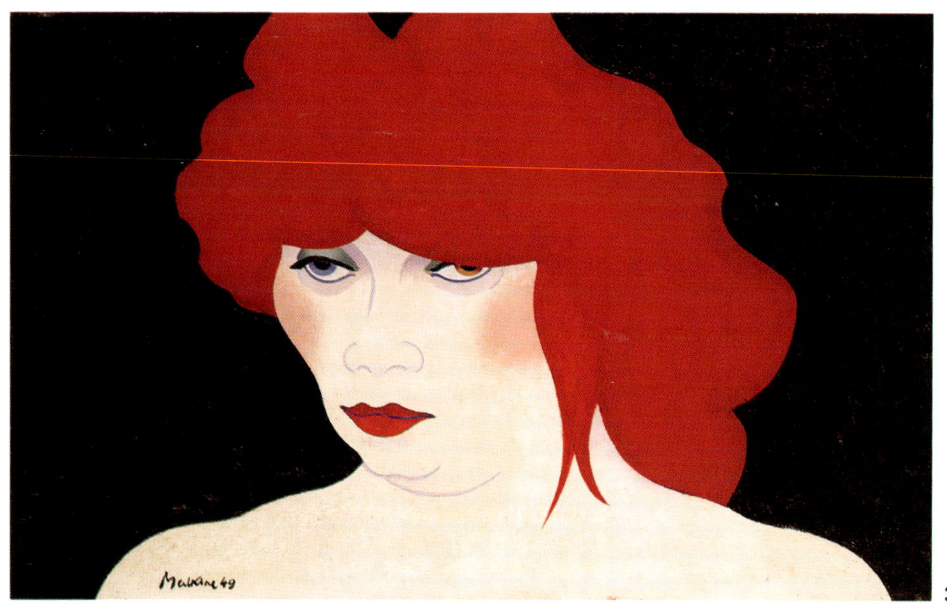

30

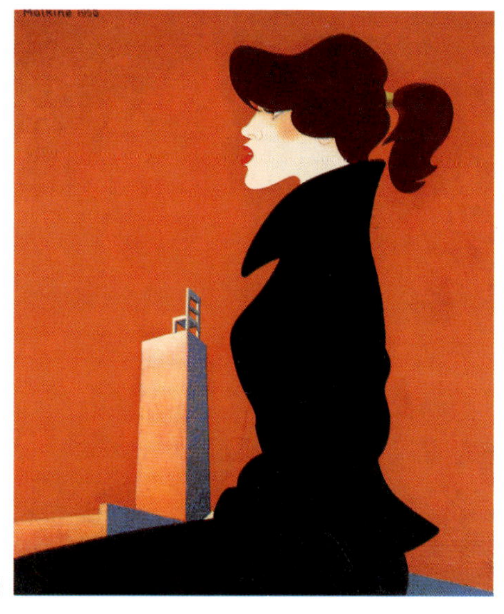

32

33

30. MADAME LÉA,
1949

32. NICOLE,
1956

33. KUALA LUMPUR,
1958

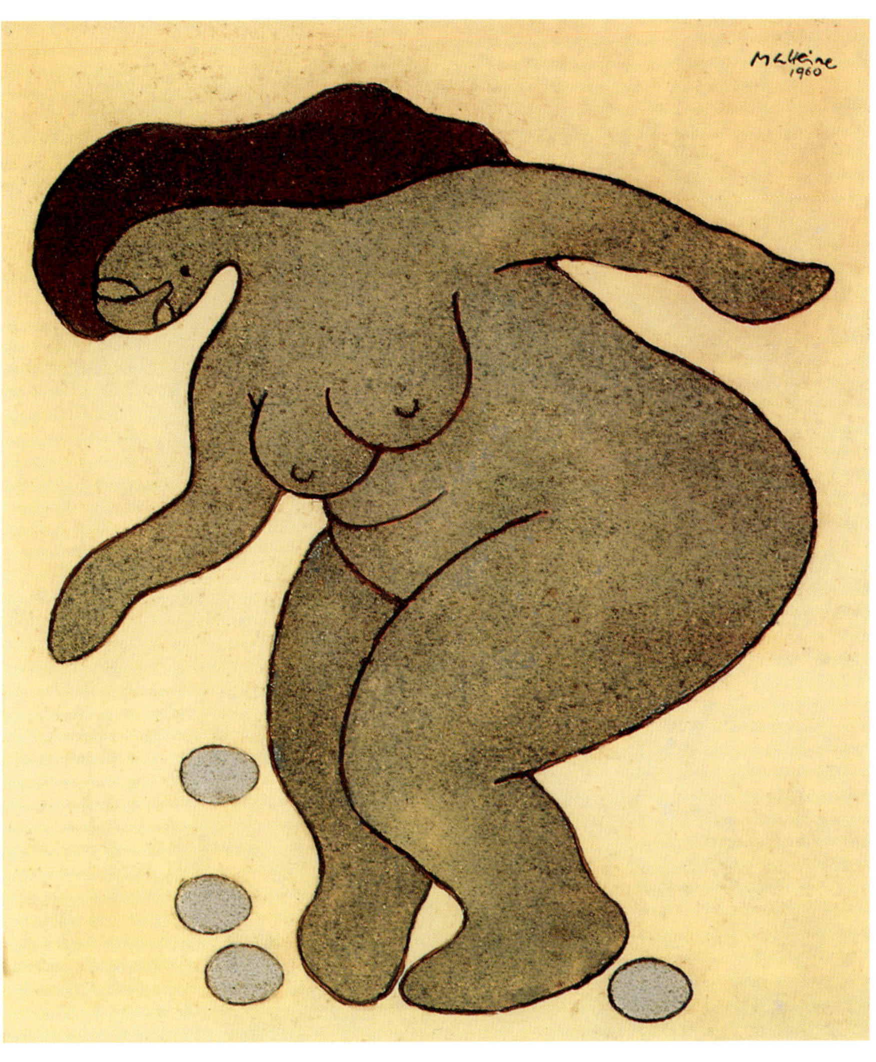

34. LA DANSE DES ŒUFS, 1960

Entre 1960 et 1962, Malkine peint une dizaine de nus féminins réalisés avec de l'huile et du sable sur un support en Isorel, dont certaines sont agrémentées de champignons, de cerfs-volants, de tulipes. Grandes figures peintes en pied, elles occupent généralement tout l'espace de l'œuvre. Elles peuvent danser seules *(La Danse des œufs)* ou en groupe *(Les Filles du feu)* ou bien se recueillir *(Femme à genoux)* ou encore, dans d'autres œuvres, rester simplement allongées. Leurs formes généreuses – visage aussi fin que les hanches sont larges –, leurs poses gracieuses autant qu'indolentes en font comme des prêtresses d'on ne sait quel culte païen, images et symboles d'une féminité naturelle, immédiate et idéale en même temps. L'absence de décor rend leur présence irréelle et intemporelle.

Femmes de sable et d'huile, elles se rattachent pourtant, de l'aveu même du peintre, à un souvenir tahitien et témoignent d'une recherche datant des années 1920 : « J'étais assis sur la plage de Arue, à Tahiti, raconte-t-il dans une lettre. Deux Tahitiennes sortant de l'eau s'étaient couchées sur le sable. Quand elles se relevèrent, tout le dos de l'une d'elles était couvert de sable. J'étais frappé par la si belle texture du sable

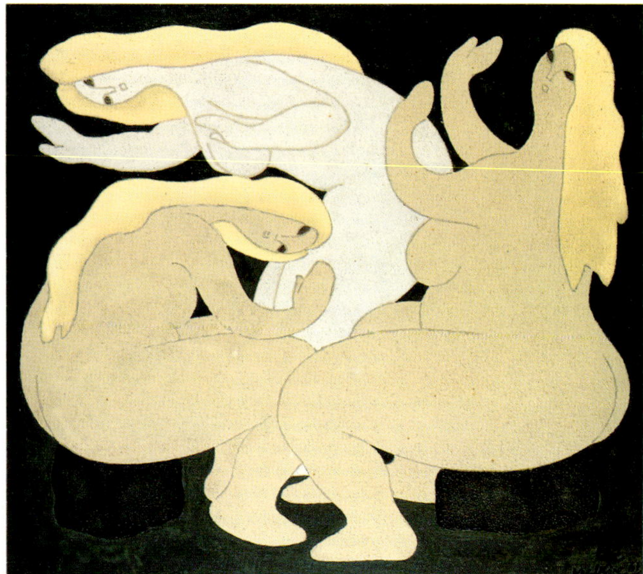

36. LES FILLES DU FEU, 1961

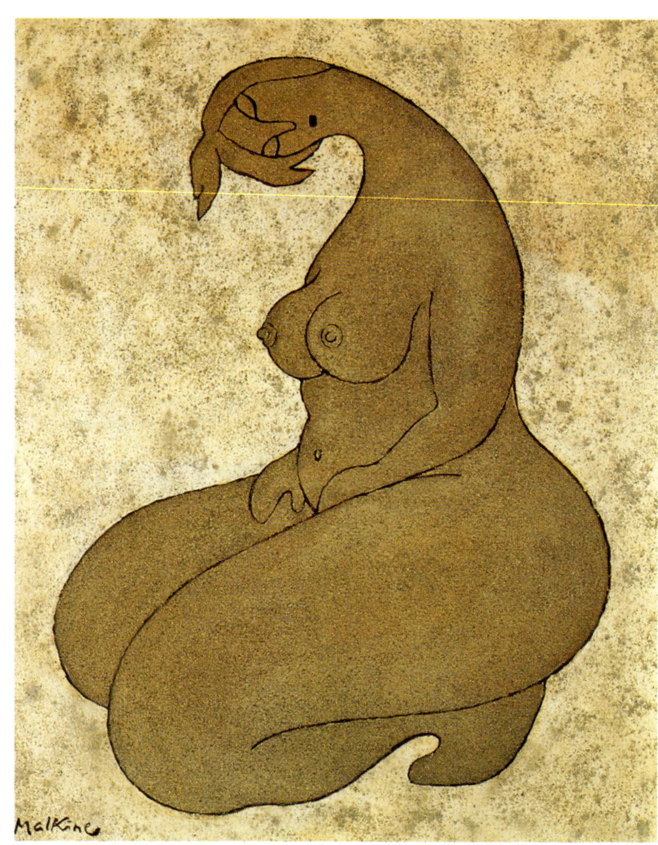

35. FEMME À GENOUX, 1960

collé sur la peau, par la subtilité de sa douceur mate. Dommage, pensai-je, de ne pouvoir peindre avec du sable. Mais je n'ai jamais oublié cette expérience, très intéressé que j'ai toujours été par les textures. Plus tard, à Paris, j'étais encore obsédé par ce souvenir. J'ai essayé bien des manières pour obtenir cet effet de sable, des supports rugueux, des pulvérisations, etc., mais sans succès. Un jour, à la maison (à Shady), j'étais en train de travailler et ma toile était par terre – j'ai toujours préféré travailler par terre plutôt que sur un chevalet – quand un de mes enfants a renversé du café noir sur la toile. Je fixai la peinture ruinée – c'était un nu – quand les deux choses combinées m'ont soudain rappelé Tahiti et la fille sur la plage. Je tenais la solution. Il ne fallait pas essayer d'imiter le sable, mais se servir du sable. Pourquoi il m'a fallu tant de temps pour le comprendre, je ne le sais pas. Cela m'a pris des années pour créer et améliorer la nouvelle technique dont j'avais besoin, et finalement j'ai obtenu le résultat que je désirais. Maintenant, enfin, j'étais capable de réaliser mon vieux rêve : en finir avec la vieille manière académique et ne plus jamais user de techniques anciennes pour l'art moderne. »

Si la technique incorporant le sable renvoie aux œuvres d'André Masson des années 1926, ces figures féminines rappellent évidemment les grandes Tahitiennes que Gauguin a peintes dans les dernières années du XIXe siècle. Plusieurs strates successives de souvenirs, de recherches et de visions semblent s'y condenser pour créer une forme nouvelle empreinte de naïveté, de magie et d'une spiritualité innocente, parfois non dénuée d'humour. Étape importante dans l'œuvre de Malkine, elles marquent un passage vers la recherche d'une expression tout à la fois simplifiée à l'extrême et gardant intacte sa puissance d'évocation. Ce qu'en somme Malkine, depuis ses années surréalistes, n'a cessé de chercher.
On songe alors, en effet, aux *Filles du feu* de Nerval :
« J'ai passé par tous les cercles de ces lieux d'épreuves que l'on nomme théâtrales, écrit le narrateur de *Sylvie*. "J'ai mangé du tambour et bu de la cymbale", comme dit la phrase dénuée de sens apparent des initiés d'Éleusis. Elle signifie sans doute qu'il faut au besoin passer les bornes du non-sens et de l'absurdité : la raison, pour moi, c'était de conquérir et de fixer mon idéal. »

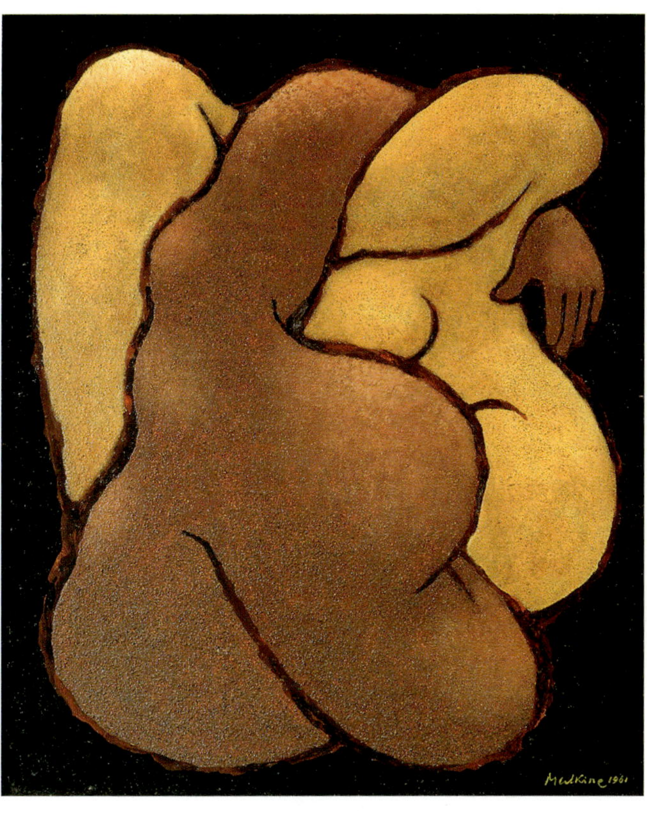

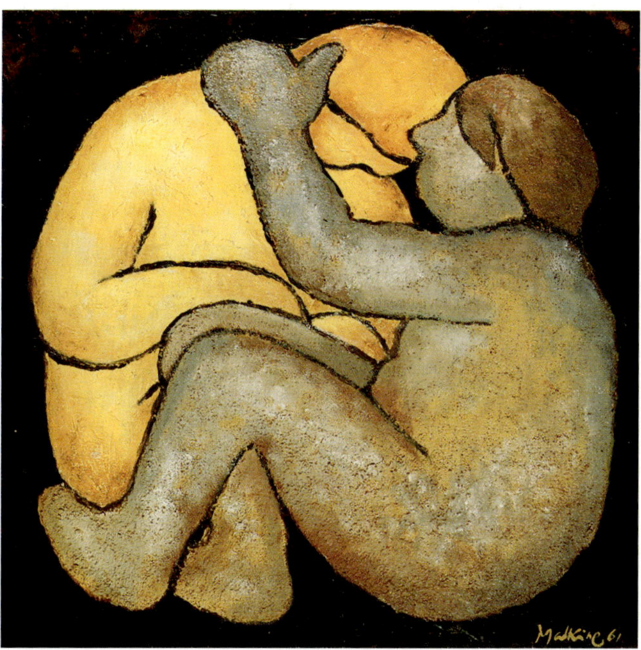

38. LA RÉVOLTE DU RÊVE, 1961

37. RAPA NUI, 1961

Rapa Nui est le nom polynésien de l'île de Pâques. On ne quitte donc toujours pas l'Océanie avec cette œuvre qui figure deux personnages assis, l'un tenant l'autre par les épaules.

Le sable ici encore utilisé pour la matière des corps rappelle la « pierre ponce » évoquée par Alfred Métraux pour qualifier l'île de Pâques (« monstrueuse pierre ponce ») et la pierre des *moai,* les statues géantes qui ont fait la renommée de l'île.

Le mythe, la légende, le mystère sont donc réunis dans cette étrange étreinte, tout comme ils semblent présider à *La Révolte du rêve* que Malkine peint la même année. Mais cette fois les corps informes, dépourvus de tronc, de tête, ne sont plus que coulées de lave entremêlées en une sorte de combat figé par le temps.

On ne peut s'empêcher de voir dans ces deux œuvres la fin de cette série commencée avec les grands nus féminins. D'une vision « idéale » et tranquille, Malkine semble se diriger vers une figuration plus tourmentée, moins réaliste. *La Révolte du rêve* annonce de manière étonnante certaines œuvres de Dorothea Tanning, œuvres empreintes d'une sensualité et d'un érotisme diffus, parfois cruel, souvent interrogateur, à l'exemple de la sculpture en tissu intitulée *De quel amour ?* (1970).

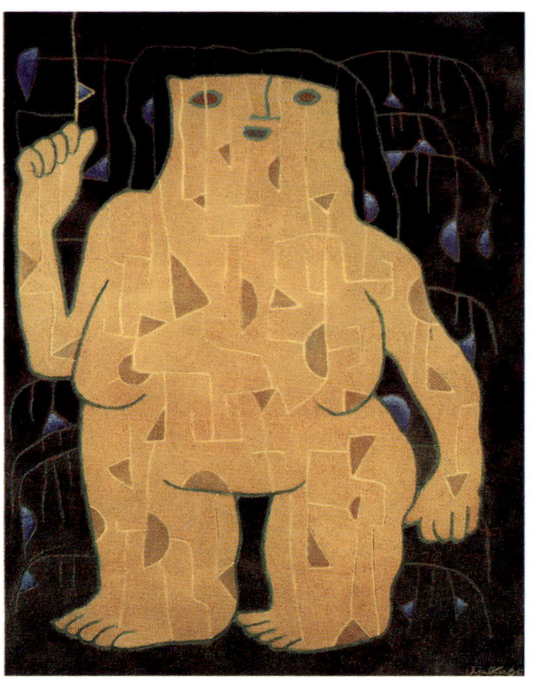

39. TERA TUPAPAU,
1962

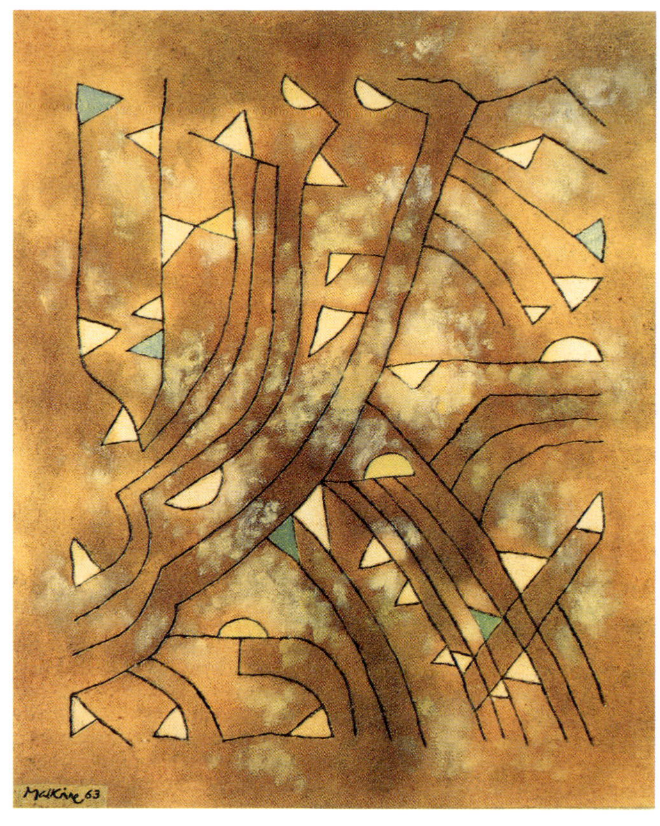

42. PAPENOO,
1963

De même qu'en 1926 Malkine mêlait figuration et non-figuration, on trouve, au tout début des années 1960, une série d'œuvres non figuratives qui rappellent certains travaux de Paul Klee ou, comme figés dans l'espace, les « Mobiles » de Calder. Elles sont toutes construites selon le même principe : un fond moiré sur lequel s'inscrit un réseau de lignes rattachant entre elles des formes simples et colorées, géométriques pour l'essentiel. La présence du sable les rend à la fois plus douces et plus mystérieuses.

On serait tenté de voir dans *Tera Tupapau* la première de la série puisqu'elle allie la représentation humaine – en l'occurrence le diable puisque *Tera Tupapau* est le mot tahitien pour désigner ce mauvais esprit – à des éléments non figuratifs. *Papenoo,* nom d'une rivière de l'île de Tahiti, de la vallée qu'elle a creusée et du village qui est situé à son embouchure, se rattache également à l'univers tahitien. Mais *Comanche* se rapporte aux Indiens d'Amérique. *Edgar Poe* représente l'une des principales figures du panthéon personnel de Malkine, aux côtés d'Erik Satie, le compositeur du ballet *Parade.*

Ces œuvres semblent être nées, pour nombre d'entre elles, de la recherche d'une topographie sensible de certains lieux, de la transposition plastique de promenades dans des îles, des jardins, des quartiers – *Brooklyn, Le Jardin du Luxembourg, Versailles, Coney Island, Saint-Malo...* D'autres font référence à des artistes admirés – préfigurant alors la définition d'un équivalent plastique que les « Demeures » finaliseront. Dans tous les cas il s'agit, pour le peintre, d'inventer une manière de transposer une impression sensible, physique ou sonore, d'un événement – promenade, écoute ou lecture – qui a eu lieu dans le passé. Ces œuvres peuvent donc être lues comme des traces mnésiques dont on aurait recherché l'empreinte laissée sur le sable.

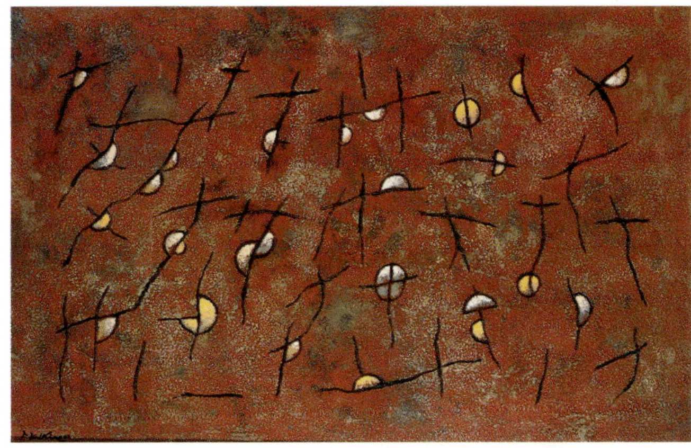

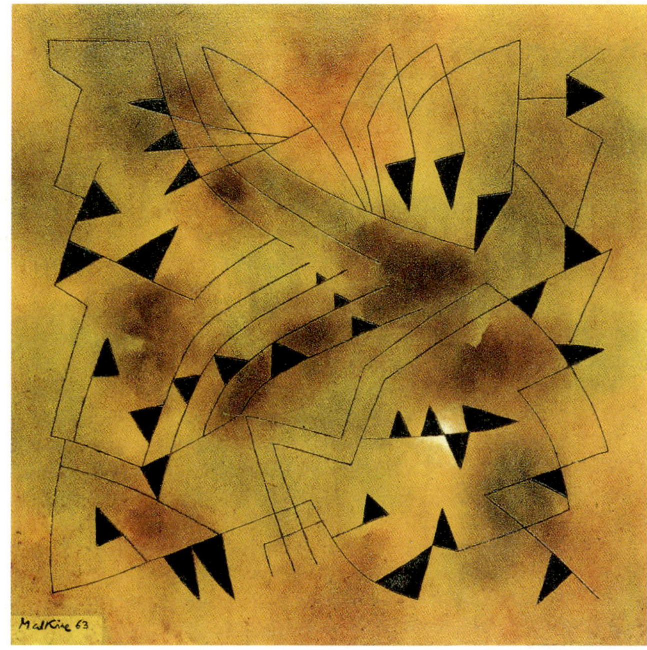

40. COMANCHE,
1962

41. EDGAR POE,
1963

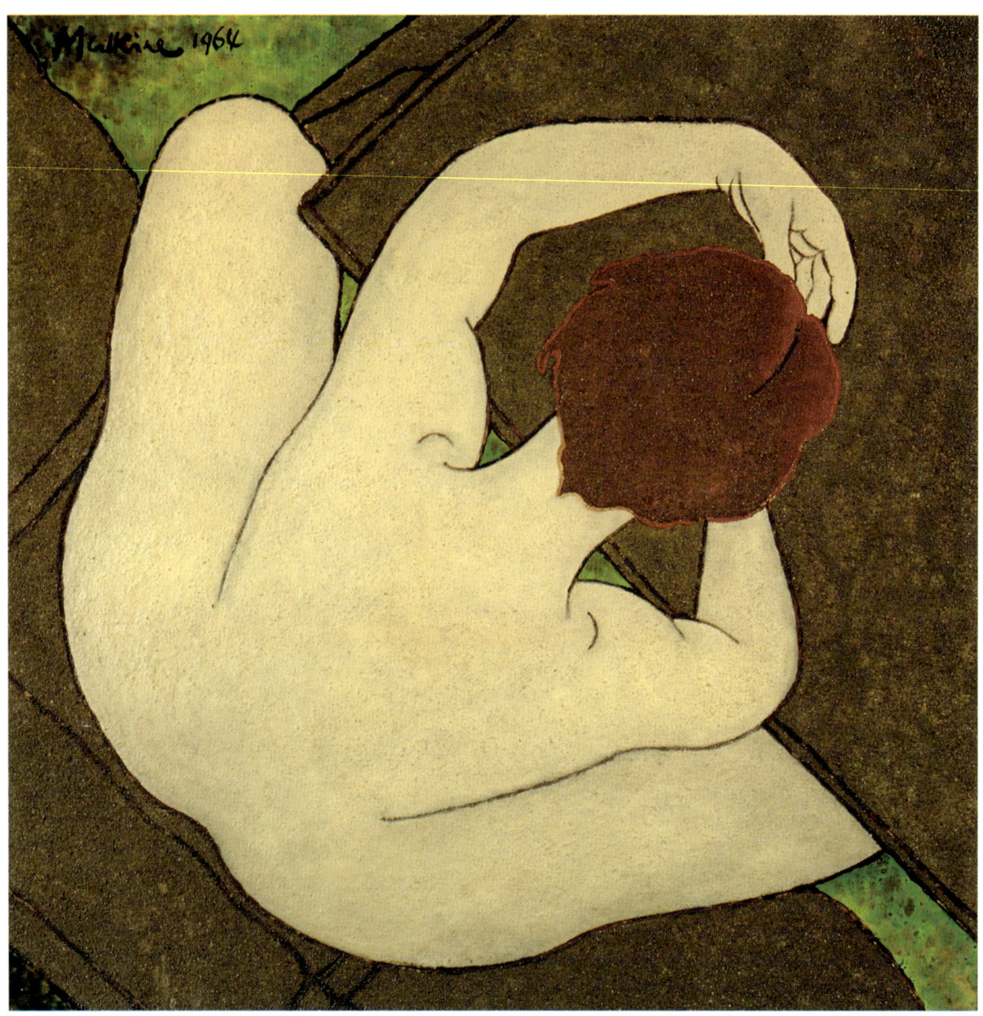

43. FEMME ASSISE, 1964

Femme assise est l'une des dernières œuvres à être peintes à l'huile avec sable sur Isorel. À partir de 1964, Malkine abandonnera cette technique pour revenir à l'huile sur toile jusqu'à sa mort.

La toile, carrée, est construite avec deux obliques se croisant presque en son centre, l'une formée par le bord de la table, l'autre par l'axe du dos et de la tête de la femme. L'œuvre frappe par son cadrage en contre-plongée qui rappelle celui de l'œuvre sans titre de 1927 (cat. 22). Elle étonne également par le réalisme très simple de son dessin, le contraste des couleurs et la pose énigmatique du personnage.

La *Femme assise* est tout à fait atypique dans l'œuvre de Malkine. Tout au plus peut-on la rapprocher d'*Aniska* (cat. 31).

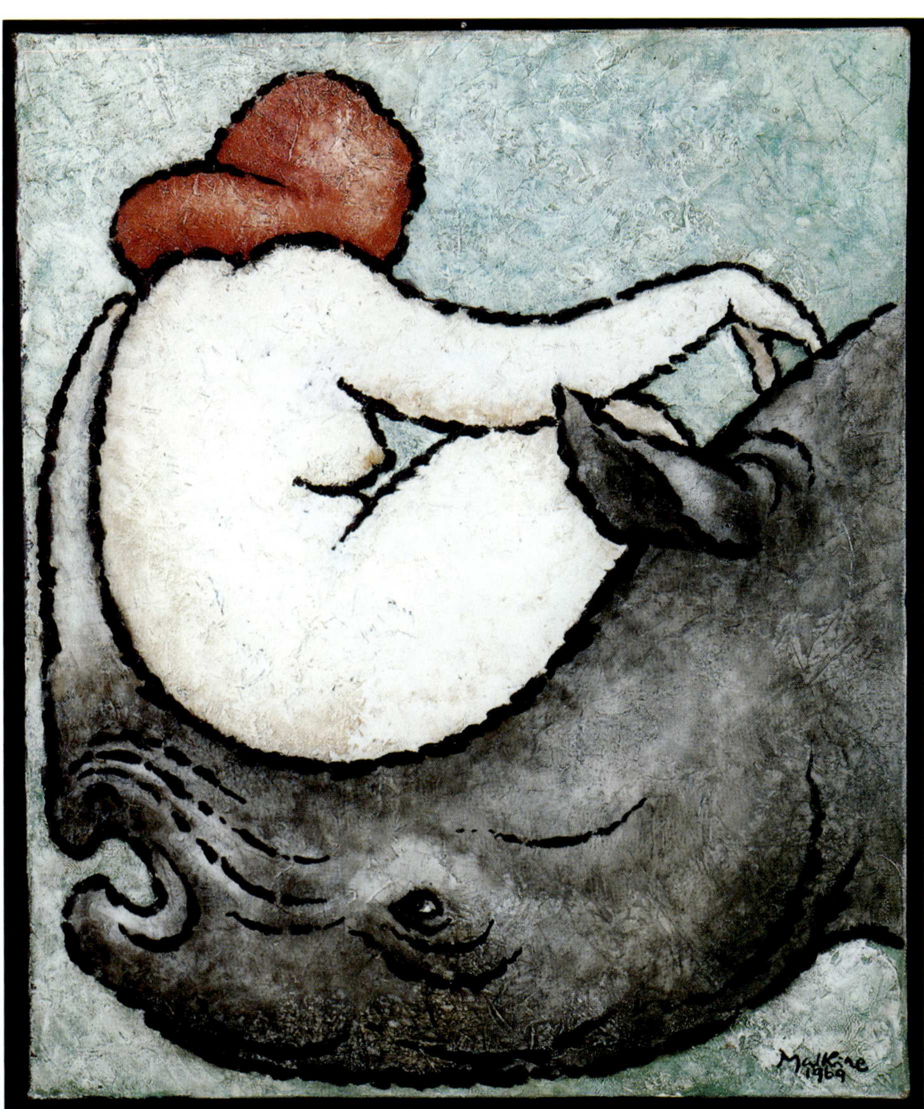

44. FEMME AU RHINOCÉROS, 1966

Femme au rhinocéros, Magie et *Une nouvelle superstition* font partie des œuvres que Malkine va peindre, à Paris, entre avril et octobre 1966. Elles inaugurent donc la dernière manière de Malkine, faite d'une pâte épaisse, très travaillée, d'un dessin réduit à un cerne noir et d'une palette resserrée autour de quelques teintes – noir, brun, ocre clair et vert – qu'une touche un peu plus vive parfois éclaire. Toutes les œuvres qu'il peindra jusqu'en 1970 seront figuratives. Les décors seront schématiques – paysages désertiques, bords de mer, intérieurs dépouillés, à peine figurés.

Malkine semble ainsi vouloir simplifier son travail, épurer la représentation. Les éléments sont ordinaires – une femme, un banc, un animal, un meuble –, les détails se fondent dans l'ensemble. Il règne un silence parfait, intérieur et extérieur. Le peintre donne l'impression de ne vouloir créer que des images immédiates, si « banales » qu'on pourrait ne pas s'y arrêter. Il s'agit donc d'un monde familier, à peine dérangé,

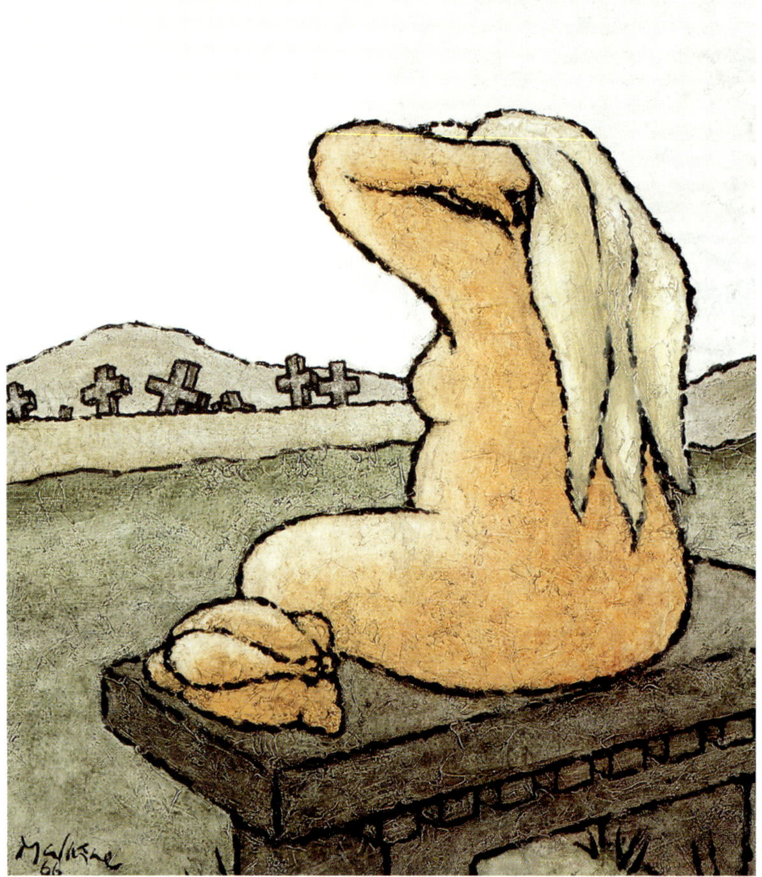

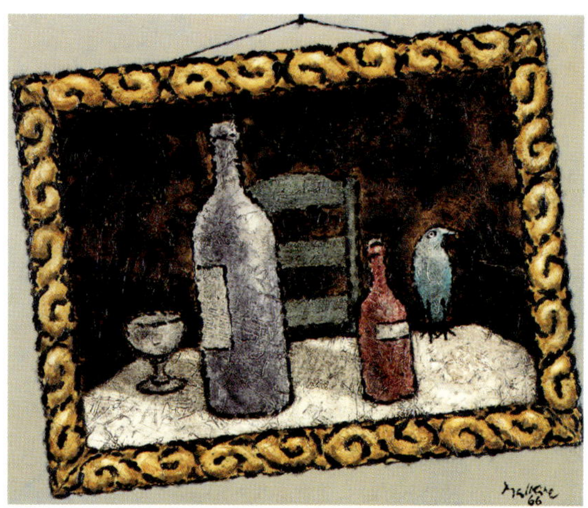

45. MAGIE,
1966

46. UNE NOUVELLE SUPERSTITION,
1966

si on y regarde bien, par un ou deux petits détails – à peine plus – qui, une fois repérés, déséquilibrent tout l'ensemble.

Cette manière, Aragon l'avait bien notée : « En porte-à-faux, c'est le mot clé. » *Magie* nous présente ainsi une femme assise sur un banc devant un vaste paysage coupé par un mur derrière lequel on devine, grâce aux croix de pierre, un cimetière. À côté d'elle, sur le banc, un poulet « prêt à cuire » (le poulet « prêt à cuire » revient, toujours incongru, dans nombre d'œuvres depuis *Chanson sans musique* de 1960 ; il fait par ailleurs l'objet de longs développements dans la correspondance échangée avec Théodore Fraenkel).

La *Femme au rhinocéros* semble tranquillement installée contre la corne formant hamac. Oui. Mais un rhinocéros possède deux cornes... Enfin, *Une nouvelle superstition* est une nature morte des plus attendue, ne serait-ce le tableau mal accroché... dans le tableau.

Tout se passe donc comme si Malkine, d'un tableau à l'autre, cherchait à installer dans un ordre apparemment sans histoire un léger déséquilibre, un « malentendu » (une œuvre de 1968 s'intitule *Anatomie du malentendu*), faussant la vision première et révélant du même coup un autre monde :

« [...] mais
C'était sous-estimer la leçon du déséquilibre.
Il fallait que la nuit en plein jour qu'on appelle peinture
S'étendît sur les apparences. Le temps vint
D'une vision de nacre sur toute chose »
Louis Aragon, « Demeure de Georges Malkine ».

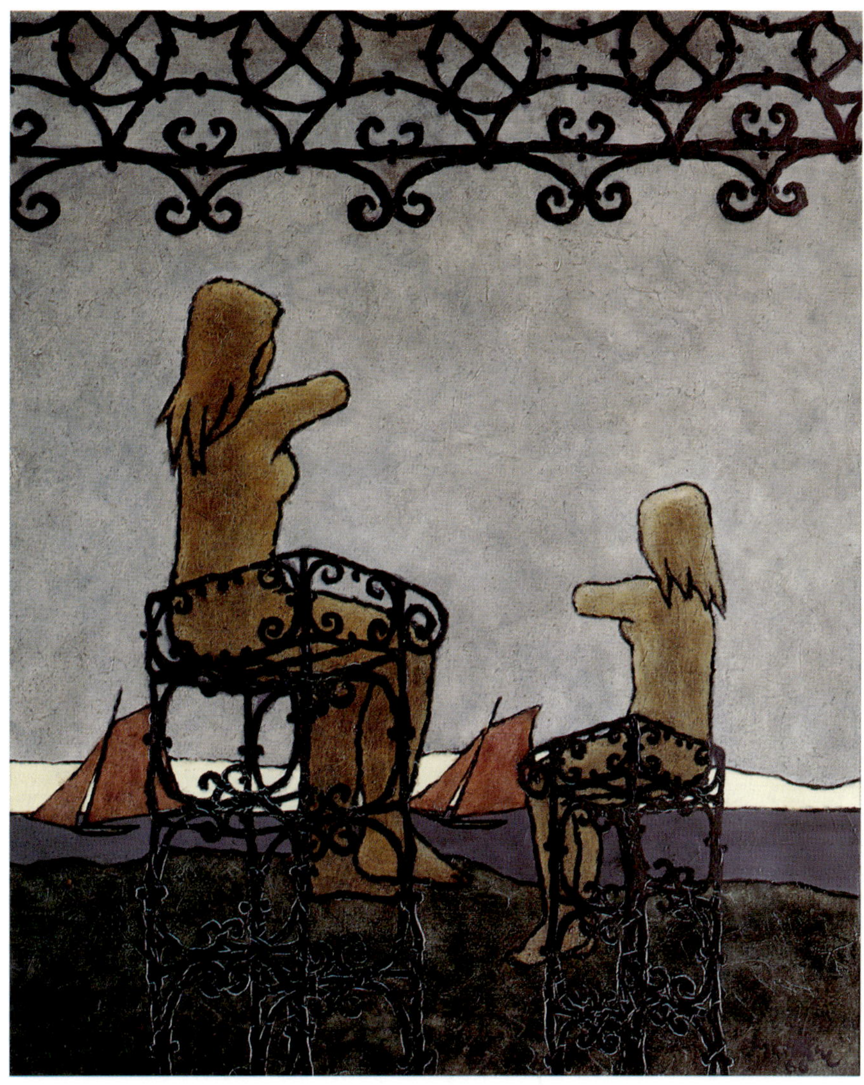

47. DIMANCHE SOIR, 1966

Il est arrivé que Malkine reprenne plusieurs fois le même tableau. Il existe ainsi une première version de cette œuvre datant de 1960 et intitulée *Dimanche,* présentant à peu près les mêmes éléments : un large golfe où naviguent deux voiliers et, au premier plan, juchées sur deux hautes chaises en fer forgé, deux silhouettes féminines dont les bras amputés à la hauteur du coude sont dressés comme les ailes d'un sémaphore. En haut du tableau, une ferronnerie laisse supposer que la scène est vue depuis une fenêtre.

Qui peut dire ici *ce qui se passe,* depuis la maison où le peintre s'est installé, entre la désolante simplicité du paysage et les motifs contournés des fers forgés ? Entre les femmes et les bateaux ? Qu'attendent-elles ? Qu'espèrent-elles ? Et pourquoi ces moignons levés qui semblent saluer, ou signaler, quelque chose ? Qui peut dire comment tout cela s'accorde ?

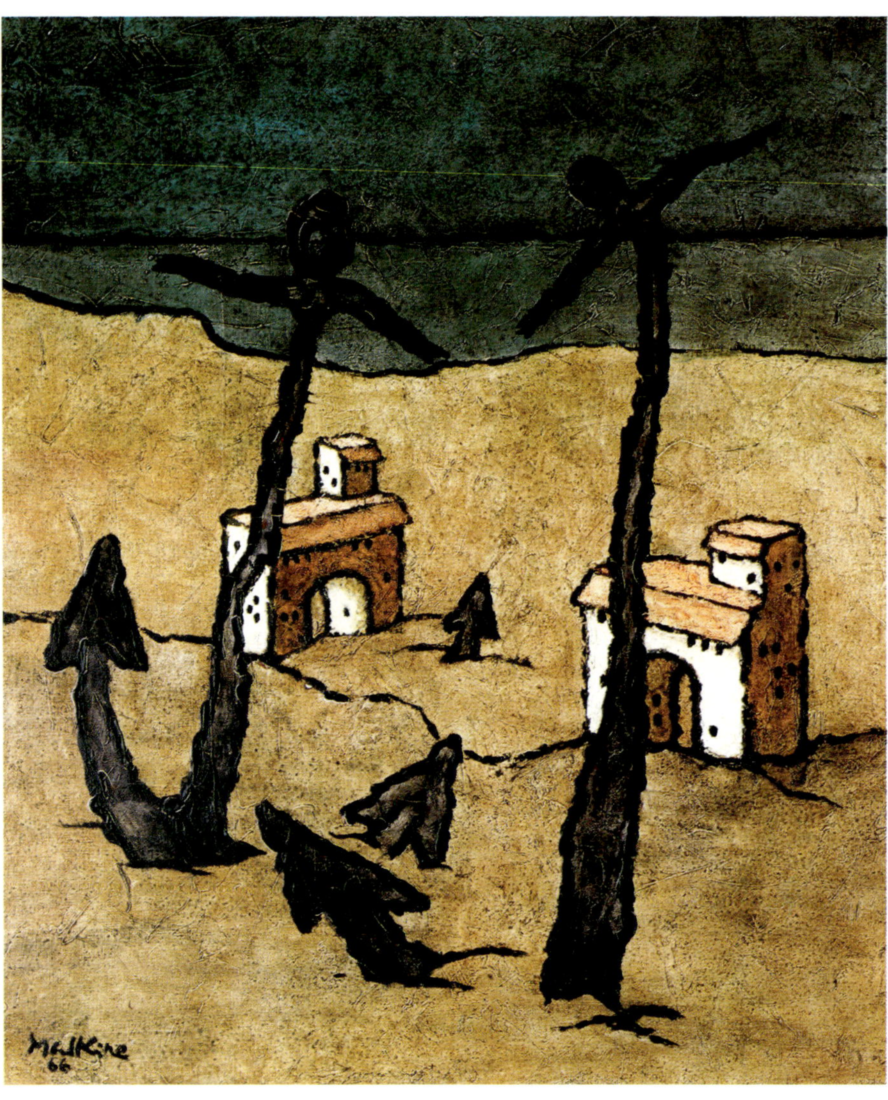

48. AUX ÎLES SANGUINAIRES, 1966

Malkine a réuni dans une page d'un carnet un certain nombre d'œuvres sous la mention « Toiles cruelles ». Parmi ces œuvres figure *Marée basse.* Mais les *Îles Sanguinaires,* qui doivent leur nom au chapelet de petites îles situées au large d'Ajaccio et célèbres pour les naufrages qu'elles ont occasionnés, auraient tout aussi bien pu y figurer.

Aux îles Sanguinaires rassemble plusieurs éléments iconographiques familiers de Malkine : les ancres gigantesques – c'est leur dernière apparition – et des bâtisses en forme d'arcs surmontés de tourelles. Deux ancres et deux maisons : la toile évoque un dilemme ou constate une séparation. Peut-être faut-il voir l'origine de cette toile, peinte en 1966, dans l'écartèlement de Malkine entre Paris, où il vient d'arriver, et l'Amérique, où il a laissé sa famille.

Aux îles Sanguinaires, tout comme *Marée basse, La Sirène* et *Le Piano de Calais* jouent également avec le thème de l'eau, élément cher à Malkine s'il en est. Mais alors que l'eau était dans ses œuvres des années 1920 souvent calme et bienfaisante, ici elle se *retire,* laissant derrière elle, dans *Marée basse,* des mannequins absurdes et dégoulinants ou, dans *Le Piano de Calais,* un piano à queue fermé au milieu d'une ville détruite. Enfin, la sirène qui apparaît dans la toile du même nom n'a plus rien des métamorphoses chaleureuses des *Sirènes* de 1926. On assiste donc, à partir du même élément, à un changement radical d'atmosphère. La « cruauté » évoquée plus haut prend ici des allures de désolation et de mort.

On notera enfin que *La Sirène* a vivement frappé Louis Aragon puisqu'il lui consacrera une strophe particulière de sa « Demeure de Georges Malkine » :
« En mil neuf cent soixante-huit Malkine
A peint une sirène ou plutôt une nature-
Morte où sur la table le poisson
Est tranché de la femme le couteau
Demeuré par l'effort dans le bois enfoncé
Tandis qu'au-delà la femme sur le ciel est rendue
À sa nature de femme [...] ».

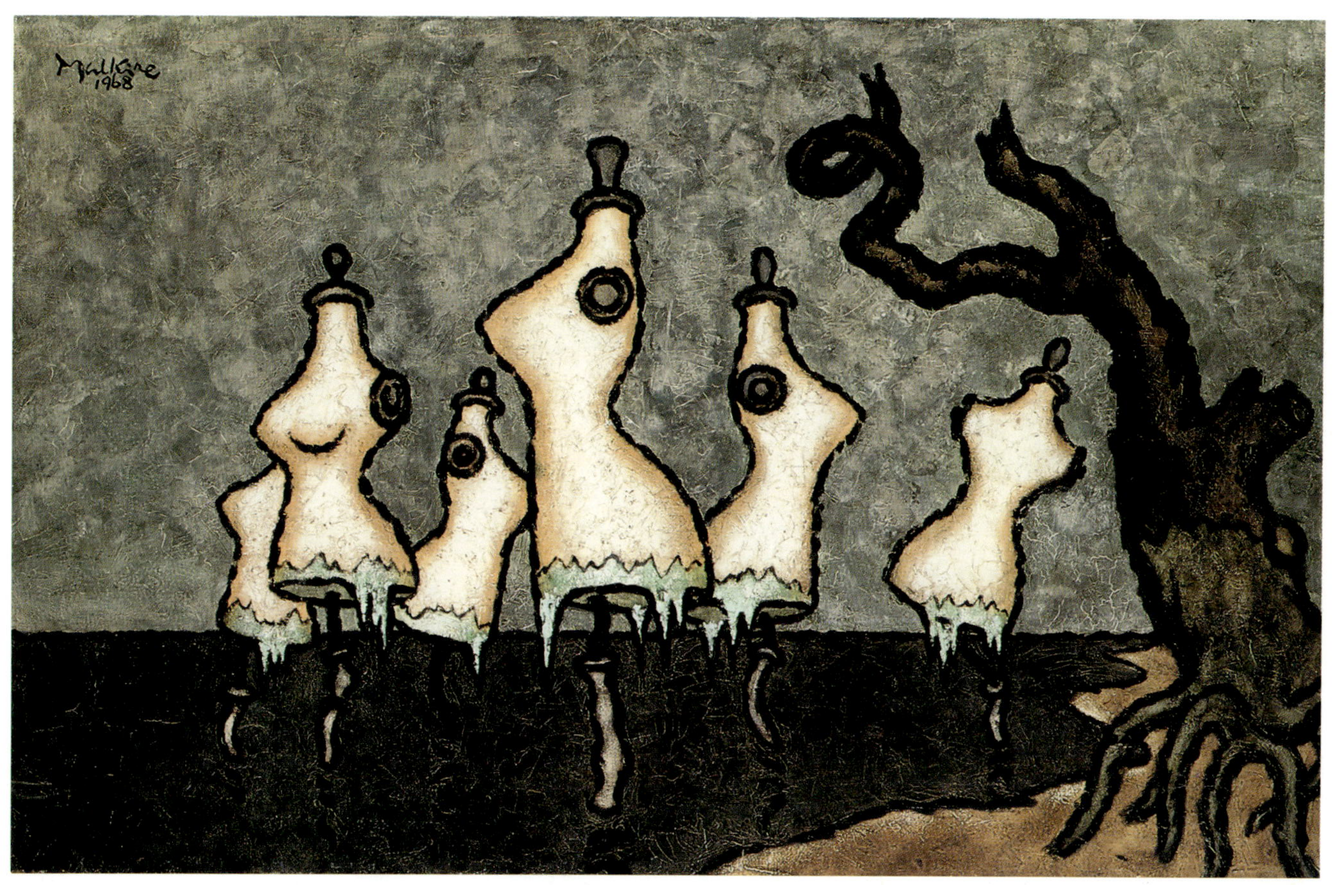

49. MARÉE BASSE, 1968

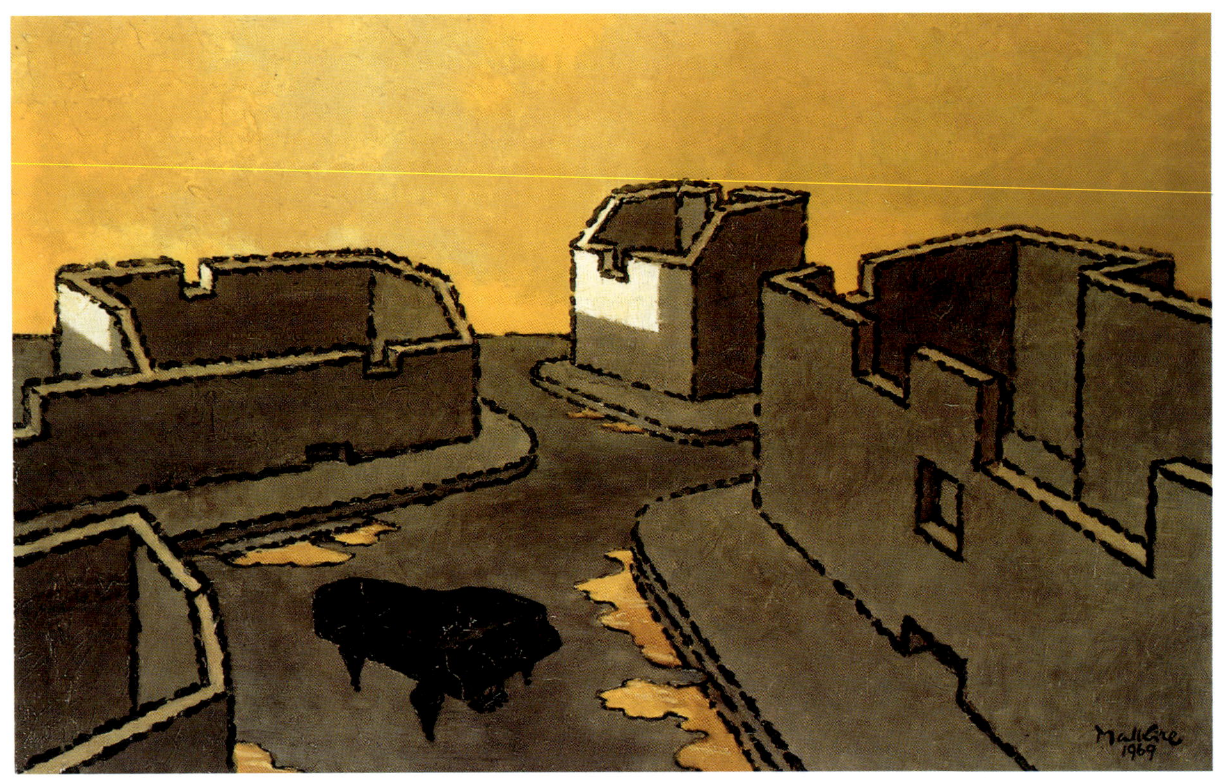

51. LE PIANO DE CALAIS,
1969

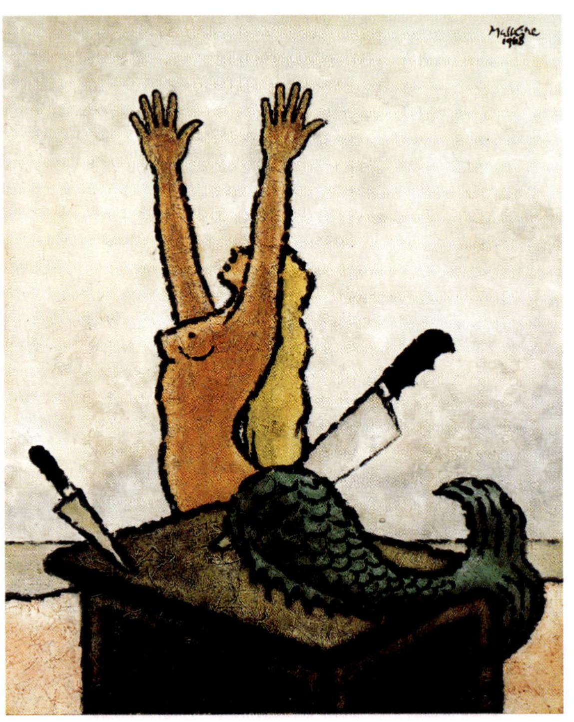

50. LA SIRÈNE,
1968

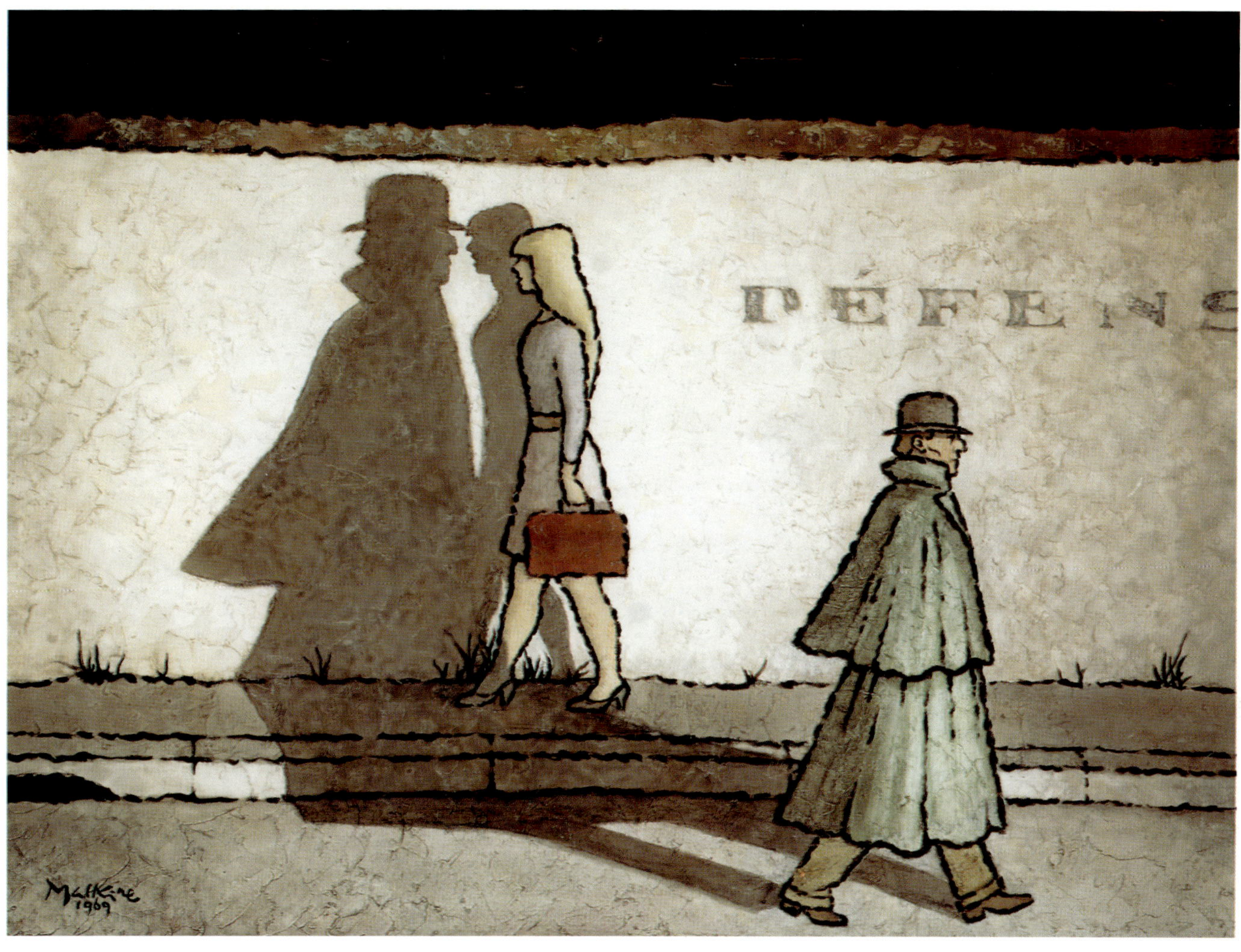

52. LES PASSANTS, 1969

Patrick Waldberg écrit à Georges Malkine en 1969 pour lui annoncer que *Les Passants* ont été achetés par son ami et collectionneur Jacques Nellens. Il tenait cette œuvre pour une des plus importantes de la dernière période de Malkine et avait vainement proposé qu'elle soit acquise par le Musée national d'art moderne.

L'œuvre met en scène une silhouette vue de côté, marchant dans la rue le long d'un mur – « Défense [d'afficher] », y est-il écrit, en souvenir de la célèbre loi du 29 juillet 1881 connue de tous les Parisiens –, engoncée dans une cape couleur d'écorce, dont l'ombre agrandie par le crépuscule vient à la rencontre d'une femme marchant dans l'autre sens, croisée, donc, un sac à la main.

Dans cet homme qui marche, il faut reconnaître Malkine. Lorsqu'il vivait à Shady, Malkine faisait, chaque jour ou presque, le trajet à pied jusqu'à Woodstock. Ne s'étant lié avec personne, il n'était connu dans tout le pays que comme « l'homme qui marche » – Tad Wise écrira en 1991 dans le *Woodstock Times* un article sur Malkine intitulé « The Man Who Walked Alone ».

Deux esquisses nous permettent cependant de connaître la genèse de l'œuvre. Dans un premier temps, c'est la silhouette de la femme que Malkine avait mise au premier plan. Ensuite il a inversé les passants et disjoint leurs ombres qui, dans la seconde étude, en arrivaient presque à s'embrasser. La situation ainsi modifiée, que nous trouvons dans l'œuvre achevée, évoque – jusque dans la valisette-sac à main de la femme – le *Secret du voyage* de 1926. L'homme qui, passant, semble s'éloigner, laisse derrière lui « l'ombre d'un amour » pour paraphraser Apollinaire. Il poursuit son voyage crépusculaire, seul et libre, semblant se moquer du « défense » à demi effacé.

La même année, Malkine peint le seul autoportrait qu'on lui connaisse : *La Lumière du peintre* (ancienne collection Patrick Waldberg). Avec l'homme des *Passants* et certaines illustrations de son roman *À bord du Violon de mer,* ce sont les seules images qu'il ait jamais faites de lui-même.

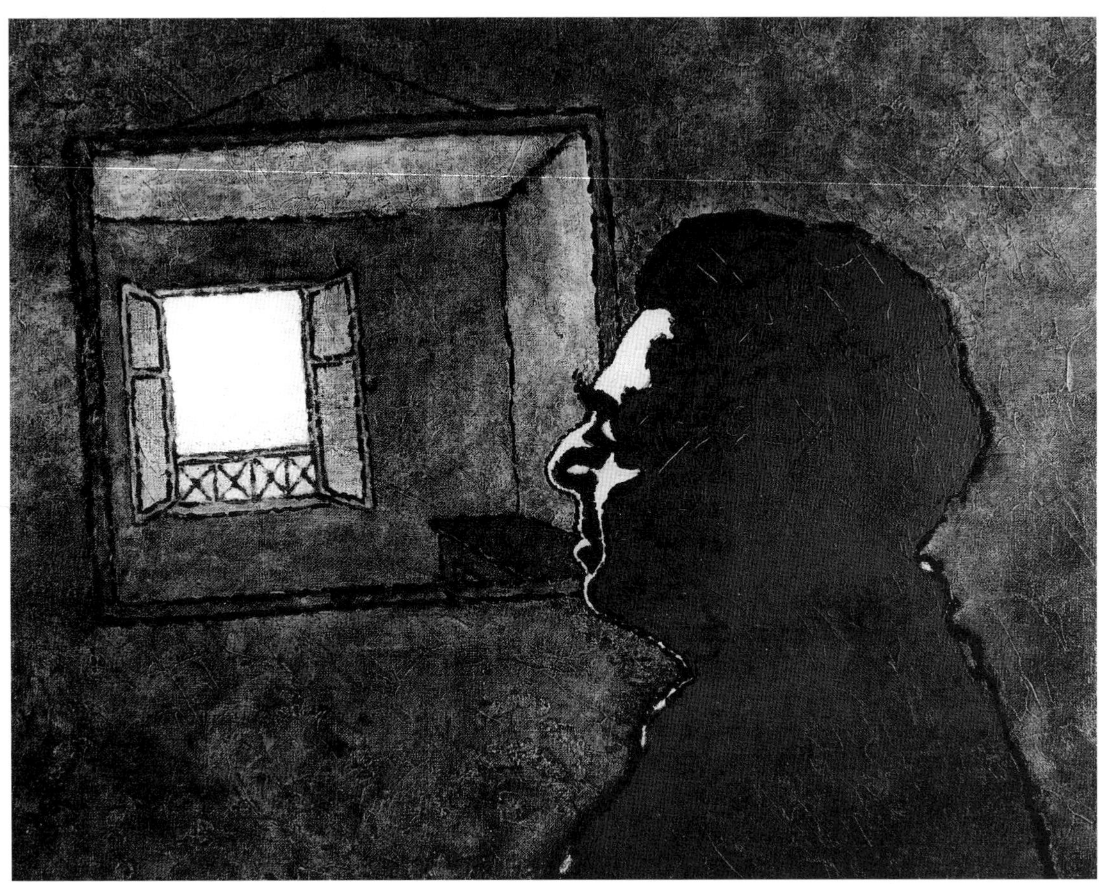

Georges Malkine, ***La Lumière du peintre,*** **1969**
Localisation inconnue

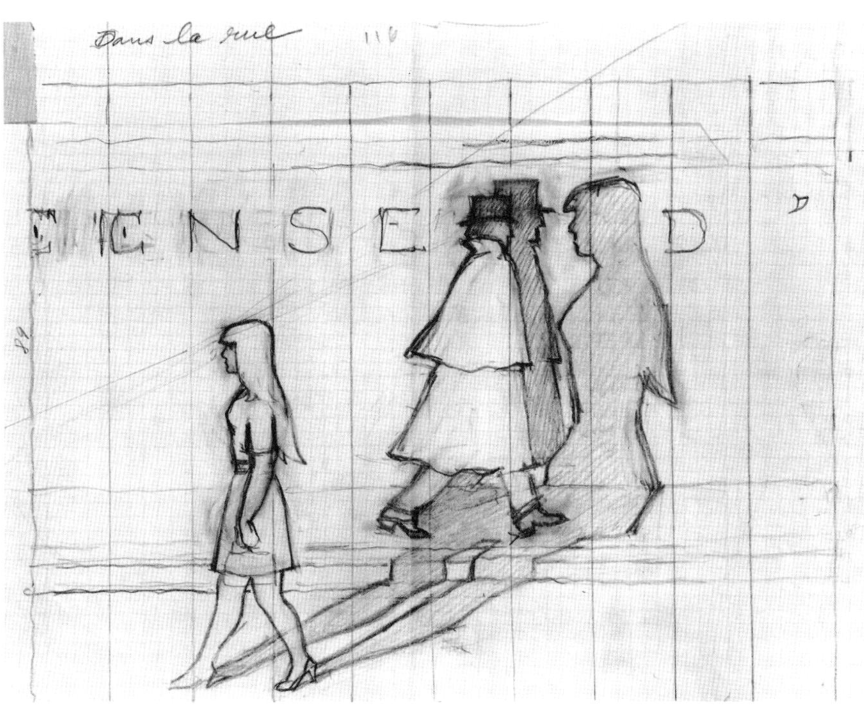

88. ESQUISSE POUR « LES PASSANTS », 1969

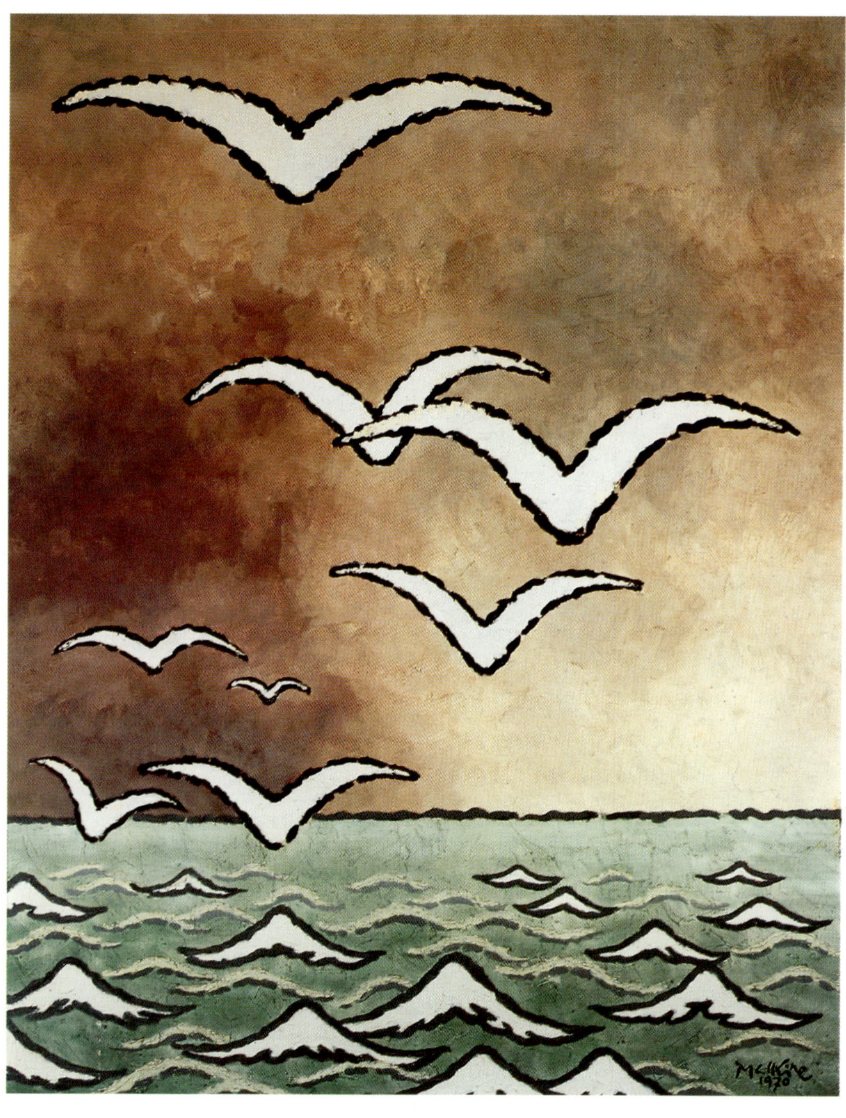

53. LA MER, 1970

Cette œuvre est l'une des dernières de Malkine. D'un format identique à celui des *Passants,* elle marque l'ultime métamorphose de l'eau puisque ici les crêtes des vagues, se détachant de l'océan, donnent naissance à des oiseaux. On la rapprochera du dessin sans titre de 1925 (cat. 69) qui figurait déjà, mais d'une manière un peu... différente, le même paysage.

1966 - 1970

« DEMEURES », MUSIQUE ET SOLITUDE

« Dans une de tes lettres tu appelais *demeures* mes constructions et je me suis permis d'adopter cette désignation, qui me paraît très heureuse. Nous avons donc "Demeure de Victor Hugo", etc., etc. », écrit Malkine à Waldberg le 6 septembre 1966.

Malkine commence à peindre les « Demeures » en 1966. Il en poursuivra la série jusqu'en 1970. Au total, une quarantaine de toiles, toutes construites selon le même modèle : un paysage, parfois traversé d'une rivière ou planté de quelques arbres décharnés, mais le plus souvent nu et désolé, sur lequel est « déposée » une bâtisse. Elle peut être très simple ou extraordinairement complexe, comporter deux ou vingt étages, être divisée en plusieurs bâtiments imbriqués les uns dans les autres ou reliés entre eux par des ponts suspendus, comporter des tours, des tourelles, des excroissances, enjamber une rivière... Ces « Demeures » abritent la mémoire des « personnages extraordinaires » que Malkine a rencontrés. Elles sont donc comme des mausolées, des pyramides, des tombeaux – au sens musical du terme. Une forme d'hommage.

« M'entends-
Tu toi qui nous expliquais les hommes
[par les pierres
Où ils auraient pu comme nous tous
Être longuement malheureux ô demeures-miroirs
[tu n'as jamais
Peint celle de Georges Malkine et peut-être
Y songeais-tu mais ces ruines par miracle debout
T'ont fait non pas le Palladio de ceux-là dont
[tu construisais la muette
Métaphore mais bien plutôt le peintre des prisons
[mentales
Un Piranèse qui ne voyait plus autrement que
[prisons les enfers
Intérieurs de l'âme et toi de chacun tu voyais
[sa solitude
Un château démantelé dans un lieu sauvage Une
[ferme des temps anciens
Quand le maître avait dix valets mais déserte
[ayant perdu
Ses piliers inférieurs comme une mâchoire
[une machine à coudre
On ne sait comment de côté surplombant le vide
Et les fenêtres semblaient de petits yeux noirs[1] ».

Il faudrait pouvoir détailler chacune des « Demeures », tenter de repérer par où et en quoi elles se rattachent à la personnalité de leurs destinataires. Celle d'Erik Satie, par exemple, possède une forme en arche qui semble évoquer la poignée des parapluies dont on sait que le maître d'Arcueil les aimait particulièrement. Celle, médiévale, de Villon, fait songer à une potence. Celle, toute simple, de Schubert, est posée comme un pont au-dessus d'un fleuve. Celle de Thomas De Quincey évoque une pipe à opium. Celle d'Alfred Jarry se dresse vers le ciel comme un gigantesque phallus. Celle d'Apollinaire est aussi grandiose et imposante que l'était le poète. Celles de Bach – une pour l'automne, l'autre pour l'été – sont charpentées comme des fugues, symétriques comme un contrepoint, pleines d'une noblesse et d'une sérénité calmes. Au sommet du toit en terrasse de celle de Robert Desnos, un réseau de barbelés rappelle le camp de concentration où périt le poète. À propos de celle d'André Breton, Simone Collinet écrivit à Malkine : « J'ai regardé en extra votre tableau et l'ai trouvé très bien. Non seulement il est beau, mais [...] il signifie très bien le personnage. Mystérieusement, mais exactement. On y retrouve la noblesse imposante d'André, et la force de "bélier" qu'il a déployée toute sa vie. » Certaines peuvent également être lues comme des variations typographiques sur les initiales de leur destinataire.

Ces œuvres sont éminemment empathiques. Par une sorte de transposition analogique, elles dressent le portrait non pas physique – encore que le

André Breton
Mallarmé g
Valéry g
Apollinaire
Poë
Conrad g
Maldoror
R. Roussel
Chopin
J. Verne
Scriabine
Piranesi
El Greco g
J. Laforgue (?)
BACH 2 gg
Hugo 2
Turner
Jarry
Proust
Villiers g
Haydn
Leclair
A. Radcliffe
E. Brontë
Schubert
Stevenson
Verlaine
Wilde g
Einstein
Thoutmès
Séverac
M. Schwob
Carl Maria von Weber

T. Tzara
A. Fournier
Machiavel
Vivaldi
Rilke
Garcia Lorca
Rubén Dario
Villa-Lobos
H.C. Andersen
M. Desbordes-Valmore
J. Swift
W. Blake (the poet)
>Schumann
Ernst Hoffmann
Erik Satie (N°2)
Charles Cros
F. Couperin
Paracelse
Nietzsche
H. Bosch
(Hieronymus)
Novalis
Mme Sacco
Gabriel Fauré
Laó-Tseu
Wagner
Sade
Rémy de Gourmont
g à partir de 20
Maeterlinck
Langston Hughes
Li-Taï Po
Friedmann Bach
Paracelse
Coleridge
POULENC

Demeures de la musique
du silence
du voyage lacunaire
de la sérénité
de l'opiomane
de l'amour imaginaire
de l'éventuel
des absences
de l'Amour Suranné.
de la license poétique
de la justice — " —
des absents
du Pce d'Aquitaine
de l'offrande musicale
Rameau
de Henry Thoreau
Georg Philipp Telemann
Petrus Borel
Gustav Mahler
Aldous Huxley
de la Magie
de mon postulat

Birdtree
Hand-s

—

John Field
Charles Lévy-Duhamel
G.Ri
E.E. CUMMINGS
Ma demeure

« Demeures » peintes ou en projet
La liste figurait dans l'atelier de Malkine, rue Blondel, à Paris.

physique soit présent – mais sensible de ceux qu'elles évoquent. Et si la « ressemblance » n'y est pas aussi évidente que sur un portrait classique, elle y est finalement beaucoup plus prégnante. Car c'est bien, au-delà justement de l'apparence, l'essence de l'homme qui y est déposée comme sur un linceul.

Très curieusement, nombre de ces « Demeures » ont changé de destinataire. La *Demeure d'Alfred Jarry,* par exemple, était à l'origine celle de Proust. La « Demeure » de Tristan Tzara est devenue celle d'Emily Brontë. La « Demeure » de Paul Valéry a été ensuite attribuée à Beethoven, puis enfin à Wagner. La *Demeure de Sibelius* était à l'origine celle du prince d'Aquitaine. Celle de Robert Desnos était initialement destinée à Raymond Roussel.... Lors de ces réattributions, quelques éléments changent : des parties disparaissent, d'autres se surajoutent, des murs se fissurent, des portes s'ouvrent ou se condamnent, des perspectives se ferment ou s'élargissent. Il y a là, outre une indiscutable part de jeu, le signe d'un réseau d'analogies, de correspondances, qui n'est pas sans rappeler le jeu « L'un dans l'autre » auquel s'étaient livrés les surréalistes au début des années 1950. On citera ici le texte de présentation d'André Breton : « La brève illumination qui [...] allait donner essor au jeu de "l'un dans l'autre" [...] me fut donnée au café de la place Blanche un soir qu'entre mes amis et moi la discussion portait sur l'analogie. En quête d'un exemple pour faire valoir ce que je défendais, j'en vins à dire que le *lion* pouvait être aisément décrit à partir de l'*allumette.* [...] La spéculation avait été assez excitante pour nous faire brûler les étapes [...]. Nous n'en étions déjà plus à penser que tout objet peut se décrire à partir de tout autre, mais encore toute *action,* et aussi tout *personnage,* même placé dans une situation déterminée, à partir de tout *objet,* et inversement[2]. »

Les « Demeures » nous livrent en définitive le panthéon de Malkine – et l'on sait que les surréalistes ont beaucoup pratiqué cet exercice, fût-ce à rebours. L'on ne sera pas surpris de n'y retrouver que des morts, musiciens et écrivains pour la plupart. Outre deux peintres, Bosch et Piranèse, et une reine, Néfertiti, les écrivains forment le plus gros contingent : Apollinaire, Artaud, Breton,

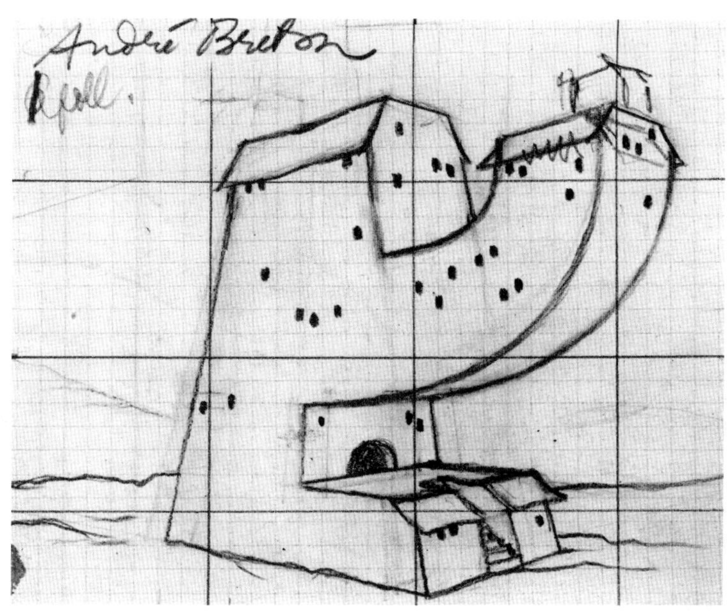

81. Esquisse pour la *Demeure d'André Breton*

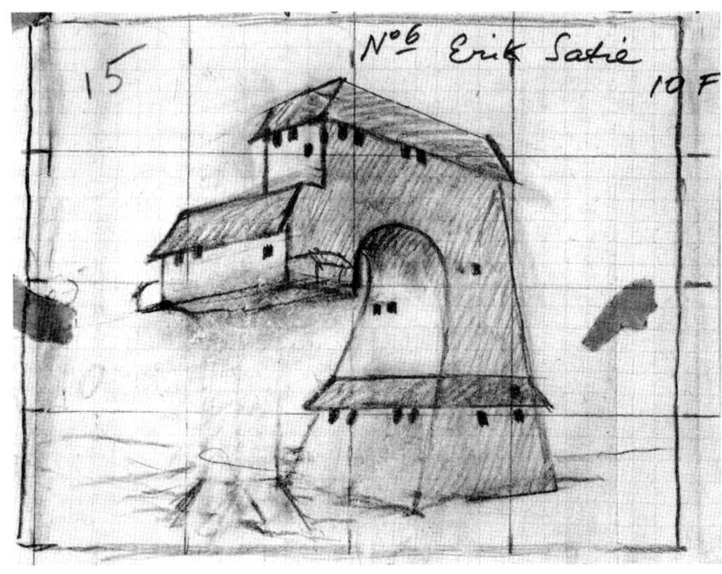

82. Esquisse pour la *Demeure d'Erik Satie*

Emily Brontë, Lewis Carroll, Robert Desnos, Alfred Jarry, Victor Hugo, Aldous Huxley, Lautréamont, Li T'ai Po, Nerval, Nietzsche, Mallarmé, Edgar Poe, Thomas De Quincey, Arthur Rimbaud, François Villon et Oscar Wilde.

Les musiciens sont également très nombreux : Bach, Brahms, Debussy, Moussorgsky, Pergolèse, Ravel, Satie, Schubert, Sibelius, Villa Lobos et Wagner. Cela n'a rien de surprenant : seul parmi tous les surréalistes – André Souris mis à part – à avoir été musicien, Malkine accorda à la musique une place prépondérante. Son père, on le sait, lui avait appris à jouer du violon. Adolescent, Malkine adorait écouter sa tante jouer du piano, instrument qu'il aurait préféré apprendre : « J'étais hier chez ma tante, écrit-il à Claude-André Puget le 1er mars 1920. Elle a cette manie, quand on annonce un concert, de se mettre, avant d'y aller, à le jouer par cœur d'un bout à l'autre. Je donnerais volontiers la moitié de ce que j'ai à vivre pour avoir cette agréable habitude. » Il travailla après la Première Guerre mondiale dans un orchestre. Lors de son voyage à Tahiti, en 1929, il s'initia aux tambours et aux rythmes tahitiens. Il fit de même quelques années plus tard en Haïti.

Après la guerre, à Paris aussi bien qu'à New York, Georges et Sonia Malkine passeront de nombreuses soirées à écouter des concerts retransmis par la radio : « Quel prodigieux langage que celui de la musique, écrit-il à un ami en 1947, et combien d'émotions dissemblables ne peut-il pas provoquer ! Je pensais à cela tout à l'heure en écoutant à la radio deux études récentes de Stravinski et une merveilleuse *Gymnopédie* de Satie. » Ou bien ils vont au concert. À ce même ami, Malkine écrit : « Nous sommes allés au concert Heifetz[3] hier soir. Quel type extraordinaire ! Je ne me rappelle pas avoir vu quoi que ce soit d'aussi étonnant depuis Buffalo Bill, il y a quarante ans. Il vise et tire aussi juste que le colonel Cody, et dans toutes les positions aussi. On ne fait pas mieux dans le genre mouton à cinq pattes, nègre albinos et jongleur aveugle. La seule chose que je ne comprenne pas, c'est que ce Heifetz s'occupe de musique. »

Parmi les compositeurs, Malkine semble avoir eu une passion pour Satie et pour Bach, à propos duquel il écrit : « Je ne sais pas exactement d'où vient mon goût si essentiel pour Bach. Peut-être, entre autres choses, d'une prédilection pour ce qui est aride, sévère, hautain, grand et *contenu, caché*. »

Malkine pratiquera plusieurs instruments : le violon, le piano, le violoncelle et les tambours. En janvier 1952, il écrit à Claude-André Puget : « Je ne m'ennuie jamais. J'ai mes bouquins, la meilleure musique possible à la radio, les gosses, le dessin. J'ai aussi mon violoncelle. J'en joue parfois en imaginant que Pablo Casals[4], assis à mes côtés, m'écoute attentivement. Tantôt il hoche la tête de plaisir (ce qui fait glisser sur son crâne poli le reflet de la fenêtre), tantôt il murmure : *Magnifico... Grandioso...* »

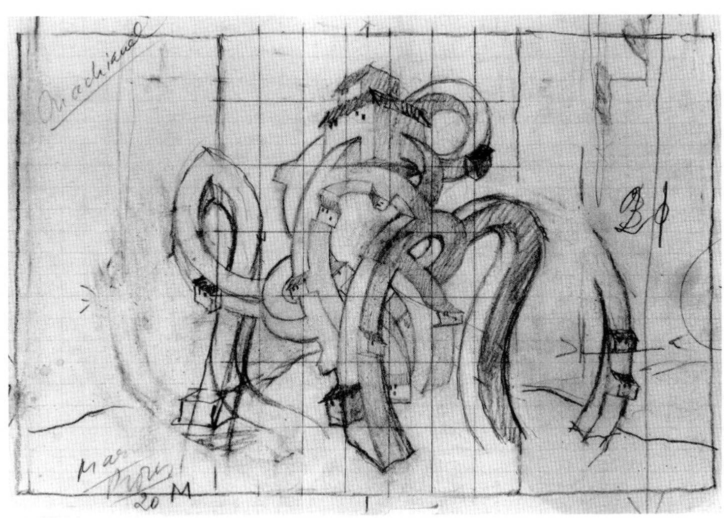

80. Esquisse pour la *Demeure de Machiavel*

Les « Demeures » de Malkine n'ont que peu d'antécédents. On pourrait toutefois leur trouver une lointaine parenté avec certains dessins à l'encre de Victor Hugo ou, plus proche, avec les « Châteaux » et autres « Hôtels » – en grès ou en fonte – qu'Erik Satie proposait à la vente dans ses petites annonces imaginaires ou dessinait parfois – ce même Satie qui a partagé avec Jean-Sébastien Bach et Edgar Poe l'honneur d'avoir été le dédicataire de plusieurs « Demeures ».

Somme toute, le panthéon que constituent les « Demeures » recouvre en partie le panthéon classique du surréalisme, du moins en ce qui concerne les poètes. Il s'en éloigne cependant par la présence des musiciens. Mais il témoigne surtout du portrait intellectuel et sensible de son créateur.
V. G.

1. Louis Aragon, « Demeure de Georges Malkine », *op. cit.*, pp. 417-425.
2. André Breton, « L'un dans l'autre », *Médium* n° 2, février 1954, repris dans *Les Jeux surréalistes*, présentés et annotés par Emmanuel Garrigues, Paris, Gallimard, 1995, coll. « Archives du surréalisme », n° 5, p. 217 et 246.
3. Jascha Heifetz, violoniste (Vilnius, 1901 - Los Angeles, 1987).
4. Pablo Casals, violoncelliste (Vendrell, 1876 - Porto Rico, 1973).

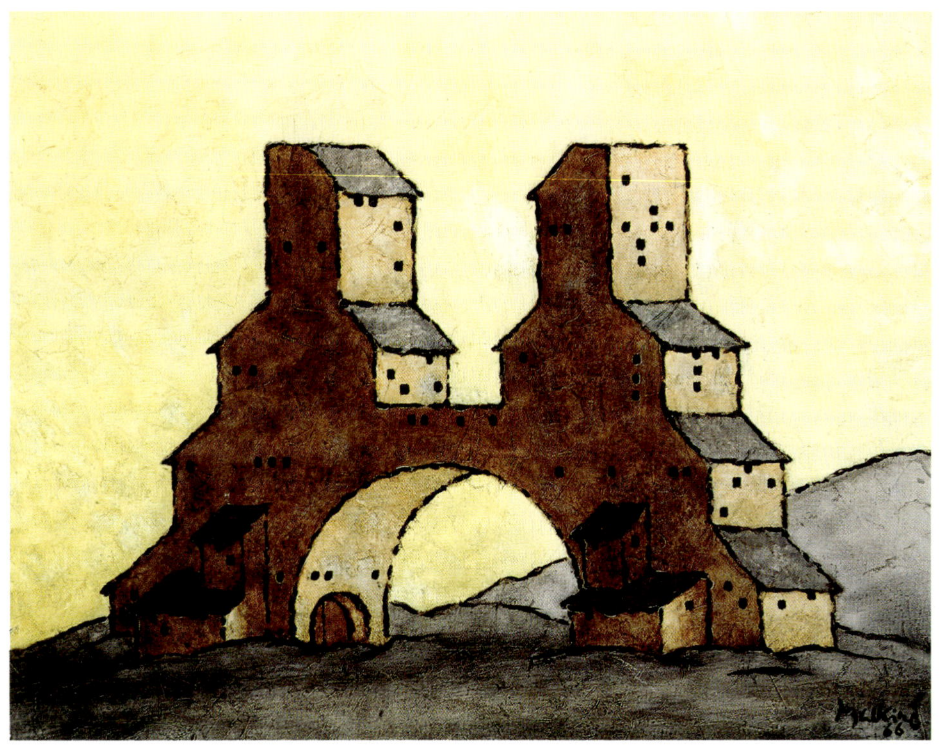

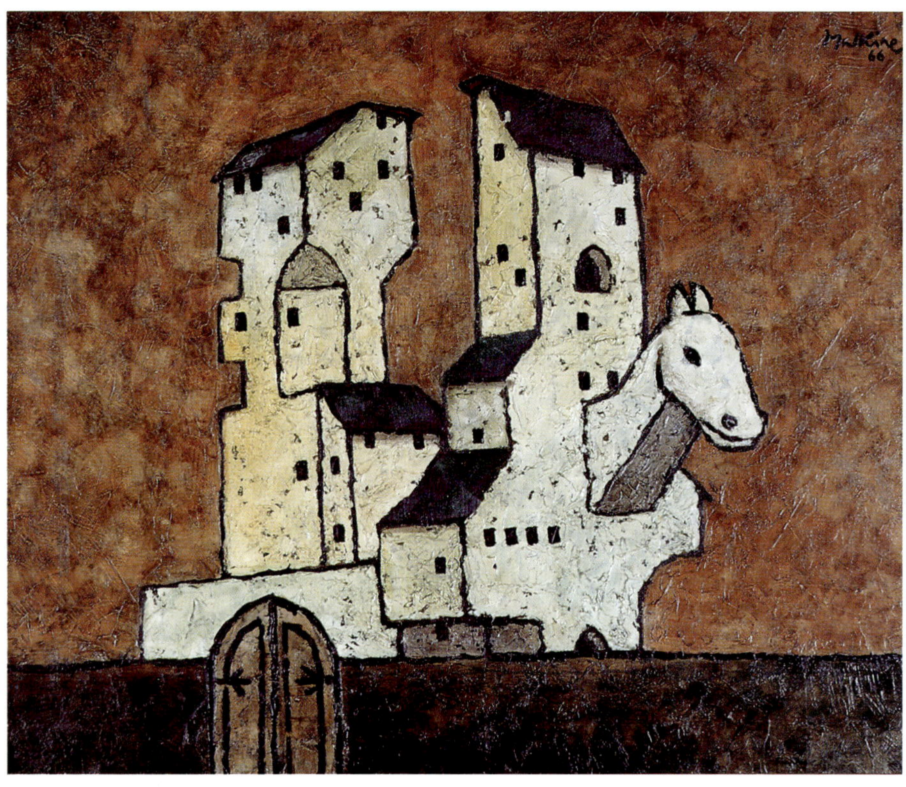

54. DEMEURE DE JEAN-SÉBASTIEN BACH, 1966

55. DEMEURE DE LEWIS CARROLL, 1966

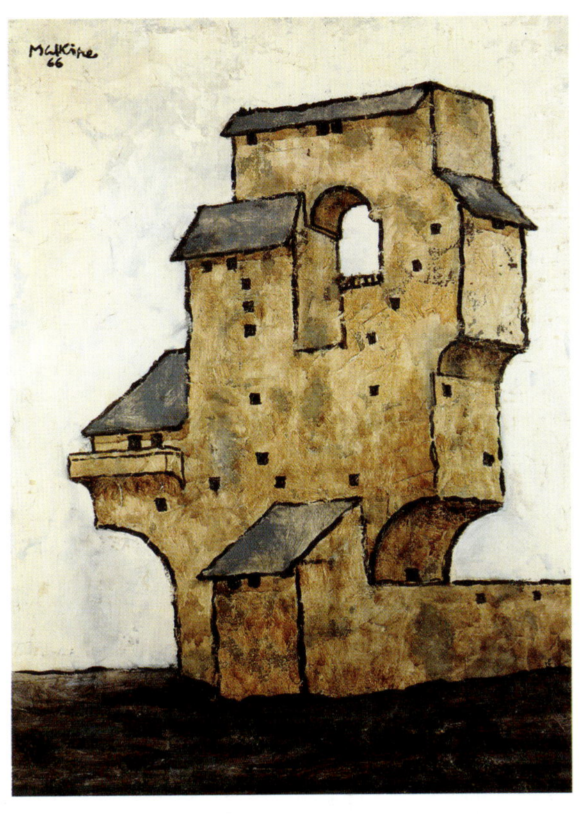

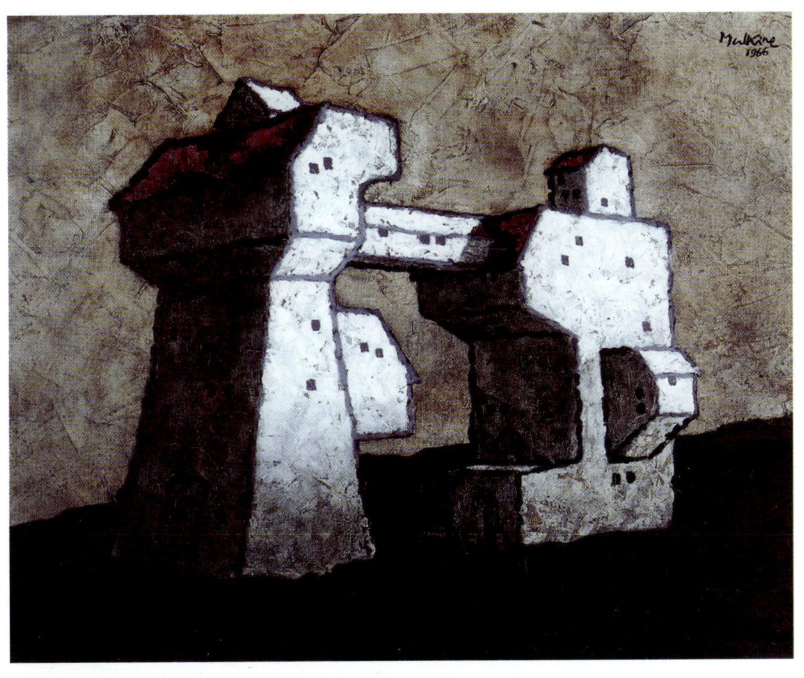

56. DEMEURE DE FRANÇOIS VILLON, 1966

57. DEMEURE D'ARTHUR RIMBAUD, 1966

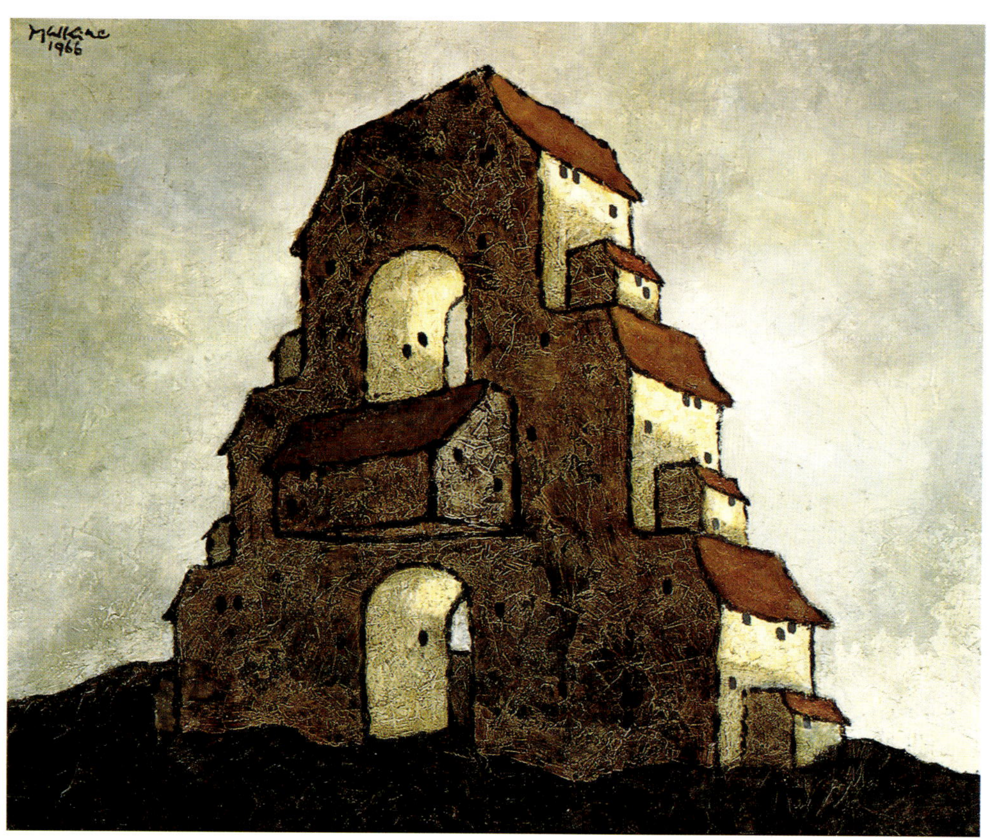

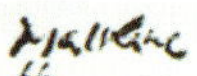

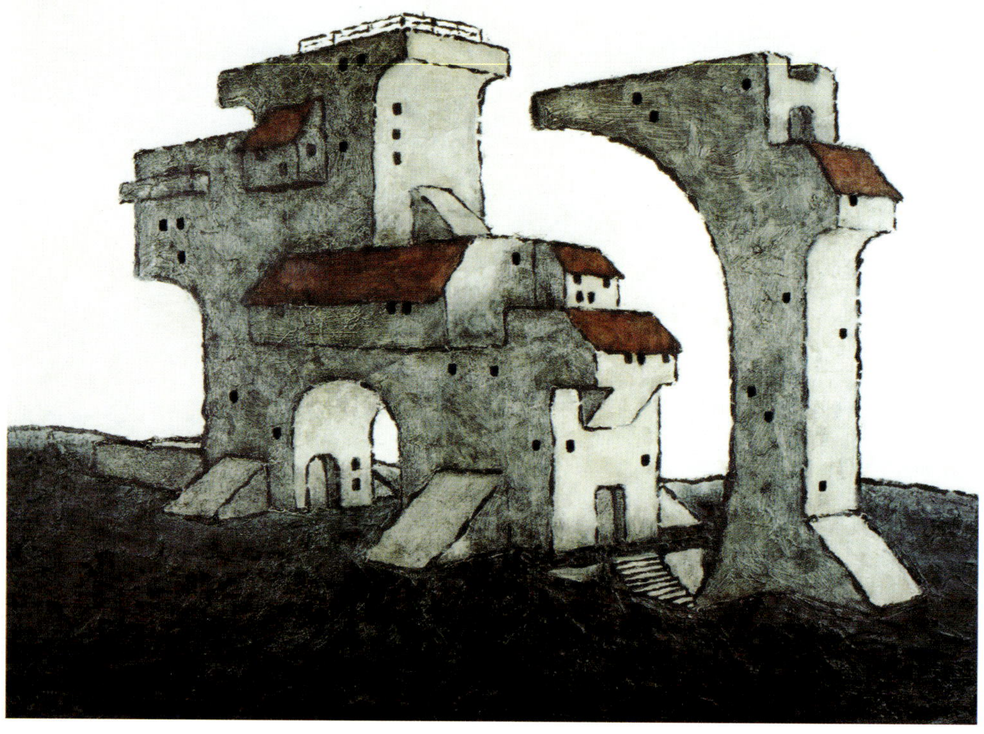

58. DEMEURE D'AUTOMNE
DE MAURICE RAVEL, 1966

59. DEMEURE DE ROBERT DESNOS,
1966

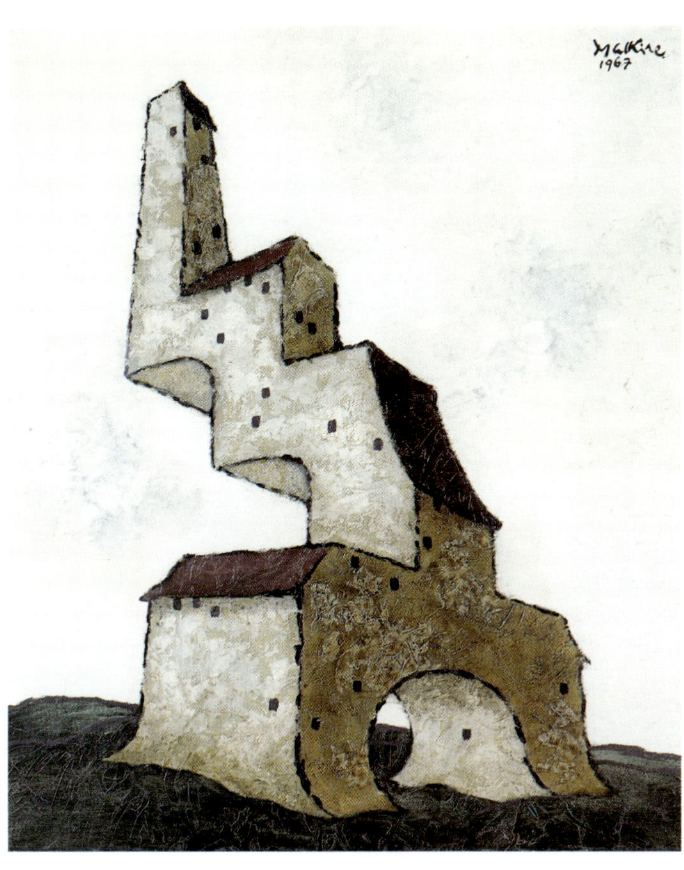

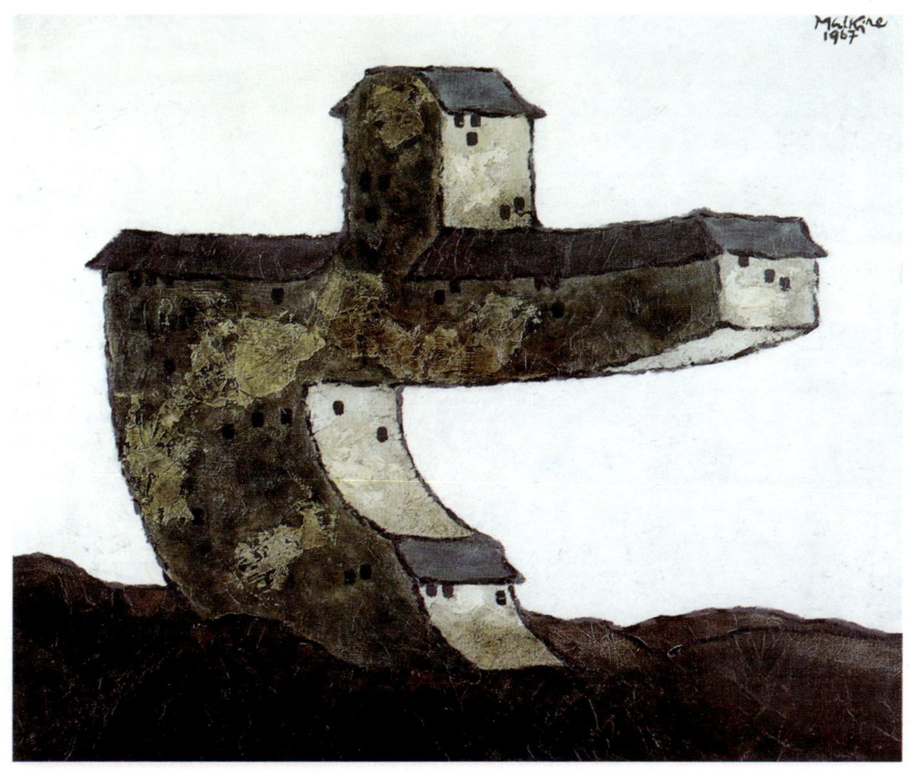

60. DEMEURE D'ALFRED JARRY,
1967

61. DEMEURE DE THOMAS DE QUINCEY,
1967

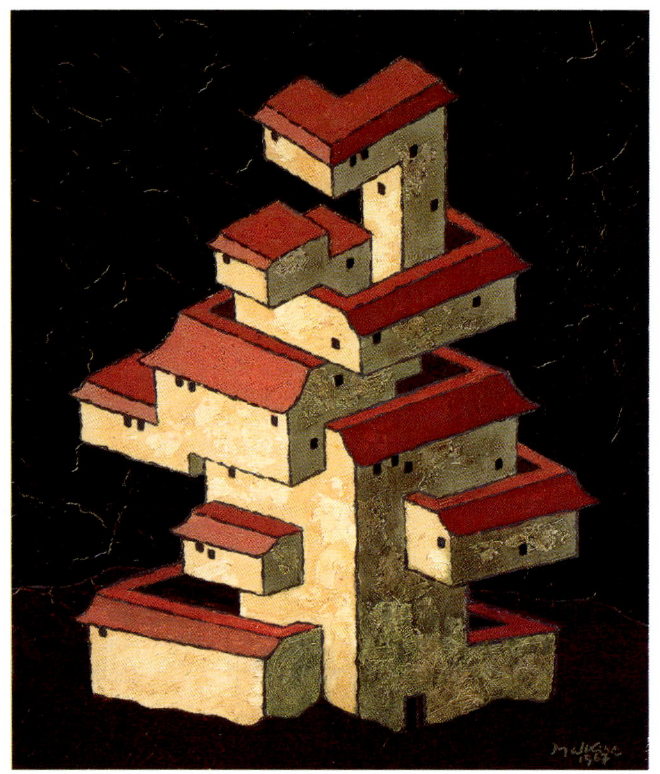

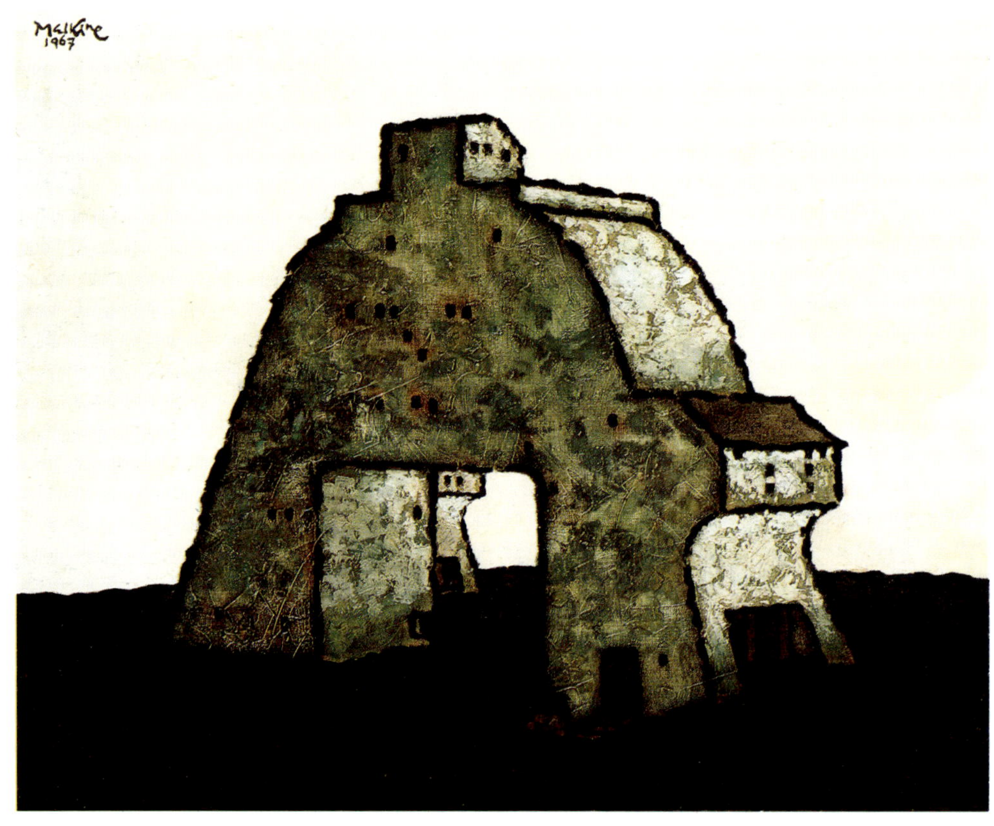

62. DEMEURE DE LI T'AI PO, 1967

63. DEMEURE DE JOHANNES BRAHMS, 1967

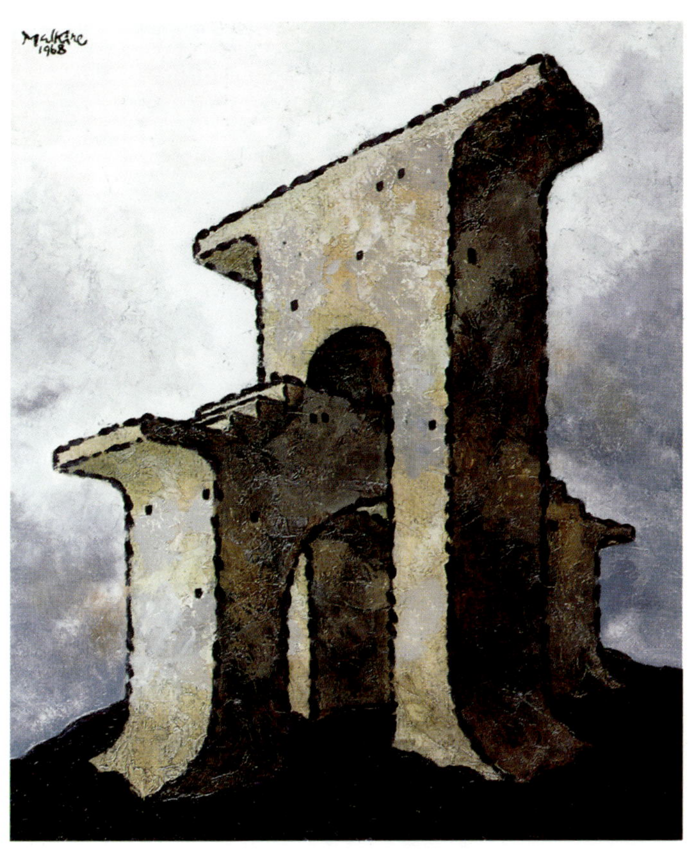

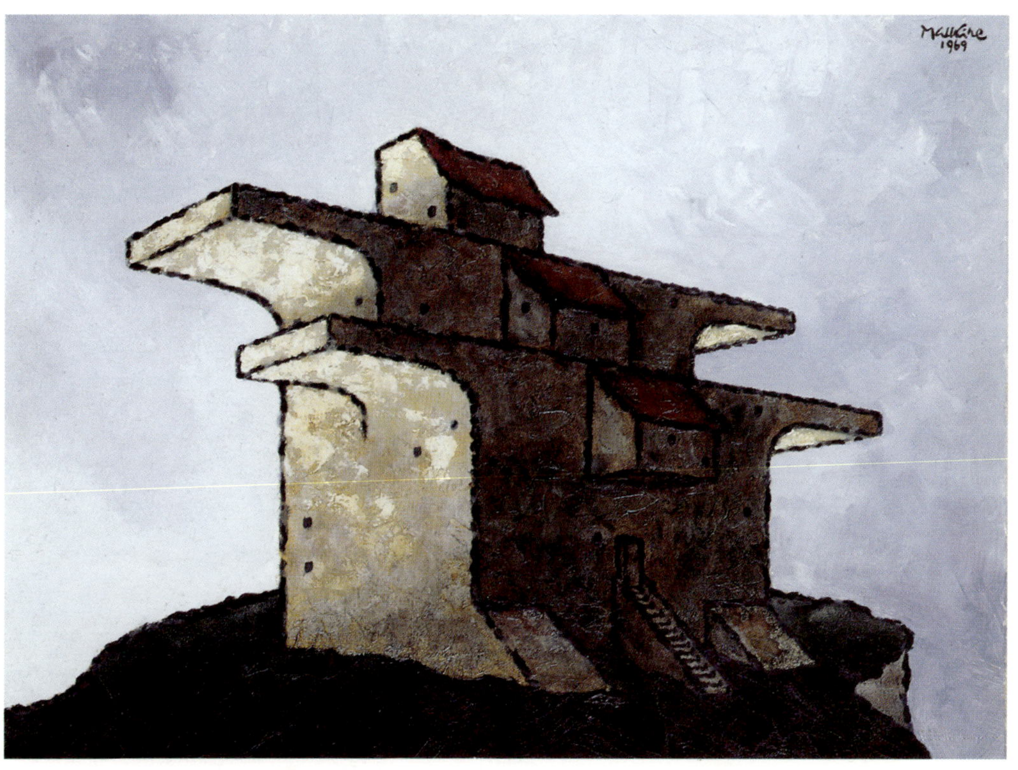

64. DEMEURE
DE GUILLAUME APOLLINAIRE, 1968

65. DEMEURE D'ÉTÉ
DE JEAN-SÉBASTIEN BACH, 1969

BIOGRAPHIE DOCUMENTÉE

Fern Malkine-Falvey
Vincent Gille

176. Portrait de Jacques Malkine
Photographie archives Malkine

177. Portrait d'Ingeborg Magnus-Malkine
Photographie archives Malkine

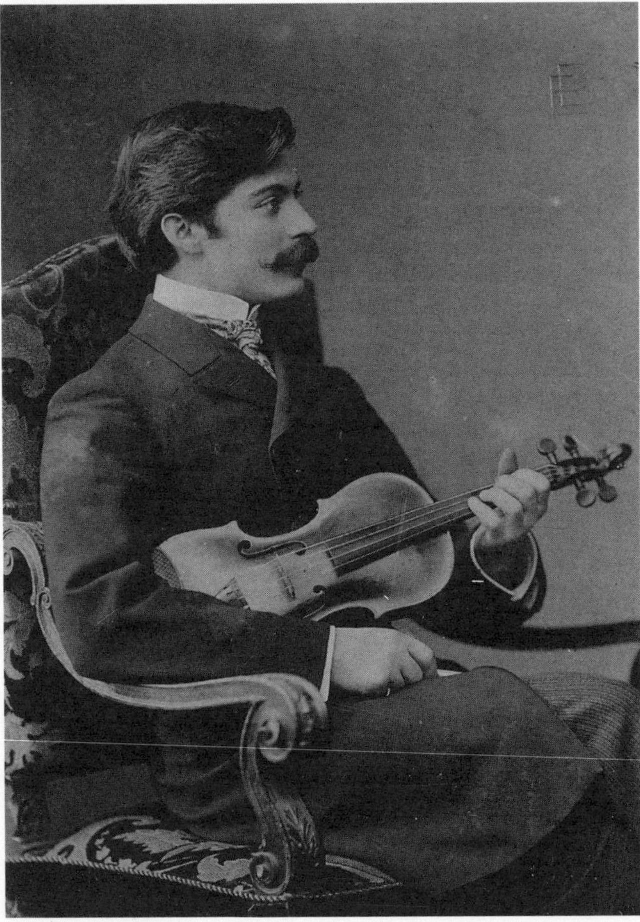

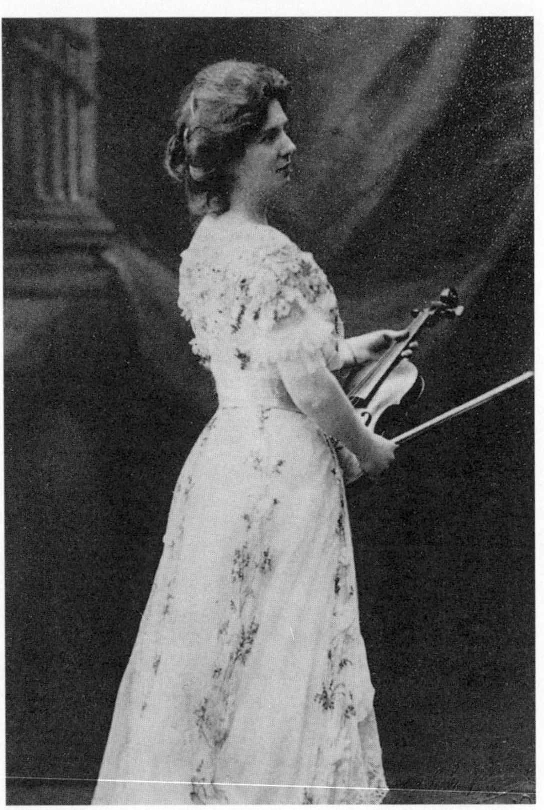

1876 Naissance de Jacques (Chlema) Malkin. Il passe son enfance à Odessa. Son père, Friedmann, s'y est installé en 1887 – venant de Biélorussie, où la famille Malkin vivait depuis le milieu du XVIIIe siècle. Friedmann Malkin travaille dans une compagnie de négoce de vins. Il donne une éducation musicale à cinq de ses neuf enfants. Jacques, violoniste, se montre particulièrement doué. Il est présenté au célèbre Anton Rubinstein, qui conseille de l'envoyer au Conservatoire de Paris.

1893 Jacques Malkin quitte Odessa pour Paris et commence ses études au Conservatoire. Il y rencontre Ingeborg Magnus, également violoniste, venue de Copenhague faire comme lui ses études musicales à Paris.

1898 Jacques Malkin obtient la nationalité française – et ajoute un « e » à la fin de son nom afin que la prononciation n'en soit pas déformée. Il épouse Ingeborg Magnus. Les deux artistes entament alors une carrière de concertistes et se produisent un peu partout en Europe. Georges Alexandre Malkine naît le 10 octobre, au 77 de la rue du Cardinal-Lemoine.

1902 Jacques et Ingeborg Malkine se rendent à Odessa pour un séjour dans la famille Malkin. Fuyant les pogroms, les Malkin quitteront la Russie en 1905 pour s'installer à Berlin.

1903 Naissance d'Ingrid, sœur de Georges.

178. Jacques, Ingeborg, Ingrid et Georges Malkine, 1915
Photographie archives Malkine

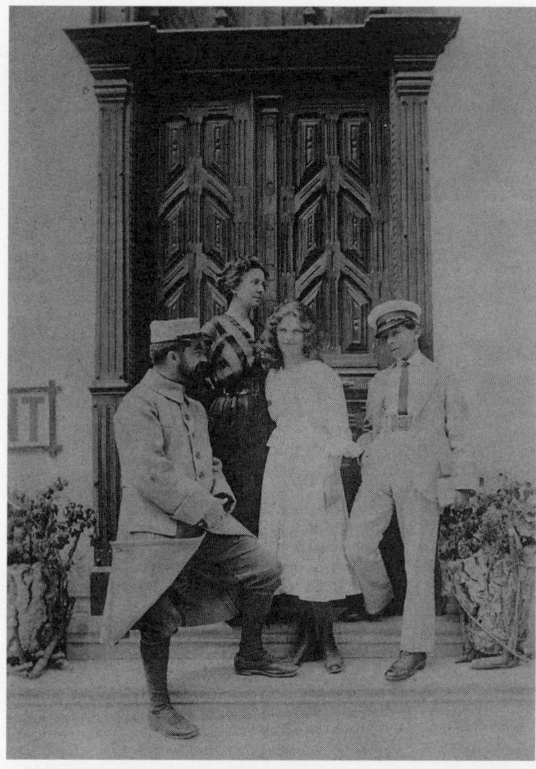

171. Portrait de Claude-André Puget, 1919
Photographie archives Malkine

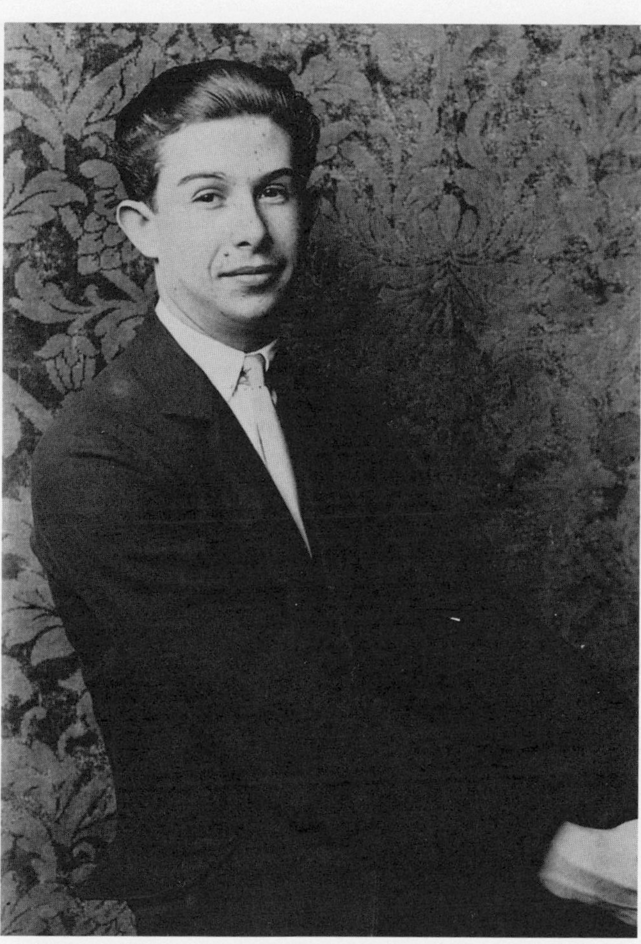

1903
1914 Jacques et Ingebord Malkine vivent et travaillent rue de la Pompe, à Paris. Georges effectue ses études au lycée Janson-de-Sailly puis au lycée Condorcet. Poussé par son père, il apprend le violon, quand sa préférence aurait plutôt été au piano. Il s'essaye au dessin, pour lequel il se prend bientôt de passion. Quand ses parents sont en tournée, il séjourne chez sa tante maternelle Gerda, pianiste, à Boulogne-sur-Mer.

1914
1918 Georges part pour la Russie. La déclaration de guerre le surprend à Berlin, où il s'est arrêté pour rencontrer sa famille. Il réussit à obtenir un visa et revient à Paris, avant de rejoindre ses parents en Normandie. La maison de la rue de la Pompe est détruite. Sa mère, atteinte de tuberculose, séjourne à Nice, où elle continue de donner des récitals – elle jouera notamment avec Fritz Kreisler et Camille Saint-Saëns.
Malkine arrête ses études et commence à travailler pour aider ses parents. Il vend des journaux, travaille en usine...
Mobilisé en 1917 et envoyé au front, il est blessé dans les Ardennes dans les premiers mois de 1918, puis transféré au Val-de-Grâce, où il rencontre Apollinaire. C'est également en 1918 qu'il rencontre Claude-André Puget.

179. Georges Malkine à Conakry, 1919
Photographie archives Malkine

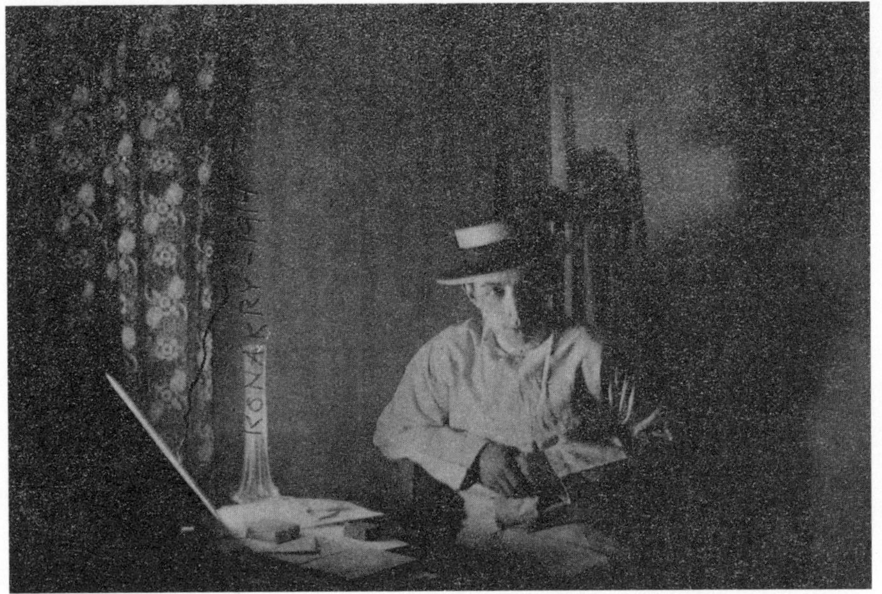

156. Georges Neveux et Robert Desnos à Nice, 1924
Photographie de Georges Malkine

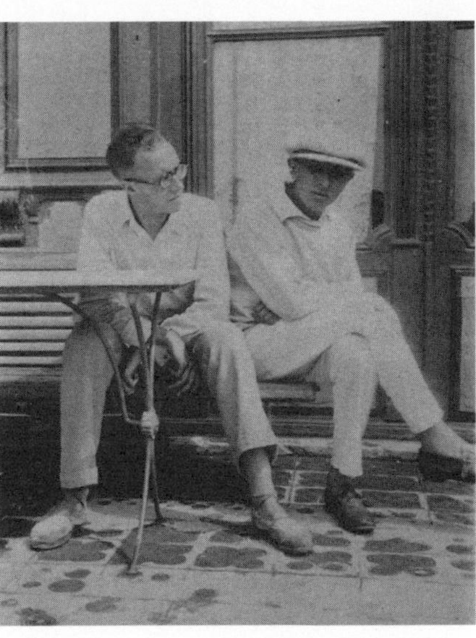

Qu'est-ce que je n'aurais pas fait sur cette planète, bon Dieu ! Mais j'aime cette existence décousue ; décousue, oui, mais fertile aussi en sensations de toutes sortes ; le dilettantisme mis en pratique, si on peut dire. Toutefois, je me rends compte, en observant les autres, qu'il faut sans doute avoir une dose sérieuse de courage vrai, une faculté continuelle de se renouveler et de s'assimiler pour vivre ainsi, que tout le monde n'a pas…

Georges Malkine
Lettre à Claude-André Puget, 5 avril 1921

1919 Décès d'Ingeborg Magnus. Georges, très proche de sa mère, en est très affecté. Son père se remarie avec sa belle-sœur Sigrid et quitte Paris pour New York, emmenant avec lui sa fille Ingrid. Malkine, qui vit maintenant par ses propres moyens, part en Afrique et, sous prétexte d'une chasse à l'éléphant, voyage plusieurs mois durant au Sénégal, en Guinée, au Dahomey et au Cameroun.
De retour à Paris, il vit de petits métiers : vendeur de cravates dans les rues, violoniste dans un orchestre, traducteur, photographe, comptable aux Brasseries de la Meuse… Cela lui permet, entre autres, d'acheter le matériel nécessaire pour peindre.

1921 Malkine décide de se consacrer à la peinture pendant une année. En mai, après avoir assisté à une représentation de *Parade* par les Ballets russes de Diaghilev, sur une musique de Satie et dans des décors de Picasso, il détruit toutes ses œuvres anciennes.

1922 Par l'intermédiaire d'un ami commun, Charles Lévy-Duhamel, il rencontre Robert Desnos. En dépit de tempéraments très opposés, l'amitié est immédiate. Desnos l'introduit auprès de Louis Aragon, André Breton, Paul Eluard. Quoique plutôt méfiant à l'égard des contraintes du groupe, des manifestes, des proclamations et autres provocations dada, Malkine est attiré par la vitalité et la radicalité de ce mouvement.

157. Portrait d'André Breton, Max Morise et André Masson dans l'atelier de Malkine, 1924. Photographie de Georges Malkine

126. Robert Desnos, dessin avec le nom de Malkine

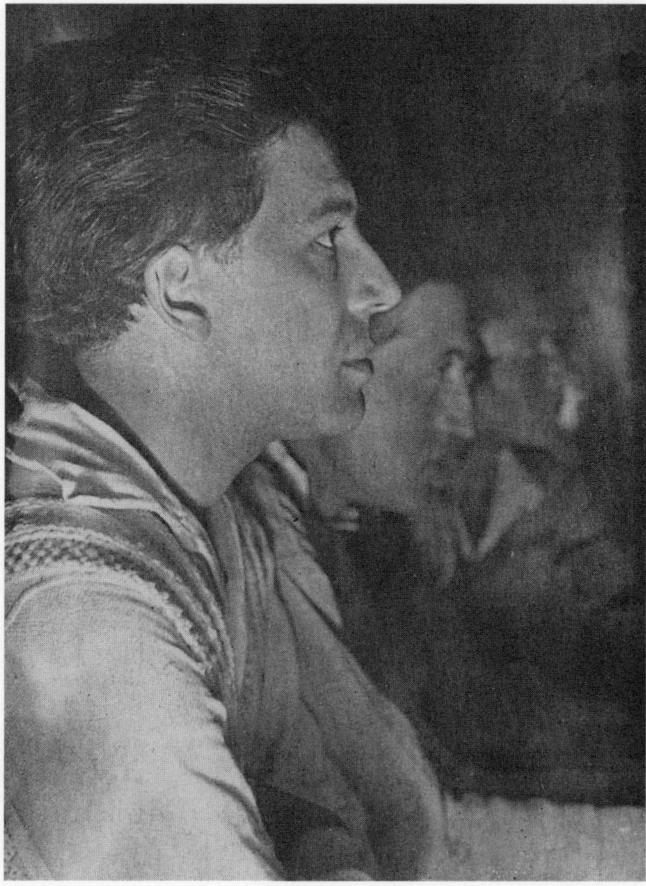

Bien sûr, j'aimerais que tu m'écrives plus souvent. Enfin.
J'ai déjà tout raconté à Thérèse. La vie que j'avais ici. 15 h. de travail par jour. Et quel travail ; distribution des poubelles, avec un camion, aux habitants. Tous ici, nous faisons de tout, pour assurer un bon départ de l'entreprise. Mais ce que ça peut m'abrutir. Pas le temps, mais alors vraiment, de faire autre chose – ni de m'occuper de mes manuscrits. [...]
La R[évolution] S[urréaliste] m'a demandé ma photo. Pourquoi est-ce ? Et qu'est-ce qu'ils font ? Toujours des meetings et des conférences ?

Georges Malkine
Lettre à Robert Desnos, sans date [automne 1924]

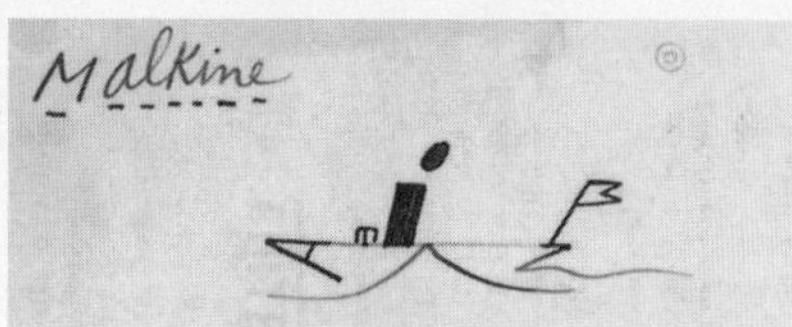

Robert, voudrais-tu me répondre à ceci assez gravement :
Malkine peut-il faire du music-hall ? (Chanteur-fantaisiste.)
Comment l'y vois-tu ?
Si non, pourquoi ?

Georges Malkine
Lettre à Robert Desnos, sans date [début 1925]

1923 Au printemps, Malkine se voit proposer un travail par un ami de Claude-André Puget, Jean-Gaston Verdier. Celui-ci a fondé, à Nice, une société, L'Urbanisme moderne, qui propose aux villes de la Côte d'Azur du matériel de nettoyage – poubelles, balayeuses, arroseuses... Malkine occupe les fonctions de secrétaire général. Il s'installe donc à Nice. Une correspondance régulière avec Robert Desnos et quelques courts séjours à Paris le maintiennent en contact avec l'activité du groupe surréaliste naissant. Une liaison l'unit, une année durant, à Janine Kahn, sœur de Simone Breton.

1924 Malkine passe à Paris durant l'été. Dans le *Manifeste du surréalisme,* il fait partie de ceux dont Breton affirme qu'ils « ont fait acte de surréalisme absolu ».
En décembre, dans le premier numéro de *La Révolution surréaliste,* paraît un texte automatique de Malkine. Breton lui demande de dessiner un logo pour *La Révolution surréaliste,* qui sera utilisé plus tard par la Galerie surréaliste.

155. Portrait de Georges Neveux, 1924
Photographie de Georges Malkine

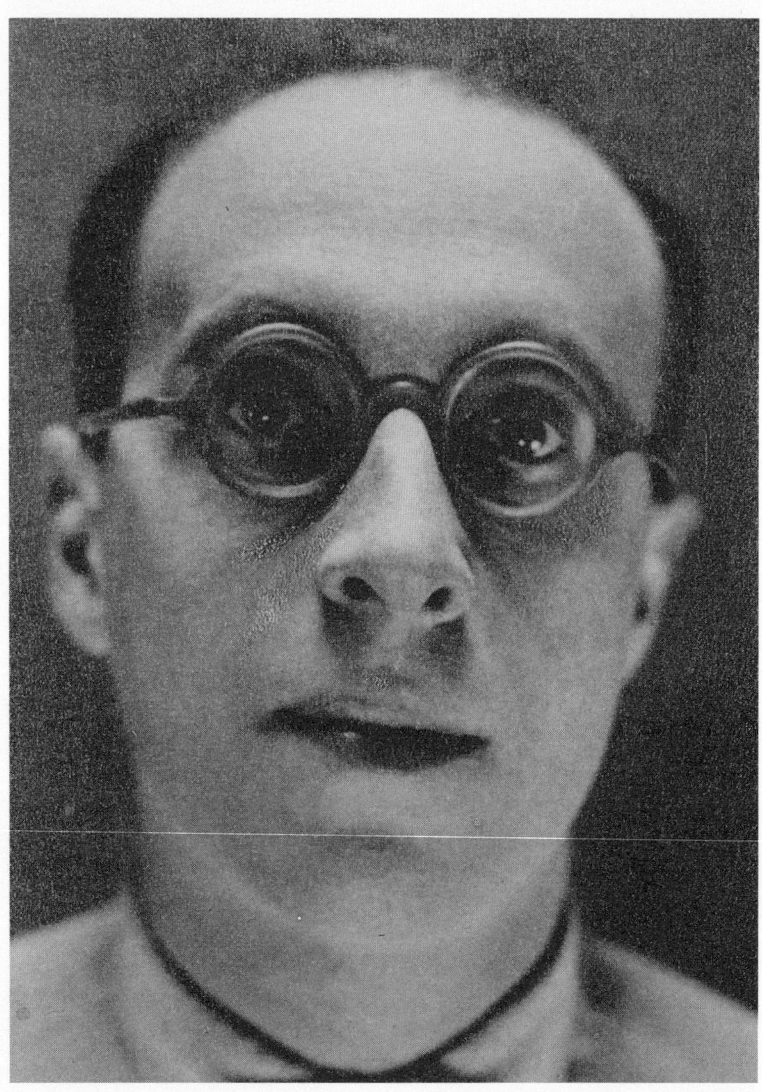

Le surréalisme m'anéantit. Dans la vie. Exemple : hier matin, le directeur de la Cie Gén. des Pétroles me demandait : « Pourrais-je revenir vous voir la semaine prochaine ? » et j'ai répondu : « La semelle et le brochet. » La lucidité l'emporte de moins en moins fréquemment sur le délire, et je sens que j'ai totalement perdu le « fil des idées ». C'est-à-dire que je l'ai découvert. Où cela ira-t-il ? Il y a longtemps que j'ai dépassé le stade des obsessions et des hallucinations. Ce n'est plus le subconscient qui est fou, mais le conscient. Tu comprends. C'est tellement grave, que j'en suis heureux. Il faut donc que je fasse très attention. Mais j'ai un atout merveilleux : JAMAIS JE N'AURAI CONFIANCE EN MOI. C'est délicieux. J'ai déjà un chapeau de paille et je me fais faire un complet-scandale.

Georges Malkine
Lettre à Robert Desnos, avril 1925

1925 Bien qu'étant éloigné de Paris, Malkine continue à signer les tracts et autres déclarations que publient les surréalistes. Son travail à L'Urbanisme moderne l'occupe sept jours sur sept et, après avoir donné un second texte – à *La Révolution surréaliste* n° 4 –, il cessera toute collaboration écrite. Il tente de continuer à peindre et y arrive sporadiquement. Il va rendre visite à Picabia, à Cannes.
Au printemps, il vient à Paris. Malkine et Desnos rencontrent Jacques Prévert, Marcel Duhamel et Yves Tanguy. Ils seront dès lors leurs visiteurs assidus rue du Château. À la suite de la lecture des *Confessions d'un mangeur d'opium* de Thomas De Quincey, Malkine décide d'expérimenter l'opium. Il en deviendra dépendant jusqu'à la fin de la Seconde Guerre mondiale.
Revenu à Nice, il accueille, durant l'été, André Breton et sa femme Simone. Il les rejoindra, avec Janine Kahn, André Masson, Max Morise et Robert Desnos, pour un court séjour dans le village de Thorenc-sur-Loup.
À l'automne, il est de nouveau isolé à Nice, en dépit de la présence amicale de Georges Neveux, qu'il a rencontré quelques années plus tôt.
En novembre, à l'initiative de Desnos, il présente des dessins au sein de la première exposition du groupe surréaliste à la Galerie Pierre.
À Noël, il quitte Nice et revient s'installer à Paris, où Desnos lui a trouvé un appartement avenue Allendy, une voie privée du XVe arrondissement.

131. Première et dernière page du catalogue de l'exposition «La peinture surréaliste», Galerie Pierre, 1925

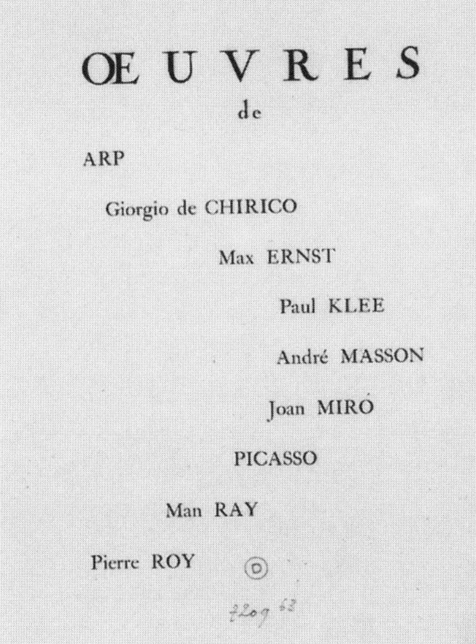

ŒUVRES
de
ARP
Giorgio de CHIRICO
Max ERNST
Paul KLEE
André MASSON
Joan MIRÓ
PICASSO
Man RAY
Pierre ROY

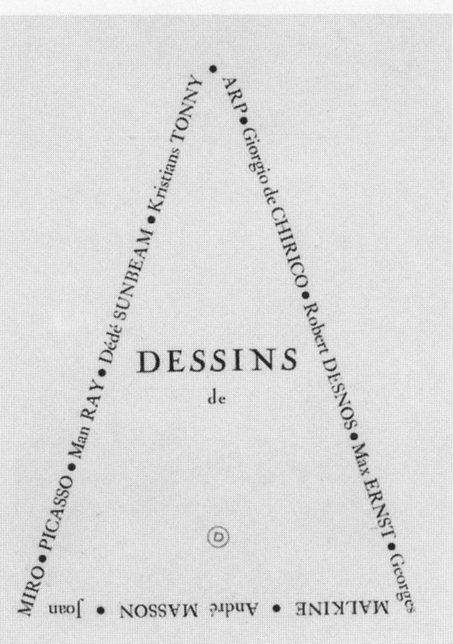

DESSINS
de
ARP • Giorgio de CHIRICO • Robert DESNOS • Max ERNST • Georges MALKINE • André MASSON • Joan MIRO • PICASSO • Man RAY • Dédé SUNBEAM • Kristians TONNY

160. Portrait de Francis Picabia à Mougins, 1925
Photographie de Georges Malkine

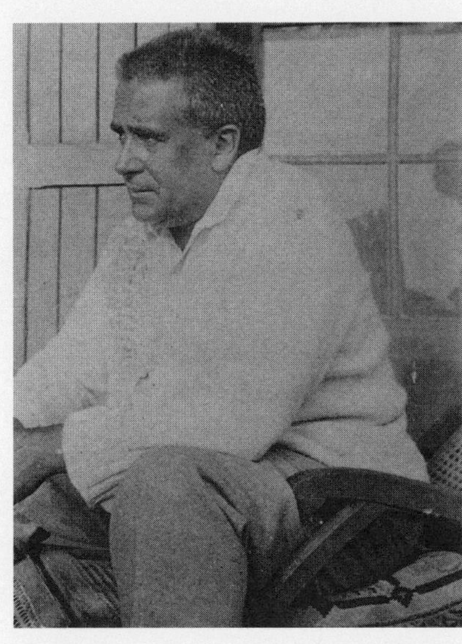

J'ai sous les yeux les photographies prises par Malkine à Nice, au retour de nos randonnées vers les montagnes – routes toutes en «épingles à cheveux» où il se plaisait à faire faire de la «haute école» à sa voiture de course. Et j'avoue que sur une de ces photos, nous avons l'air de revenir de loin! Il y avait chez Malkine un besoin sportif de frôler le danger, et cela aussi fait partie de l'invention.

André Masson, dans «Hommage à Malkine», 1966

1926 Il rencontre, au printemps, Caridad de Laberdesque, actrice, danseuse et modèle à l'occasion, personnalité du Montparnasse de l'après-guerre – elle apparaîtra notamment dans *L'Âge d'or* de Buñuel et Dali. Elle sera l'un des grands amours de sa vie. À ses côtés, il se remet à la peinture. Selon ses notes il réalisera, en cette année 1926, plus de seize tableaux par mois.
La Galerie surréaliste, rue Jacques-Callot, ouvre en juin. Malkine y place plusieurs œuvres en dépôt. À la fin de l'année, Desnos publie dans *Paris-Soir* un article sur la peinture de Malkine et celui-ci écrit sur son travail un texte intitulé «La peinture d'exploration». Plusieurs œuvres de Malkine sont reproduites dans *La Révolution surréaliste*. À la fin de 1926 ou au début de 1927, Malkine et Desnos emménagent au 45 rue Blomet dans l'ancien atelier d'André Masson, tandis qu'André de La Rivière, camarade de régiment de Desnos, s'installe dans l'atelier voisin, qu'occupait auparavant Joan Miró.

163. Portrait de Caridad de Laberdesque, 1926
Photographie de Georges Malkine

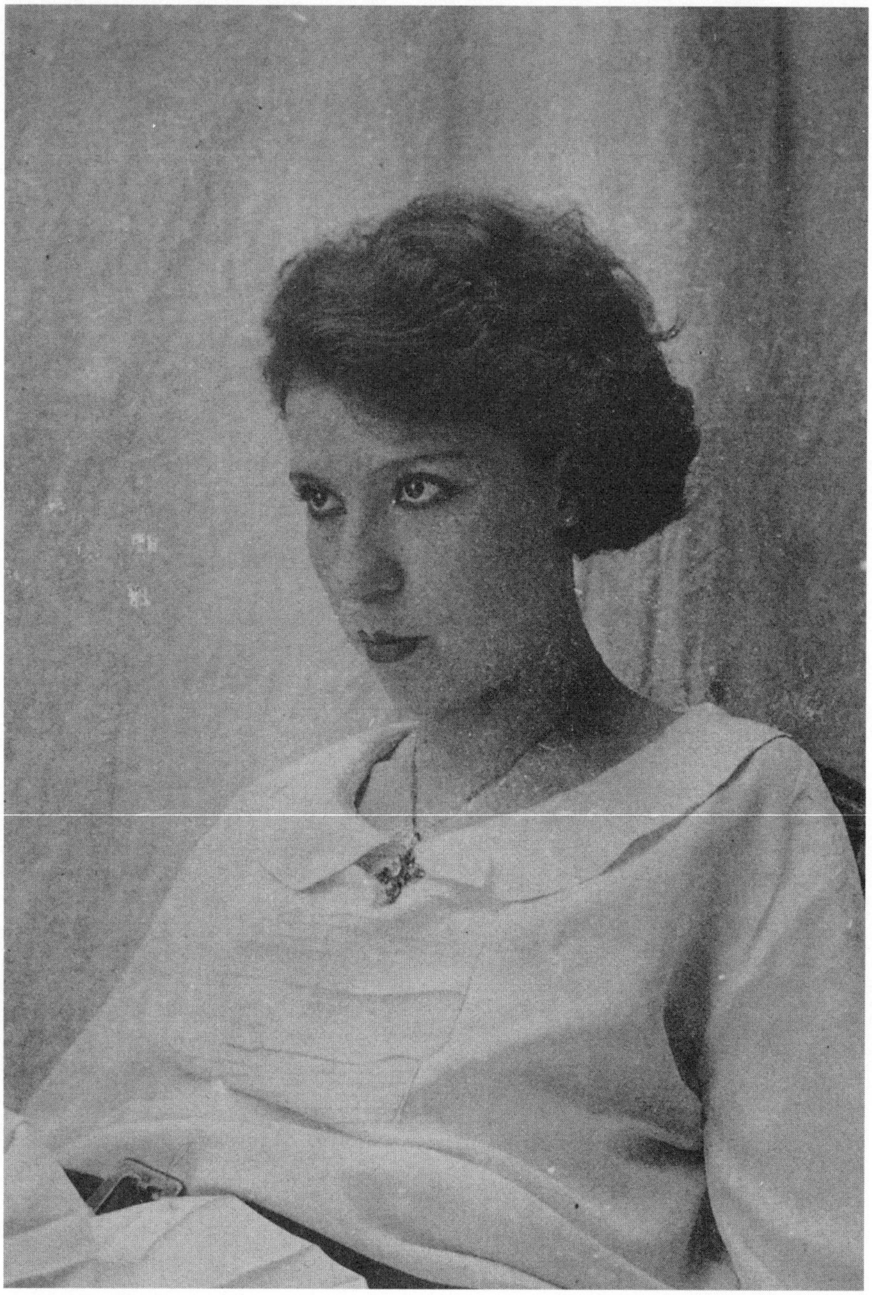

108. Carte postale de Georges Malkine à Tristan Tzara,
6 avril 1926

Aimant follement, passionnément, depuis le 7 avril 1926, depuis bien plus longtemps, la femme rousse.

**Georges Malkine,
sur la première page d'un carnet**

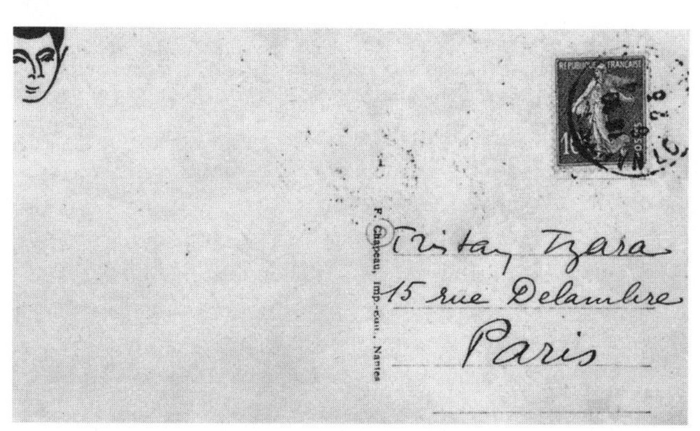

132. *Catalogue de l'exposition Malkine, Galerie surréaliste, 1927*

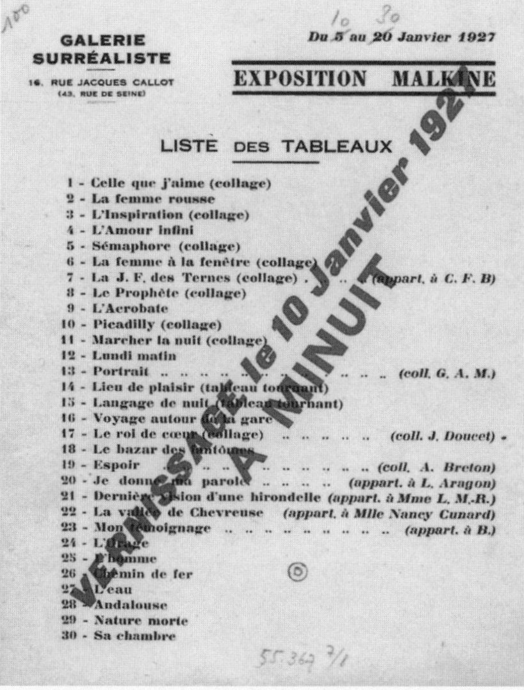

GALERIE SURRÉALISTE
16, RUE JACQUES CALLOT
(43, RUE DE SEINE)

Du 5 au 20 Janvier 1927

10 30

EXPOSITION MALKINE

VERNISSAGE le 10 Janvier 1927
A MINUIT

LISTE DES TABLEAUX

1 - Celle que j'aime (collage)
2 - La femme rousse
3 - L'Inspiration (collage)
4 - L'Amour infini
5 - Sémaphore (collage)
6 - La femme à la fenêtre (collage)
7 - La J. F. des Ternes (collage) . .. . (appart. à C. F. B)
8 - Le Prophète (collage)
9 - L'Acrobate
10 - Picadilly (collage)
11 - Marcher la nuit (collage)
12 - Lundi matin
13 - Portrait .. .. (coll. G. A. M.)
14 - Lieu de plaisir (tableau tournant)
15 - Langage de nuit (tableau tournant)
16 - Voyage autour de la gare
17 - Le roi de cœur (collage) .. .. (coll. J. Doucet)
18 - Le bazar des fantômes
19 - Espoir .. .. (coll. A. Breton)
20 - Je donne ma parole .. .. (appart. à L. Aragon)
21 - Dernière vision d'une hirondelle (appart. à Mme L. M.-R.)
22 - La vallée de Chevreuse (appart. à Mlle Nancy Cunard)
23 - Mon témoignage .. .. (appart. à B.)
24 - L'Orage
25 - L'homme
26 - Chemin de fer
27 - L'eau
28 - Andalouse
29 - Nature morte
30 - Sa chambre

55.367 7/1

123. *Georges Malkine, illustration pour « The Night of Loveless Nights » de Robert Desnos, 1930*

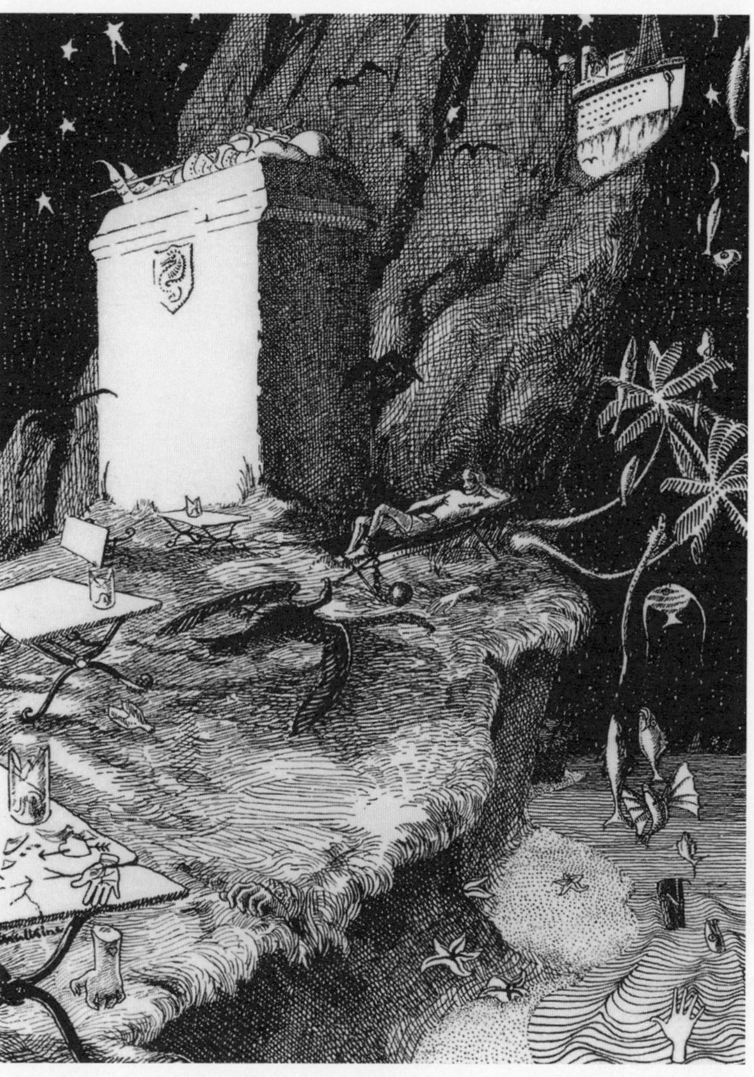

1927 Le 10 janvier, à minuit, s'ouvre à la Galerie surréaliste la première exposition personnelle de Malkine. Trente œuvres y sont présentées, dont certaines appartiennent déjà à André Breton, Louis Aragon, Charles-François Baron, Jacques Doucet et Nancy Cunard. L'exposition rencontre un vif succès. Parmi les acquéreurs figurent Nathalie Barney, Emmanuel Berl, Lise Deharme, J.M. Keynes (futur ministre des Finances de Grande-Bretagne), Raymond Roussel, Émile Savitry, la vicomtesse de Noailles... Toujours aussi proche de Desnos, il commence à travailler aux illustrations du long poème que celui-ci vient d'écrire en hommage à Yvonne Georges, « The Night of Loveless Nights ».

1928 Malkine participe à deux expositions de groupe à la Galerie surréaliste et à la galerie Le Sacre du printemps. Le groupe surréaliste est traversé de vives dissensions.

1929 Desnos s'éloigne du groupe, en compagnie de Queneau, Prévert, Masson... L'atmosphère se tend et Malkine choisit de prendre quelque distance. Après avoir vu un film sur Tahiti, *White Shadow,* il décide d'y partir avec Émile Savitry et une jeune Américaine que celui-ci vient de rencontrer, Yvette Ledoux. Le voyage se passe mal. Savitry devient hargneux, jaloux des attentions que manifeste la jeune femme envers Malkine. Lorsqu'ils débarquent, le 12 mai, Savitry part de son côté. À Papeete, Malkine se fait voler

165. Portrait d'Yvette Malkine, c. 1930
Photographie de Georges Malkine

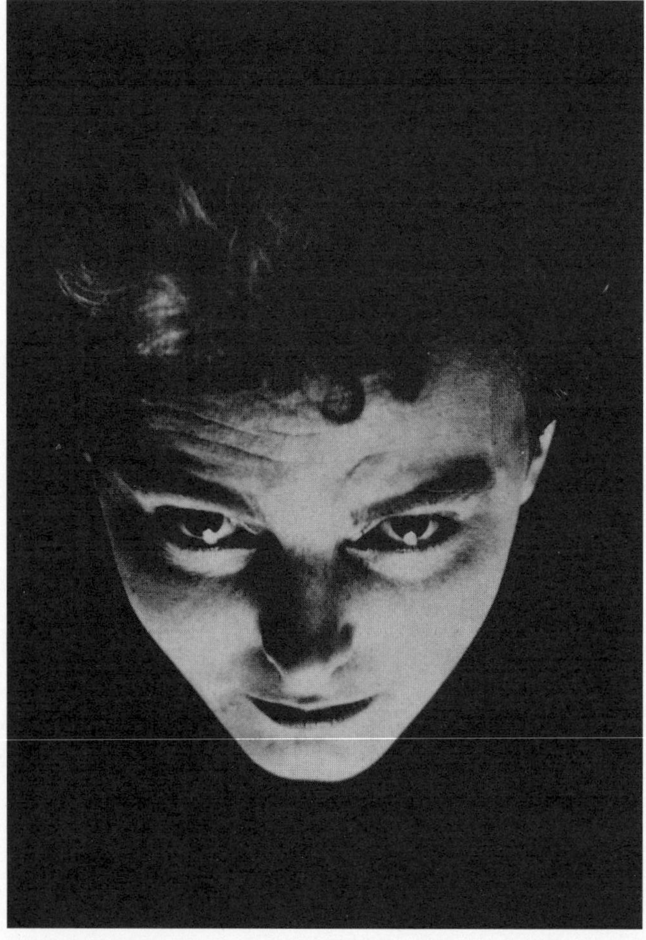

149. «Variétés», juin 1929, portrait de Georges Malkine
par Man Ray

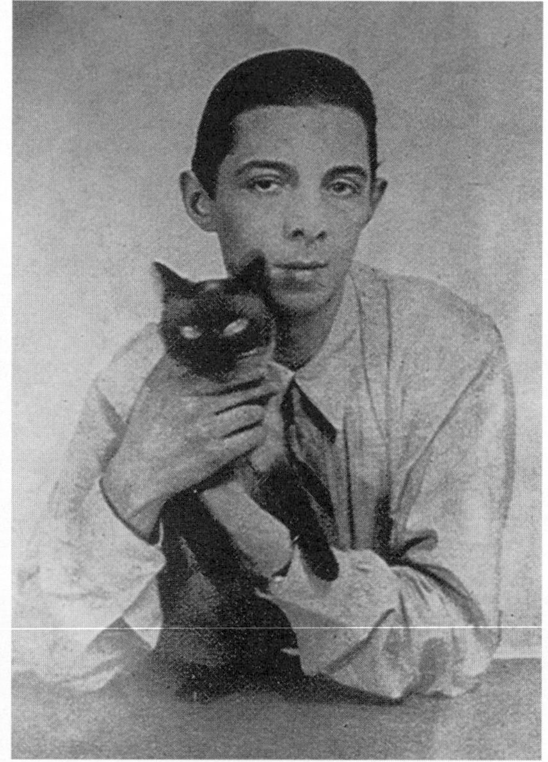

ses papiers et son argent, puis est agressé dans le quartier chinois. Il reste toutefois à Tahiti jusqu'en décembre. Il y apprend à jouer des percussions. En décembre, en échange de son portrait, le directeur de la banque de Papeete avance l'argent du billet de retour d'Yvette Ledoux. Malkine paie le sien en faisant la plonge sur le bateau qui les ramène en France.

1930 À Paris, Malkine retrouve Desnos. Mais leurs relations se dégradent, notamment en raison d'une incompatibilité d'humeur entre Desnos et Yvette Ledoux.
Breton a publié le «Second manifeste». En réponse, les opposants à Breton rédigent un «Cadavre». Partagé entre diverses fidélités, Malkine accepte finalement de suivre Breton et signe le tract «Prière d'insérer».
En février, Georges Malkine épouse Yvette Ledoux. Ils s'installent rue Vavin. Malkine continue de fréquenter ses vieux amis Claude-André Puget, Antonin Artaud et Georges Neveux.
The Night of Loveless Nights, de Robert Desnos, paraît à Anvers avec les illustrations de Malkine. Le livre est dédié à leur ami commun, Charles-François Baron.
La situation matérielle du couple Malkine est difficile. Malkine vend deux toiles au poète E.E. Cummings qu'il vient de rencontrer et crée des cadres pour les œuvres d'un autre artiste américain, Marion Rites.

Lettre de Georges Malkine à Robert Desnos, 15 mai 1929

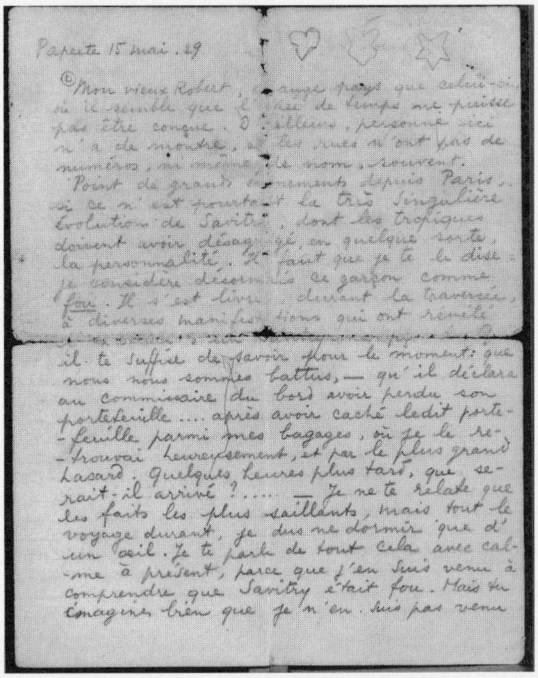

Mon vieux Robert. Étrange pays que celui-ci, où il semble que l'idée du temps ne puisse pas être conçue. D'ailleurs personne ici n'a de montre, et les rues n'ont pas de numéros, ni même de nom, souvent.
Tahiti ne semble pas vouloir de moi. En une semaine de temps, j'y ai été soulagé de mon portefeuille qui contenait tous mes papiers et toute ma fortune, et j'ai attrapé une contravention pour absence de lumière à une bicyclette que j'avais empruntée pour faire une course ! Il fallait que je fasse 18 000 kilomètres pour dégoter une contravention !
Heureusement j'avais loué une petite maison pour un mois avant le vol de mon portefeuille. Je suis donc tranquille au point de vue logement jusqu'au 10 juin. Pour la nourriture, il y a les fruits sur la route.
Ça a trop bien commencé pour en rester là. Et à part ça, je n'ai pas du tout envie de travailler (j'entends prendre un emploi) pour gagner mon billet de retour. Ne pourrais-tu pas me trouver un canard qui me paierait un reportage sensationnel sur Tahiti ? Non, hein ? Ou bien un marchand de tableaux qui, maintenant que je ne suis plus là… m'achèterait des tableaux tahitiens ? […]
Vu la nuit dernière, à quelques kilomètres de Papeete, des Tahitiens qui répétaient au clair de lune les danses auxquelles assistera l'équipage du cuirassé Tourville dans un mois.
Rien que de la percussion – 20 sortes de tambours et de bidons à pétrole. Quoique rigoureusement réglées, ces danses sont d'une sauvagerie et d'une obscénité grandes. La répétition avait lieu dans le parc de l'école d'Arue et était dirigée par Hinau (Hinaou), le Prince Hinau, dernier des Pomaré et gardien du tombeau de ses ancêtres, curieux édifice surmonté d'une énorme bouteille de Bénédictine en marbre (liqueur favorite du dernier roi).
Hinau, haut de 2,20 m, pèse 165 kg. Hydropique, ou plutôt obèse, il peut à peine marcher malgré qu'il jouisse d'une santé florissante. C'est sur la plate-forme d'une camionnette Ford qu'il vint du tombeau, situé à 150 mètres de l'école.
La camionnette stoppa devant un immense fauteuil de rotin, dans lequel Hinau s'endormit rapidement, tandis que le tam-tam commençait de faire trembler la terre et l'air.
Je n'ai pas la moindre idée de la manière dont je pourrais revenir en France. Pas moyen de trouver du travail sur les bateaux, Papeete n'était qu'une escale sur la ligne Marseille-Nlle-Calédonie-Australie. Quant à Papeete même, on n'y trouve pas de travail comme ça. Et les Chinois ne sont pas là pour rien, qui se contentent de salaires minimes. […]
Il est fort probable, pour toutes espèces de raisons, que je quitterai Papeete et peut-être Tahiti. Je prie cependant que les lettres soient toujours adressées Poste Restante à Papeete, où que je sois entre les Gambier et les Marquises.
Je compte que tu passeras cette lettre à André [Breton].
C'est la première fois que j'écris, et combien péniblement.

Georges Malkine
Lettre à Robert Desnos, 15 mai 1929

124. Georges Malkine, illustration pour « Chansons nouvelles » de Fernand Marc, 1933

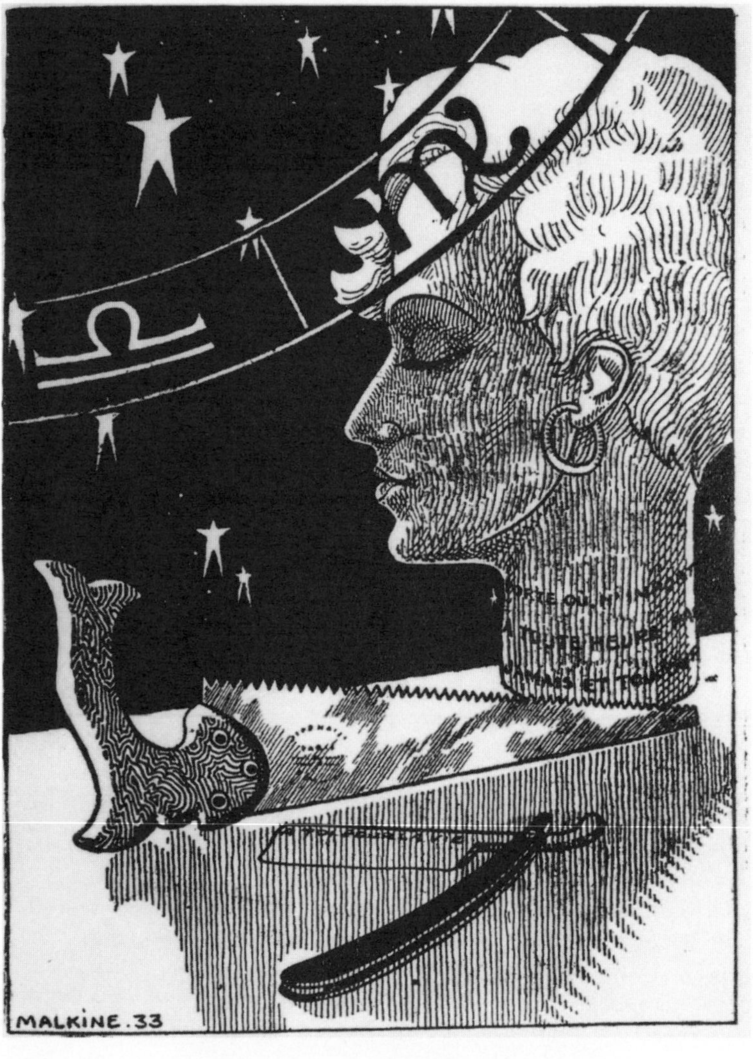

Mon coco. Navré des nouvelles que tu m'envoies. Plus navré encore d'apprendre que tu as été malade que de savoir toujours difficile la marche de tes affaires. Je t'avais laissé en si bonne forme... J'espère que tu vas mieux maintenant. Puisque tu sais te faire toi-même des piqûres, tu devrais d'injecter quelque drogue remontante. Écris-moi, je t'en prie. Souvent. Et dis-moi comment tu vas. Pour le boulot, Marc Allégret qui est ici depuis un mois avec Lustig m'a promis-juré qu'il te ferait faire quelques cachets dans « Le Corsaire ».

Claude-André Puget
Lettre à Georges Malkine, sans date [printemps 1939 ?]

1931 Yvette Malkine gagne sa vie en établissant des thèmes astrologiques. À son contact, Malkine se familiarise avec l'astrologie. En novembre, une crise éclate entre Yvette et Robert Desnos, provoquant, *de facto*, un irréversible éloignement entre les deux hommes, même s'ils restent en contact, de façon épisodique, jusqu'à la guerre. Malkine écrit de courtes nouvelles pour un journal parisien.

1932 En janvier, par amitié pour Aragon autant que par conviction, il signe le tract « L'affaire Aragon », dénonçant l'inculpation de l'écrivain après la parution de son poème « Front rouge ». Ce sera sa dernière apparition au sein du groupe surréaliste. Il rencontre Patrick Waldberg.

À l'automne, exposition de cadres de Georges Malkine réalisés pour les œuvres de Marion Rites.

1933 La galerie Clausen lui consacre une exposition.

1937 Il cesse, ensuite, de peindre jusqu'en 1944. Grâce à l'intervention de Claude-André Puget et de Roland Tual, il débute une carrière au cinéma en tenant des seconds rôles *(voir filmographie p. 157)*.

167. Portrait de Yozo Hamaguchi et Yvette Malkine en Haïti, 1937. Photographie de Georges Malkine

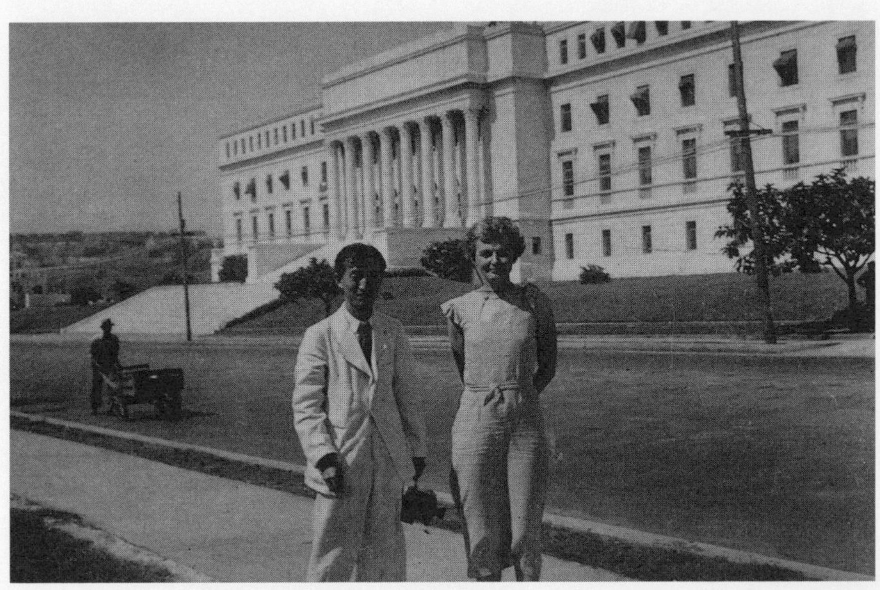

133. Clôture de l'exposition des peintures de Marion Rites et des cadres de Georges Malkine, Galerie de la Renaissance, 1932

Cette invitation est rigoureusement personnelle
(Deux entrées)

Départ des peintures de Marion Rites
et des cadres du peintre Georges Malkine

Faites-nous le plaisir de vous joindre à nous à l'occasion de ce départ, le 8 Novembre prochain, de 17 à 19 heures, à la Galerie de la Renaissance, 11, rue Royale.

Marion Rites Georges Malkine

Punch froid Martiniquais

1937 Malkine rencontre Yozo Hamaguchi, artiste japonais. Georges et Yvette Malkine partent avec lui en Haïti et en République dominicaine. En Haïti, Malkine retrouve sa passion pour les percussions. Toutefois les problèmes ne tardent pas à surgir – Yvette est héroïnomane et alcoolique – et ils envisagent de poursuivre leur voyage vers New York, où vit Jacques Malkine, le père de Georges. Yvette Malkine et Yozo Hamaguchi y partent. Ne réussissant pas à obtenir un visa, Malkine revient en France.

166. Portrait de E. E. Cummings, 1931
Photographie de Georges Malkine

190. Georges Malkine et Pierre Blanchar
dans «Le Diable en bouteille», 1935

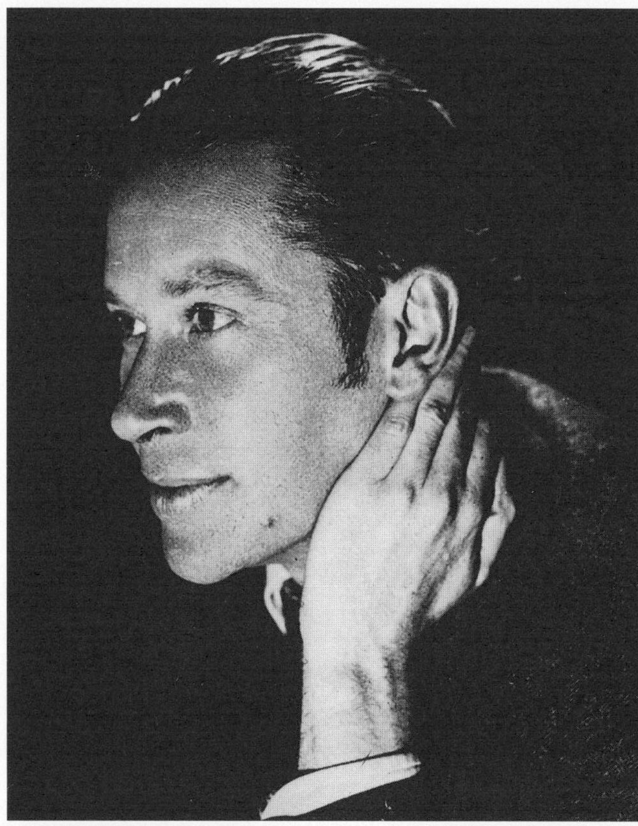

Je suis inquiet pour toi. [...] Ce qui me trouble le plus est de te savoir malade. Et j'enrage de penser que tu es atteint dans ton intégrité physique, parce que c'est à peu près la seule chose, bien sûr, où je ne peux pas t'aider. Écoute, je t'en prie, écris-moi. L'important, l'essentiel, c'est de te soigner, de te refaire une santé pareille à celle que tu avais quand tu es revenu de Mégève. Vois Fraenkel qui est, je crois, un bon médecin. Et s'il te faut un peu d'argent, je t'en enverrai. Il faut que tu aies la volonté d'être guéri pour le film de Marc [Allégret] qu'on tourne en août.

Claude-André Puget
Lettre à Georges Malkine, 1er juillet 1939

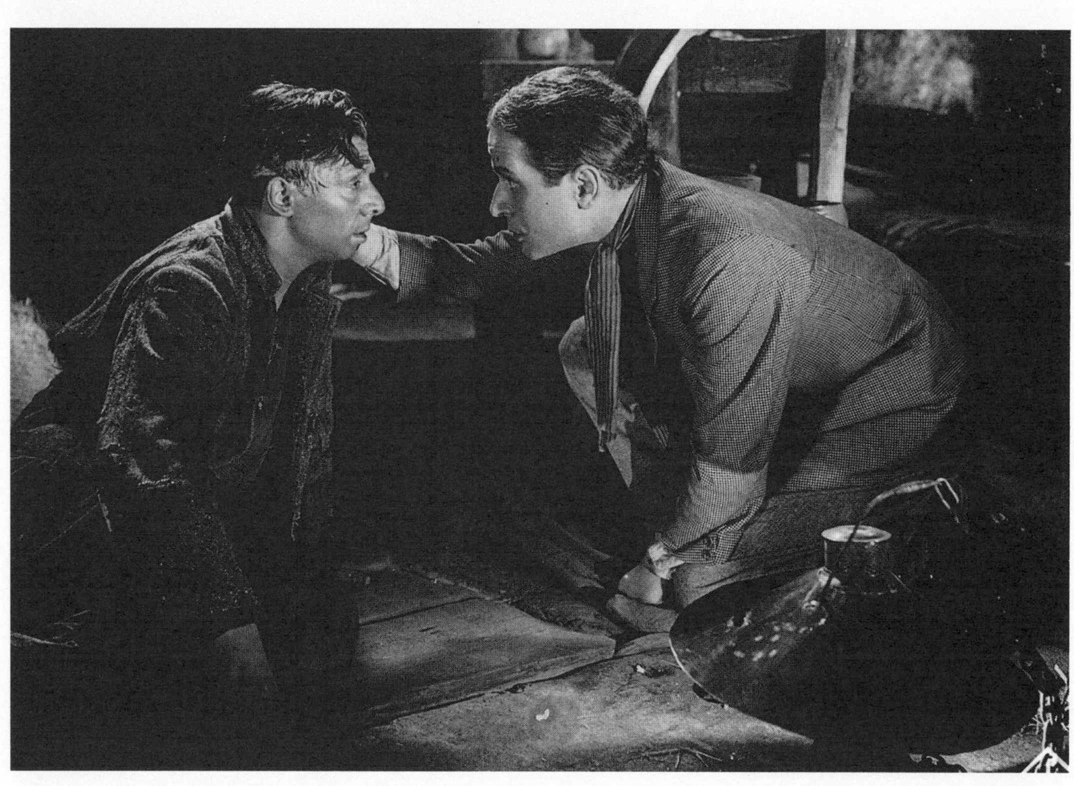

187. Georges Malkine dans «Mauvaise Graine», 1934

188. Charles Vanel et Georges Malkine dans «La Loi du Nord», 1938

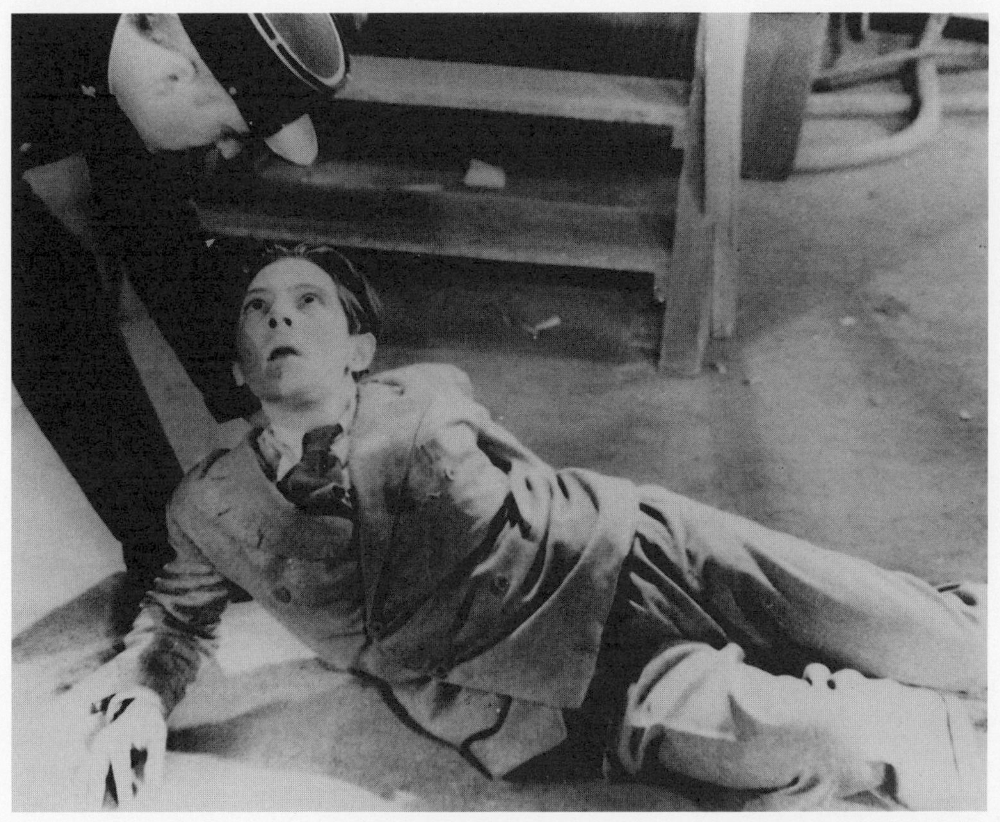

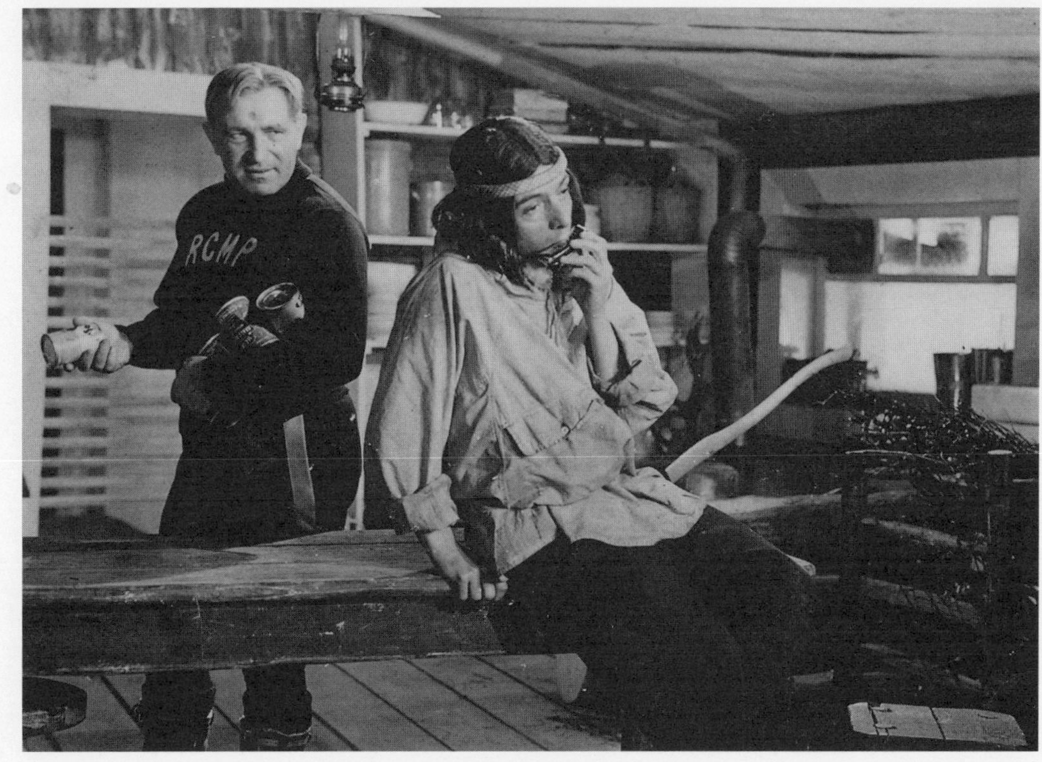

170. Portrait de Georges Malkine, c. 1939
Photographie de Wolfgang Schülze, dit Wols

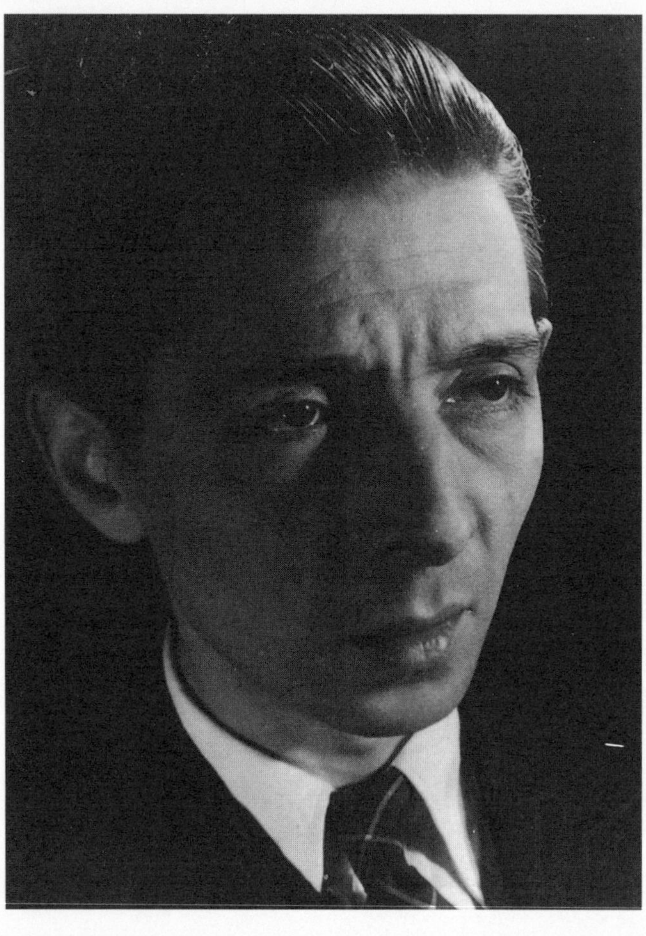

J'ai tour à tour fourni le travail physique le plus exténuant qui se puisse imaginer – chargement de charbon dans les ports, entre autres –, et vécu des éternités de paresse absolument totale, idéale. Eh bien ! Jamais je n'ai été content. On ne peut pas, à la fois, comprendre et être content. Mais lorsqu'on a presque tout compris – c'est-à-dire compris qu'il n'y a rien à comprendre – d'autres choses, d'autres « états d'âme » surviennent. Lorsqu'on en est arrivé à être dégoûté jusqu'au tréfonds de soi-même, à être fatigué à en mourir de la vie et des humains, à se mépriser soi-même autant qu'on méprise les autres, à se demander ce qui peut bien nous séparer encore du suicide – lorsqu'on en est à trouver que même le suicide est une sorte de cabotinage et une concession de plus, lorsque enfin on se sent définitivement nu et sans même la force de pleurer, sans même la force qu'il faut pour souffrir, sans même la force qu'il faut pour regretter de ne plus pouvoir souffrir – lorsque le mépris s'est transformé en simple dédain, et le dédain, à son tour, en indifférence, alors il arrive – il peut arriver – qu'on s'aperçoive qu'il nous reste quelque chose : une femme, un ami, une maîtresse, un nuage. Quatre choses, dont une seule suffirait à nous permettre d'attendre le « not to be ». Et alors on se félicite d'avoir vomi tout le reste, puisque cela vous permet d'apprécier tellement davantage ce qu'on peut encore aimer.

Georges Malkine, octobre 1947

1938
1939 Au contact d'Yvette, revenue à Paris, Georges est de plus en plus dépendant de l'opium.
Il renoue néanmoins, grâce à Claude-André Puget, avec son activité de comédien.
Le 3 septembre 1939, Malkine est mobilisé dans le génie civil. Il sera réformé cinq semaines plus tard. Yvette part rejoindre sa famille à New York.

1940
1944 Malkine cherche du travail un peu partout : docker sur le port de Marseille, ouvrier dans une usine de biscuits... Puis il revient à Paris, où il travaille à la radio. Durant l'été 1941, il voyage avec ses cousins forains. On le retrouve en automne sur un stand de balançoires à la foire du Trône.
Ayant rejoint un réseau de résistance, il est capturé par la Gestapo le 1er décembre 1943. Durant les « interrogatoires », Georges Malkine ne cesse de réclamer qu'on lui rende le parapluie qu'il avait lors de son arrestation. Les Allemands, qui n'arrivent pas à le faire parler, finissent par le relâcher. Il découvre alors que son appartement a été entièrement dévasté et que toutes ses œuvres ont disparu. Il se réfugie alors chez des cousins. Toujours intoxiqué, il est d'une santé de plus en plus fragile.

1945 La poste fonctionnant de nouveau, il écrit à Yvette, à New York. Elle est soignée pour une tuberculose à l'hôpital des Vétérans, à Castle Point. Il est bouleversé par la mort de Desnos, qui survient en juin.

180. Portrait de Georges Malkine, 1946
Photographie archives Malkine

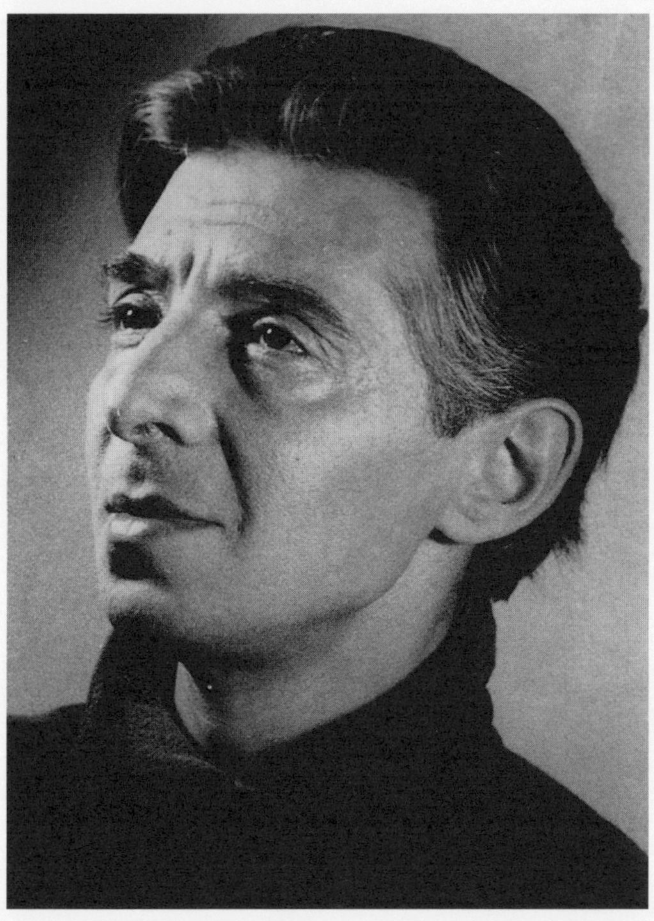

181. Portrait de Sonia Malkine, 1947
Photographie archives Malkine

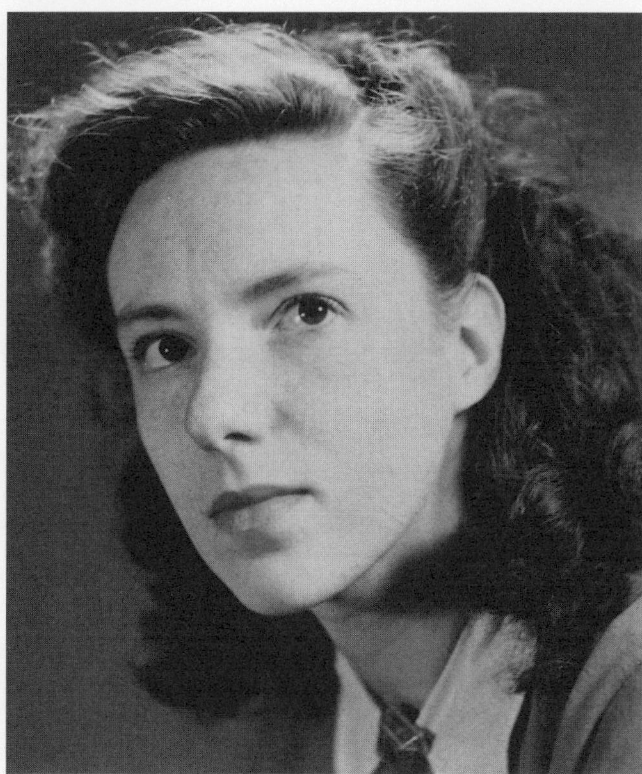

Durant l'été, il effectue une cure de désintoxication. En novembre, l'une de ses lettres à Yvette lui revient avec la mention « Décédée ».

1946 Malkine trouve un emploi auprès d'un cousin, dessinateur de couvertures de livres. Puis il est engagé comme correcteur et fait ainsi la connaissance de May Picqueray, correctrice, militante anarchiste, puis de sa fille, Sonia Niel, avec laquelle il se lie.
En novembre, il joue dans la reprise de *Victor ou les Enfants au pouvoir,* de Roger Vitrac, au théâtre de la Gaîté-Montparnasse, en compagnie notamment de Juliette Gréco et de Michel de Ré.
Il revoit certains de ses anciens amis – Puget, Neveux, et Artaud une fois celui-ci revenu à Paris.

1947 Monelle, fille de Georges Malkine et de Sonia Niel, naît le 11 février.
Malkine retrouve par hasard à Paris un ancien ami comédien, Peter Takal. Ce dernier, qui s'était réfugié à New York dès 1939, lui suggère alors de l'y rejoindre. Les deux hommes débutent une correspondance assidue.
Sonia engage Malkine à se remettre à peindre.
Il le fait, sans être très satisfait du résultat, et commence à écrire un roman. Sa nouvelle vie – il est désormais père de famille – ne cesse de le surprendre...

182. Georges et Sonia Malkine, 1947
Photographie archives Malkine

Il va falloir que je réfléchisse à qui pourrait me fournir un affidavit. Pour le moment je ne vois guère que mon père. Il m'en avait déjà envoyé un à Haïti en 1937, dont je ne me suis pas servi. Je pense qu'il m'en donnerait un autre si je lui prouvais que je n'arriverai pas à New York en qualité de stowaway ou de hobo… Mon père n'est pas un mauvais homme. Il fait simplement partie, au point de vue zoologique, d'une espèce différente de la mienne. Imagine ce que peuvent être les rapports entre un vieux poisson des grandes profondeurs et un drôle d'oiseau.

Georges Malkine, novembre 1947

À Georges Malkine – Il n'y a que la mort que la vie n'ait pas pu recouvrir et j'ai toujours pensé que si j'y suis, Malkine aussi en faisait partie depuis beaucoup plus longtemps que cette vie.
Antonin Artaud

Dédicace d'Artaud sur l'exemplaire des « Lettres de Rodez » offert à Malkine, le 7 octobre 1946

Il me semble que nous finirons par arriver en Amérique. Pour ce qui concerne notre part dans tout cela, je dois dire que ce sera surtout grâce à Sonia que nous aurons atteint notre but. C'est vraiment elle qui a transformé mes démarches intellectuelles en activités techniques. Si je ne réalise cela qu'à présent, c'est parce qu'elle a eu le talent d'opérer par la bande. Elle a cette opinion bizarre, mais peut-être assez justifiée, que « je marche bien quand on me pousse par derrière ».

Georges Malkine, décembre 1948

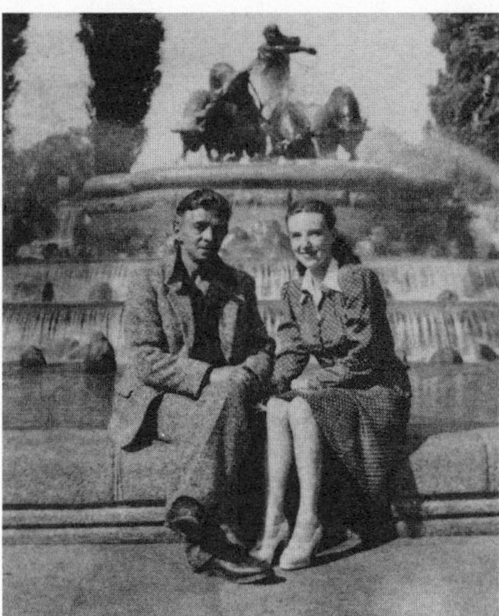

1948 La mort d'Antonin Artaud, le 4 mars, l'affecte profondément.
Sonia Niel et Georges Malkine se marient le 18 mars. Le 7 novembre naît Gilles Malkine, et le 29 décembre la famille s'envole pour New York.

94. Georges Malkine, «Couple» 93. Georges Malkine, «Jesus Saves»

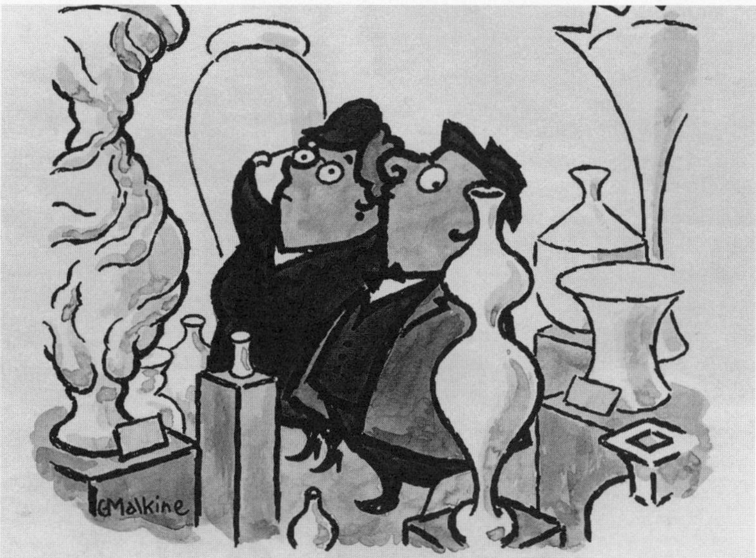

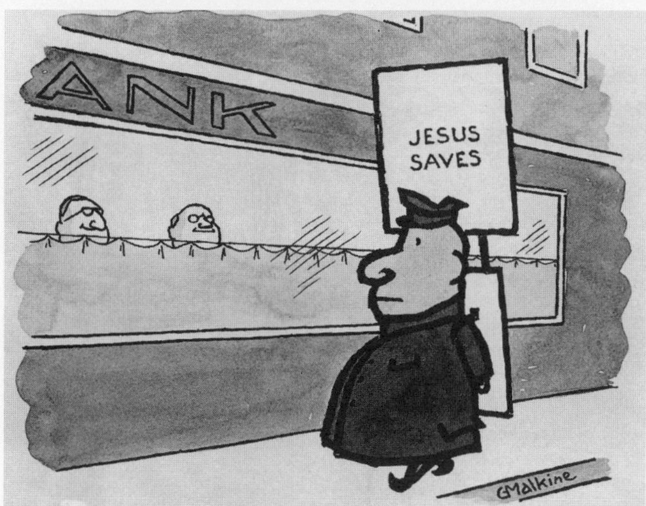

Donati m'a téléphoné hier soir pour me dire qu'il serait absolument enchanté de te voir et de te pistonner. [...] Dimanche nous avons eu la visite surprise de Horst, le photographe de «Vogue». [...] Nous l'avons immédiatement entrepris à ton sujet. [...] Pardonne-moi de jouer le père protecteur, mais si tu dois voir des «gens», autant que ce soit des gens que tu connaisses un peu. Reçu et lu «Le Violon» – Extrêmement marrant et cocasse (je tiens au mot cocasse, auquel je donne un sens très flatteur). Je vais le relire et t'en parler plus longuement.

Yves Tanguy
Lettre à Georges Malkine, novembre 1949

1949 Georges Malkine et sa famille séjournent chez Peter Takal. Ils n'y resteront que quelques semaines avant de s'installer à Brooklyn. Georges Malkine y rencontre son père, qu'il n'a pas vu depuis trente ans.
Malkine travaille, peint des visages de poupées, tente de fabriquer des bijoux en écorce de noix de coco, trouve finalement un emploi de dessinateur et concepteur de broderies pour nappes et serviettes de table dans une firme appelée Imperial Linen.
Il se remet à peindre. Il retrouve E.E. Cummings, Yves Tanguy. Il achève également son roman, *À bord du Violon de mer,* qu'il cherche en vain à faire publier – il ne le sera finalement qu'en 1977.

1950 Fern Malkine naît le 11 avril. Malkine renoue une correspondance avec Yozo Hamaguchi, correspondance qui constitue, excepté des lettres à la mère de Sonia, May Picqueray, pratiquement les seuls échanges réguliers qu'entretient Malkine. Il s'est en effet volontairement coupé de tous ses anciens compagnons parisiens, et rares sont ceux qui, au long de ces années américaines, auront de ses nouvelles. Aux États-Unis, il mène une existence très solitaire.

1951 Shayan Malkine naît le 9 décembre.

1953 Les Malkine achètent une maison à Shady, un village près de Woodstock, où ils viendront passer les étés. C'est là que Malkine recommence

Que la séparation des êtres ou l'éloignement et un long silence permettent cependant des instants de la qualité de ceux [...] que je ressens à te lire aujourd'hui, voilà le miracle de l'amitié.
Je te remercie d'avoir pensé à me dire ta détresse morale. Ta fatigue, ta nostalgie de cette France et principalement de Paris, tellement ensorcelant.
Nous y avons pourtant vécu des heures difficiles, mais nous avions trente ans de moins et ce même goût de l'exceptionnel qui incite les jeunes à trancher avec le passé. [...]
Peut-être sommes-nous incapables, moi de porter sérieusement la barbe blanche et le ventre de négociant que des efforts m'ont permis d'acquérir, et toi d'assurer le rôle de pater familias d'une famille qui vient de s'augmenter d'un rejeton...

Amédée Di Segni
Lettre à Georges Malkine,
29 novembre 1951

Cher vieux, j'ai été, je reste très ému que tu aies pensé à m'envoyer ces deux dessins qui sont très beaux. [...]
Quelle est ta vie à N.Y.? Qu'est-ce qui t'a incité à aller vivre là-bas? À quelle occasion cela s'est-il fait? Pourquoi et comment? Et y es-tu heureux?
Il y a si longtemps que nous ne savons plus rien l'un de l'autre que j'hésite à te raconter quoi que ce soit de moi. En cherchant ton adresse, je suis tombé sur une lettre de toi datant de novembre 1945 qui me demandait un rendez-vous; et je viens de revivre en mémoire cette heure que j'avais passée avec toi au 1er étage du Flore et pendant laquelle j'avais éprouvé comme nous étions désaccordés l'un à l'autre. À qui la faute? Je n'en sais rien. À nous deux peut-être. Il y a eu chez moi une immense lassitude de ce à quoi tu avais peu à peu réduit notre amitié, de ce à quoi t'avait réduit la drogue, de ce à quoi tu avais réduit ta vie et le ou les personnages que tu te croyais obligé de jouer. Bien sûr, maintenant, je te reverrai avec joie.

Claude-André Puget
Lettre à Georges Malkine,
29 décembre 1951

à dessiner et à peindre régulièrement, s'essayant à des techniques et à des styles divers, sans toutefois sembler satisfait de son travail.

1955 Il expose à la Weingarten Gallery, à New York.

1956 Sonia Malkine et les enfants s'installent à Shady. Malkine les y rejoint pendant les week-ends et les vacances. Il détruit une partie de sa peinture. Il trouve enfin la technique pour peindre avec du sable.

1959 Il prend sa retraite et s'installe à Shady.

1960
1966 Malkine peint. Il expose en 1960 à la Polari Gallery, à Woodstock; en 1962 à l'université de Long Island, à Brooklyn; à la Rudolf Gallery, à Woodstock en 1963; l'année suivante à la Kleinert Gallery à Woodstock. Ces expositions n'ont guère de succès. Son travail prend plusieurs directions différentes, toutes éloignées de ses origines surréalistes. Malkine vit désormais très retiré, tentant de s'accommoder d'une vie familiale peu propice au travail.

184. Georges Malkine et ses enfants, 1955
Photographie archives Malkine

183. Georges Malkine jouant du tambour, 1952
Photographie archives Malkine

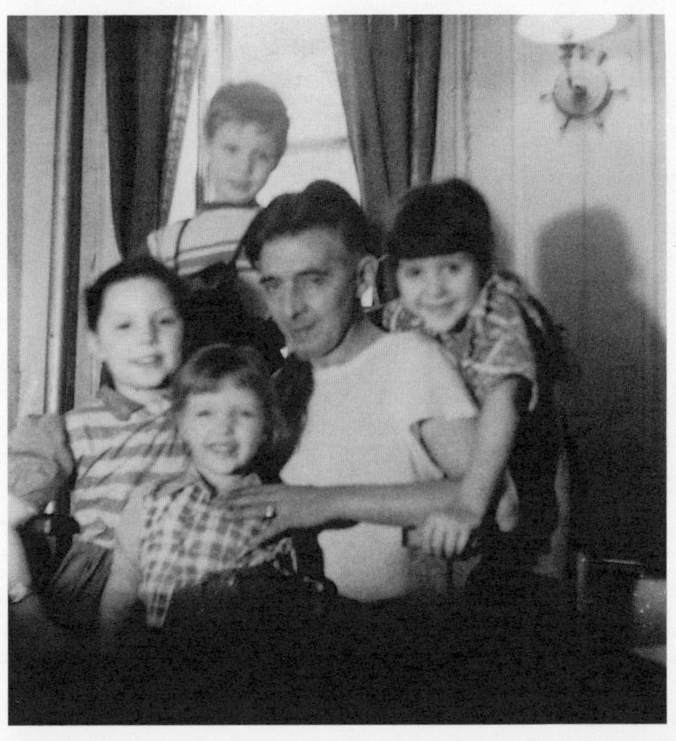

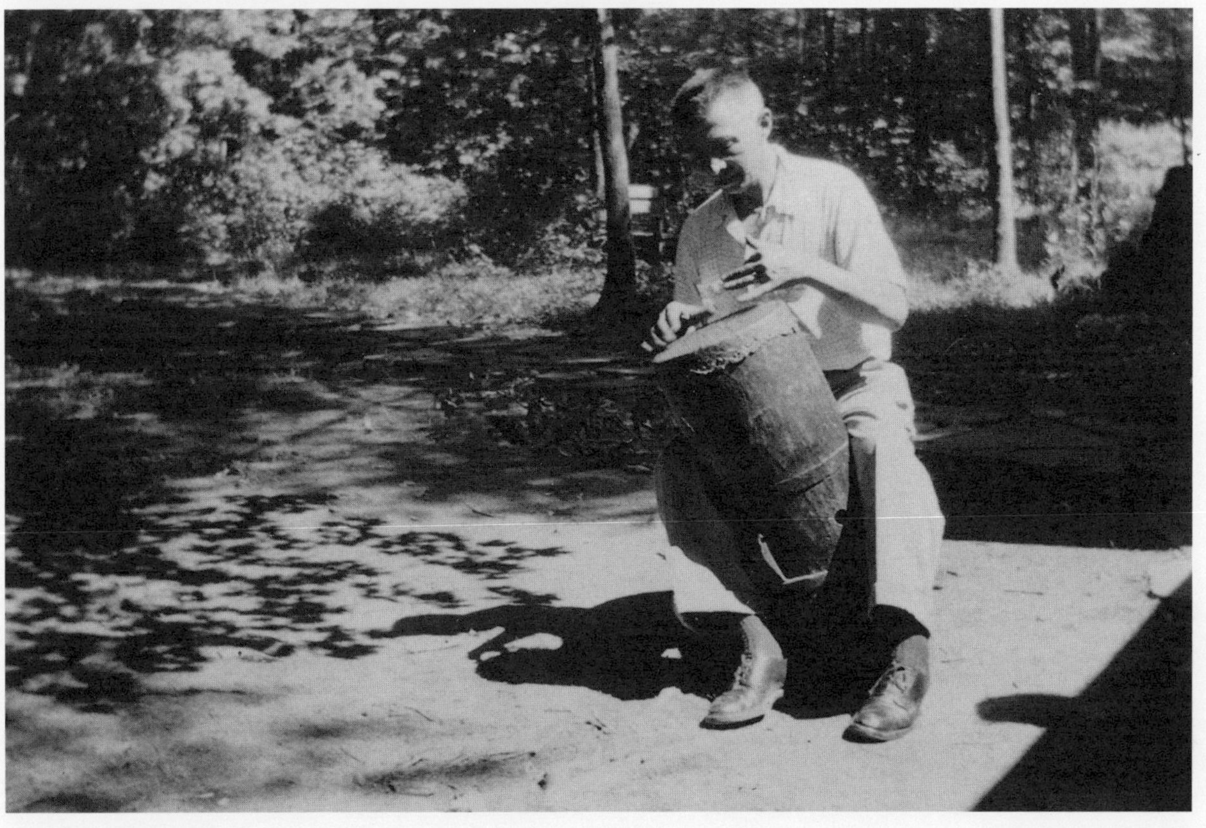

185. Portrait de Georges Malkine, 1966
Photographie archives Malkine

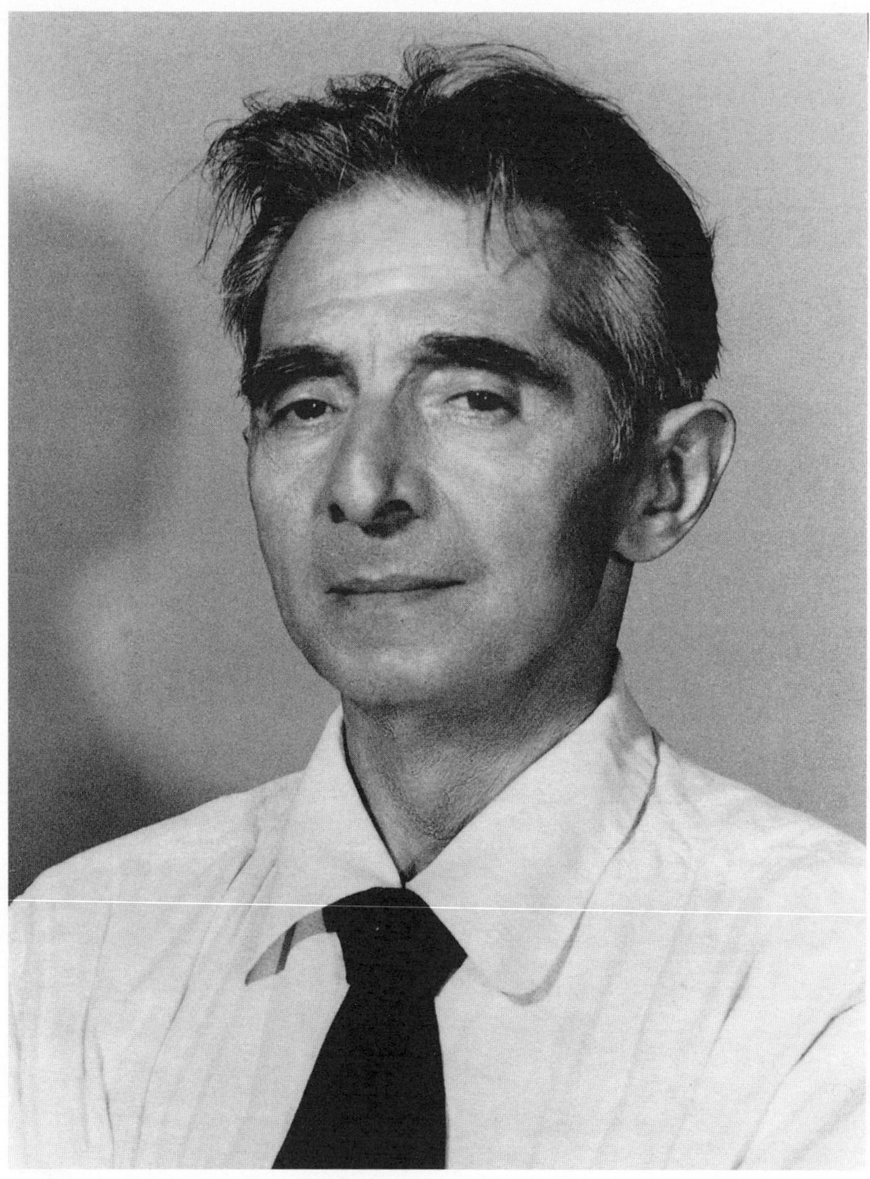

Oui, il y a longtemps que vous avez eu la gentille idée de m'envoyer cette lettre d'outre… mer. Mais il y a bien deux ans que j'avais répondu, moi, à votre lettre décrivant notamment les poulets sélectionnés aux dimensions standard des fours de cuisine. […] Justement hier soir il y avait chez moi un petit dîner avec Philippe Soupault, Max Ernst et leurs épouses respectives/tables, et votre souvenir fut évoqué.

Théodore Fraenkel
Lettre à Georges Malkine,
22 janvier 1955

Mon cher Georges,
Tu me demandes deux choses contradictoires : de te trouver une chambre ou un atelier – et de n'en parler à personne ! Pour le moment, je n'ai rien. Mais je vais en parler, malgré ta défense et peut-être qu'ainsi je trouverai. Car moi aussi je crois aux miracles.
De toutes façons je serai bien contente de t'embrasser autrement que sur cette lettre. Quand viendrais-tu ?
Mille souvenirs.
Youki

Youki Desnos
Lettre à Georges Malkine,
23 mars 1966

Quelle joie de te revoir!
18 ans!... Et je ne sais rien de toi, ou à peu près, depuis!
Téléphone-moi tout de suite.
Je t'embrasse.

Claude-André Puget
Lettre à Georges Malkine,
9 juin 1966

J'ai été rue Fontaine et A.B. a été charmant. Nous nous rencontrerons à la galerie un de ces jours, après que j'y aurai porté la toile pour l'affiche (et peut-être une ou deux de plus).
J'ai dit à Breton que c'était toi qui m'avais trouvé la galerie et le tour de force que cela représentait. [...] Mais je suis fatigué; les sorties diverses – achat matériel, rencontrer ma sœur, les visites, etc. – me prennent plus de force physique et morale que le travail. Well, that's life, comme l'a dit Confucius.
Have a very good time, both of you.

Georges Malkine
Lettre à Patrick Waldberg,
30 juin 1966

Mon cher Patrick, Breton est bien venu à la galerie mais pas le bon jour. Il avait inscrit notre rendez-vous à une mauvaise date dans son agenda. Il m'a fait savoir alors qu'il passerait rue de Varenne aujourd'hui, mais sans spécifier l'heure. [...] Et il part demain pour la campagne, il ne verra donc les peintures qu'à son retour; en quittant la galerie, je suis tombé sur Aragon et nous avons taillé une bavette de 50 minutes sur le trottoir de la rue du Bac. Il fera un petit papier pour le catalogue, lui aussi. Il m'a dit, avec celui de ses sourires que j'appellerais satanique: «Il est peu probable que AB admette ma collaboration à ton catalogue; quant à moi, la sienne ne me gêne absolument pas!» Que penses-tu de tout cela?

Georges Malkine
Lettre à Patrick Waldberg,
8 juillet 1966

1966 S'apercevant que ses vieux amis parisiens commencent à disparaître, et encouragé dans ce sens par James Richmond, son gendre, Malkine décide de revenir pour un court séjour à Paris. Il y arrive au début d'avril.
Pour beaucoup de ses amis, qui n'ont reçu pratiquement aucune nouvelle de lui depuis plus de vingt ans, ce retour est, une surprise. Malkine retrouve Claude-André Puget, Georges Neveux, Yozo Hamaguchi, Louis Aragon, André Masson, Jacques Prévert, Max Ernst... et Patrick Waldberg. Ce dernier le prend en charge, lui trouve un logement rue des Batignolles, et une exposition est programmée pour octobre à la Galerie Mona Lisa, dirigée par Avdo Romic.

En moins de six mois, Malkine, quoique assez gravement malade – il souffre d'un ulcère et de rhumatismes –, peint les quarante toiles qui formeront l'exposition, commençant notamment la série des «Demeures». Patrick Waldberg recueille, pour le catalogue, des textes d'Aragon, François Baron, Simone Collinet, Marcel Duhamel, Max Ernst, André Masson, Georges Neveux, Jacques Prévert, Claude-André Puget, auxquels il se joint pour un véritable «hommage à Malkine». Les retrouvailles avec André Breton seront rendues difficiles par le soutien qu'Aragon apporte à Malkine, et malheureusement courtes – André Breton meurt le 28 septembre, soit quelques jours avant l'inauguration. Mais l'exposition est un succès.

127. Max Ernst, «Bonjour Monsieur Malkine», 1966

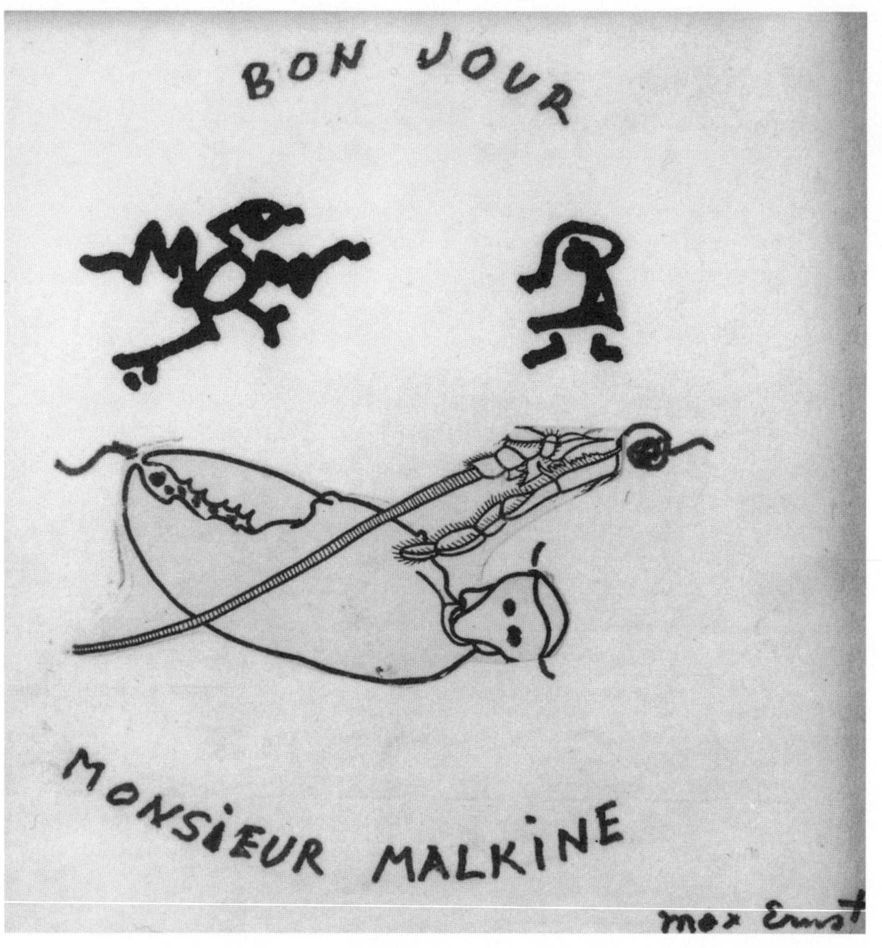

On s'occupera de la chronologie quand Romic [directeur de la Galerie Mona Lisa] sera de retour. À de rares exceptions près, mon passé est dans ma mémoire une salade russe quant à la datation. Mes expositions? Deux : Galerie surréaliste en 27 ou 28, et université de Long Island (impossible de me rappeler l'année; je vais demander à ma femme – c'est entre 58 et 63). J'ai eu des choses exposées en Suisse et en Allemagne dans les thirties par je ne sais plus quelles entremises, ni où ni quand. Je n'avais pas, alors, d'alter ego pour s'occuper de ce qui aurait dû être organisé, prévu, méthodisé (néol.), noté, etc.! Les faits saillants de ma vie? À quel point de vue? Il doit y en avoir des centaines, et tous saillants! J'espère que tu ne m'en voudras pas trop d'être si confus pour bien des choses. La pensée de ma peinture et celle des autres choses sont mélangées comme avec un egg-beater, et aussi faciles à distinguer les unes des autres que le texte sur un carbone qui a servi pour plusieurs lettres; effet de la concentration, dépense nerveuse, etc.

Georges Malkine
Lettre à Patrick Waldberg,
11 juillet 1966

1967 Il reçoit en février le prix Copley décerné par The Copley Award Foundation de Chicago. Avec l'aide et le soutien de Patrick Waldberg, Malkine expose au Salon de mai et, durant l'été, à la Galerie Renée Laporte à Antibes. Sa santé toutefois continue de se détériorer. Il mène, à Sceaux désormais, la même existence calme et recluse, ne cessant de peindre pour les expositions futures. Il garde le contact avec sa famille – Sonia et son fils Gilles sont venus le voir – mais diffère sans cesse la date de son retour. En décembre, grâce à sa belle-mère, May Picqueray, il emménage dans un petit studio, rue Blondel.

174. Georges Malkine, François Baron, Patrick Waldberg, Jacques Prévert et Marcel Duhamel à Antibes, 1967. Photographie archives Malkine

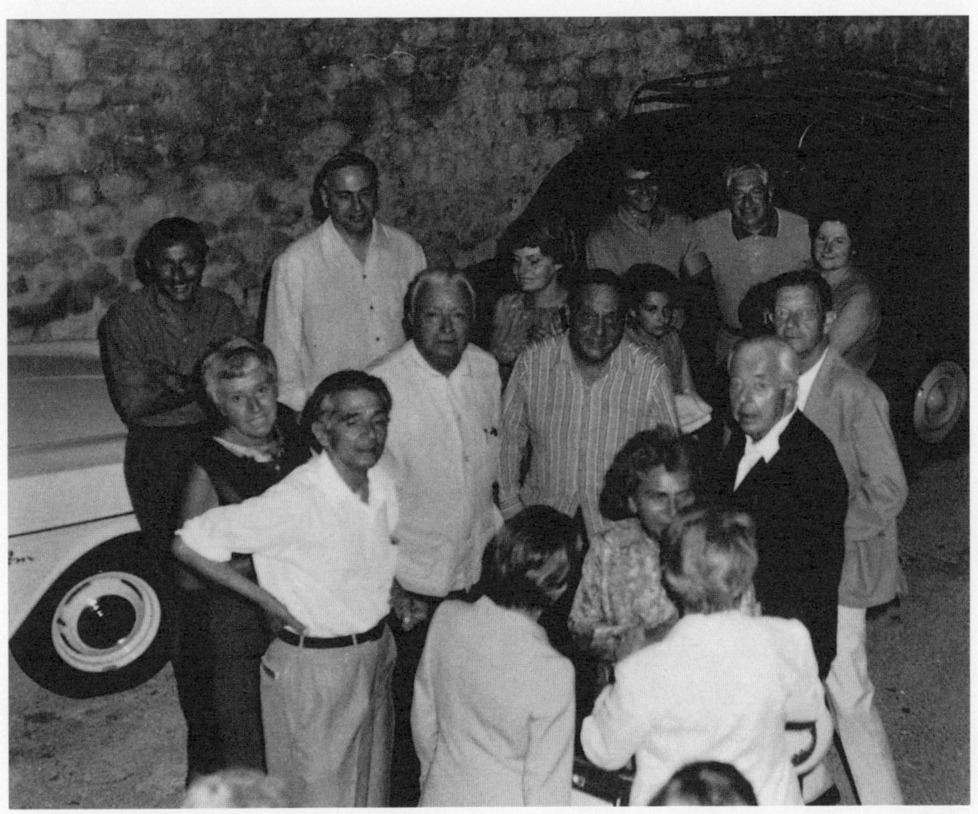

Je sais fort bien, mon cher Patrick, que cette exposition a eu un départ extraordinaire. Je crois pouvoir dire, à bon escient, que personne ne le sait aussi bien que moi, après un demi-siècle de persévérance et de déconvenues.
Mais c'est précisément – au moins en partie – mon habitude des déceptions qui m'empêche de m'enthousiasmer. Et cette habitude est d'autant moins déracinable qu'elle est plus ancienne ; d'autant mieux implantée que celui qui l'a contractée est plus âgé. C'est cela qui doit être difficile à imaginer pour un homme encore jeune. [...]
Je tenais à te dire ces choses parce que je sais que ma réaction aux événements récents est beaucoup plus difficile à comprendre et à accepter pour toi que la tienne pour moi, et parce que je déplore infiniment que mon attitude te paraisse attristante. Elle n'est que celle du chasseur à l'affût – avec ses pinceaux ! – et qui a peur de voir le gibier s'enfuir. Quant à moi, il faut que ma pensée recule fameusement dans le temps pour que j'arrive à comprendre encore ce que tristesse et gaîté veulent dire. Je n'ai jamais été vraiment enclin à l'une ou l'autre. Je ne suis pas « facile à vivre », Patrick. To put it mildly. D'ailleurs j'ai l'impression – somehow – que tu as commencé à t'en rendre compte ! Mais à toi de tout cœur.

Georges Malkine
Lettre à Patrick Waldberg,
13 octobre 1966

111. Carte-rébus de Georges Malkine à Patrick Waldberg, 11 décembre 1967. Photographie archives Malkine

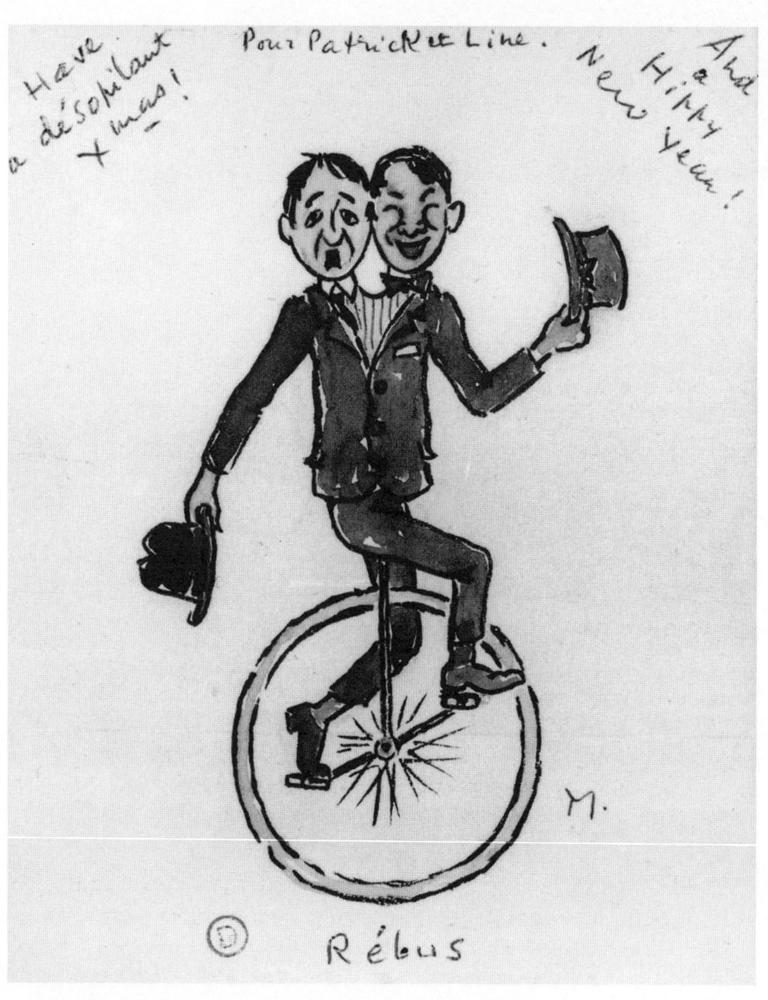

J'ai l'intention d'écrire <u>maintenant</u> un poème sur toi, pour que JAMAIS on ne puisse faire renaître des soupçons entre nous. Mais pour ce faire, j'ai besoin de ta complicité : peux-tu m'envoyer une série de reproductions de tous les tableaux de ta dernière exposition, avec les titres ? C'est peut-être insensé de te demander ça. Mais c'est nécessaire pour moi. Je le ferai tout de suite. J'ai déjà commencé sans ça, mais mes souvenirs de ce soir à la galerie sont trop incomplets. [...] Le poème destiné aux « Lettres ». Le plus tôt possible.

Louis Aragon
Lettre à Georges Malkine, sans date [juillet 1969]

Solution : Cyclothymique

1968 Une exposition lui est consacrée en juillet à Knokke-Le-Zoute, toujours à l'initiative de Patrick Waldberg.
Lorsque Monelle vient le voir, avec sa petite fille, âgée de trois ans, elle le reconnaît à peine. Il a considérablement maigri et paraît très malade.

1969 En juin, Avdo Romic présente à la Galerie Mona Lisa la seconde exposition Georges Malkine. Le Musée national d'art moderne achète une œuvre. Malkine ne quitte pratiquement plus son studio.

1970 Une exposition a lieu, en mars, à la Galerie Govaerts, à Bruxelles. À cette occasion, l'éditeur André de Rache publie le *Georges Malkine* de Patrick Waldberg.
Georges Malkine meurt le 22 mars d'une congestion cérébrale.

Chez Louis Aragon, c. 1976

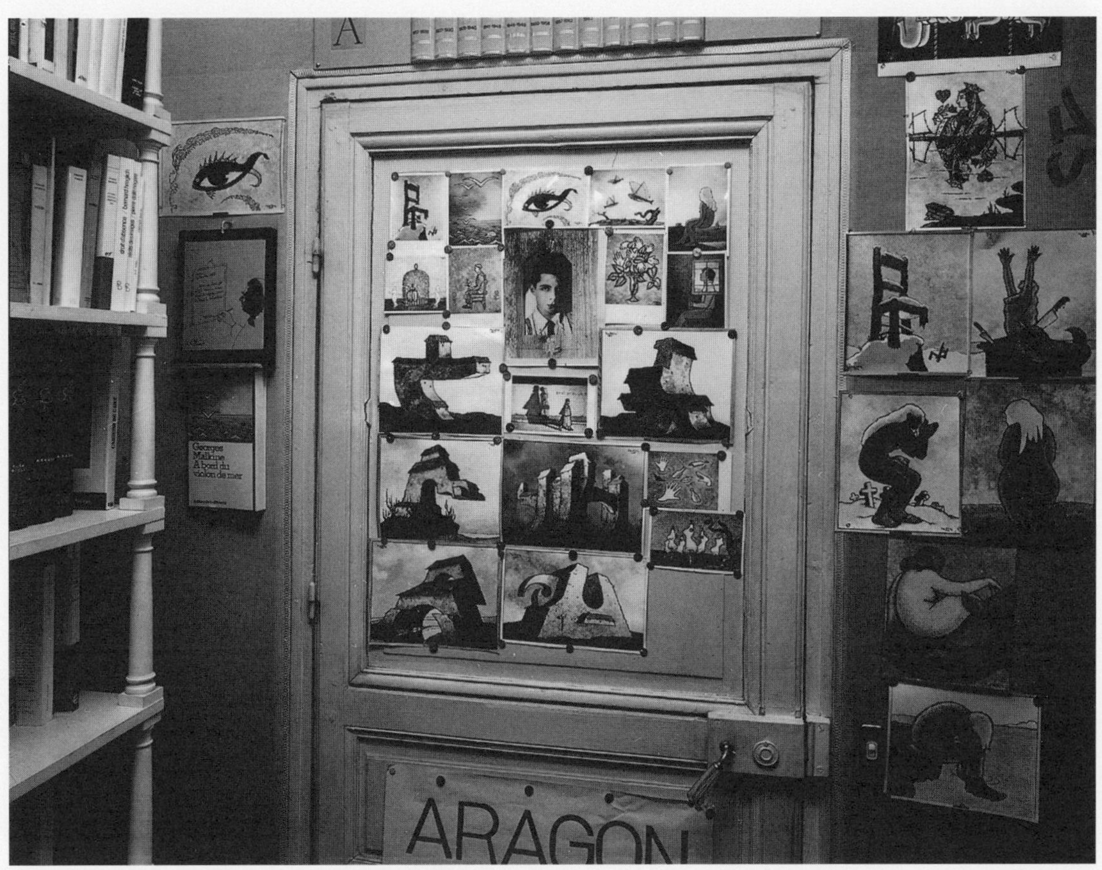

J'ai été appelé étrange, excentrique, bizarre, fou, solitaire, sauvage, insociable, misanthrope. Il est sans doute bien vrai que je suis : étrange par rapport au banal, excentrique par rapport au bourgeois, bizarre par rapport à l'ordinaire, fou par rapport au cartésien, solitaire et sauvage par rapport au mouton, misanthrope par rapport au philanthrope.
Mais il ne me semble pas qu'on se soit jamais demandé si j'étais tout cela parce que j'aimais l'être ou parce que la bêtise, l'ignorance, la vulgarité, l'étroitesse d'esprit, le manque de goût, de sensibilité et d'imagination des autres ne m'avaient pas laissé le choix.

Georges Malkine
Lettre à sa sœur Ingrid Andersen, été 1969

Je suis bien loin d'avoir fait tout ce que j'aurais voulu faire pour ceux que j'aimais, et pourtant j'ai cette chance extraordinaire d'être entouré d'affection dans ma soixante-douzième année, alors que tous les vieux, ou presque, sont abandonnés à cette époque de leur vie. La seule chose que j'aie pu faire fut de donner des toiles, et je peux dire que j'en ai donné autant que j'en ai vendu, et peut-être même davantage, dont l'ensemble constituerait aujourd'hui une assez impressionnante rétrospective !

Georges Malkine
Lettre à sa sœur Ingrid Andersen, 3 mars 1970

LISTE DES ŒUVRES ET DOCUMENTS EXPOSÉS

I. PEINTURES, COLLAGES ET GOUACHES

1. Sans titre
1919
Huile sur toile
26,5 x 35 cm
Collection particulière

2. ***Magie blanche***
1926
Huile sur toile
55 x 33 cm
Signé et daté en bas à gauche
Collection particulière
HISTORIQUE : ancienne collection Louis Aragon.
EXPOSITIONS : Paris, Galerie Mona Lisa, 1966, cat. n° 38 ; musée d'Art moderne de la Ville de Paris, 1995.
BIBLIOGRAPHIE : Patrick Waldberg, *Les Demeures d'Hypnos,* Paris, Éditions de la Différence, 1976, repr. p. 219 ; *Passions privées,* catalogue d'exposition du musée d'Art moderne de la Ville de Paris, Paris, Éditions Paris-Musées, 1996, repr. p. 196.

3. ***Secret du voyage***
1926
Huile sur bois
46,3 x 37,7 cm
Israël Museum, Jérusalem
HISTORIQUE : ancienne collection Jean Bernier ; ancienne collection Arturo Schwarz.

4. ***Picadilly***
1926
Huile et collage sur toile
55 x 38 cm
Signé et daté en bas à gauche ;
en bas à droite : *Picadilly*
By kind permission of the Provost and Scholars of King's College, Cambridge
HISTORIQUE : achat de J. M. Keynes en 1927.
EXPOSITIONS : Paris, Galerie surréaliste, 1927, cat. n° 10.

5. ***Sirènes***
1926
Huile et collage sur toile
75 x 54 cm
Signé en bas à gauche
Courtesy Galerie Berggruen, Paris
HISTORIQUE : ancienne collection Eugène Merle.
EXPOSITIONS : Paris, Galerie Lucie Weil, 1972, cat. n° 38 ; Paris, Galerie de Seine, 1973.
BIBLIOGRAPHIE : *La Collection fantôme de Philippe Soupault,* catalogue d'exposition de la Galerie de Seine, Paris, 1973, repr. p. 69.

6. ***Témoignage***
1926
Huile sur toile
81 x 60 cm
Signé et daté en bas à droite
Collection particulière
HISTORIQUE : ancienne collection Louis Aragon.
EXPOSITIONS : Paris, Galerie surréaliste, 1927, cat. n° 20 ; Paris, Galerie Mona Lisa, 1966, cat. n° 37.

7. ***Espoir***
1926
Huile sur toile
34 x 27 cm
Collection particulière
HISTORIQUE : ancienne collection André Breton.
EXPOSITION : Paris, Galerie surréaliste, 1927, cat. n° 19.
BIBLIOGRAPHIE : *La Révolution surréaliste* n° 8, repr. p. 27.

8. ***Portrait de Robert Desnos***
1926
Huile sur toile
73 x 50 cm
Signé et daté en bas à droite
Collection Bibliothèque littéraire Jacques-Doucet
HISTORIQUE : ancienne collection Robert Desnos ; ancienne collection Youki Desnos.
EXPOSITIONS : Paris, musée des Arts décoratifs, 1972, cat. n° 253 ; Munich, Haus der Kunst, 1973.
BIBLIOGRAPHIE : *Georges Malkine,* catalogue d'exposition de la Galerie Govaerts, Bruxelles, 1970, repr. p. 5 ; Patrick Waldberg, *Georges Malkine,* Bruxelles, André de Rache éditeur, 1970, repr. p. 28.

9. ***L'Orage***
1926
Huile sur toile
81 x 53 cm
Signé et daté en bas à gauche
Collection particulière
HISTORIQUE : ancienne collection Nancy Cunard ; ancienne collection Robert Lebel ; ancienne collection Line et Patrick Waldberg.
EXPOSITIONS : Paris, Galerie surréaliste, 1927, cat. n° 24 ; Paris, musée des Arts décoratifs, 1972, cat. n° 255.
BIBLIOGRAPHIE : « The New Ism Is Surrealism », *Art Digest,* 1er mai 1927 ; Patrick Waldberg, *Georges Malkine,* Bruxelles, André de Rache éditeur, 1970, repr. p. 33 ; *Le Surréalisme 1922-1942,* catalogue d'exposition du musée des Arts décoratifs, Paris, Union centrale des arts décoratifs, 1972, repr. n° 255 ; Robert Lebel, « Première génération du surréalisme », dans *Dada Surréalisme,* Paris, Rive Gauche Productions, 1981, repr. p. 184.

10. ***La Dame de pique***
1926
Huile et collage sur carton
38 x 23 cm
Signé et daté en bas à gauche
Collection Fern Malkine-Falvey
HISTORIQUE : ancienne collection Lise Deharme ; ancienne collection Daniel Filipacchi.
EXPOSITIONS : Paris, Galerie Charpentier, 1964 ; Bordeaux, Galerie des Beaux-Arts, 1971 ; musée d'Art moderne de la Ville de Paris, 1995.
BIBLIOGRAPHIE : Patrick Waldberg, *Les Demeures d'Hypnos,* Paris, Éditions de la Différence, 1978, repr. p. 224 ; *Passions privées,* catalogue d'exposition du musée d'Art moderne de la Ville de Paris, Paris, Éditions Paris-Musées, 1995, repr. p. 188.

11. Sans titre
1926
Huile sur bois
38 x 49,5 cm
Signé et daté en bas à gauche
Collection Rolf Nahr, Berlin

12. ***Rêve au long cours***
1926
Huile sur toile
84 x 65 cm
Signé et daté en haut à gauche
Collection particulière
HISTORIQUE : ancienne collection A. Belloti.
EXPOSITIONS : Paris, Galerie Mona Lisa, 1966, hors catalogue ; Paris, musée des Arts décoratifs, 1972, cat. n° 257.
BIBLIOGRAPHIE : *Le Surréalisme 1922-1942,* catalogue d'exposition du musée des Arts décoratifs, Paris, Union centrale des arts décoratifs, 1972, repr. sous le n° 257.

13. ***L'Eau***
1926
Huile sur toile
54 x 65 cm
Signé et daté en bas à droite
Collection particulière
HISTORIQUE : ancienne collection Burthoul (achetée en 1927 à la Galerie surréaliste en même temps qu'une œuvre de De Chirico) ; ancienne collection Willems Giroux.
EXPOSITION : Paris, Galerie surréaliste, 1927, cat. n° 27.

14. ***Marcher la nuit***
1926
Huile et collage sur carton
54 x 73 cm
Courtesy Galerie Berggruen, Paris
HISTORIQUE : ancienne collection André de La Rivière
EXPOSITION : Paris, Galerie surréaliste, 1927, cat. n° 11.

15. ***Les Bisons***
1927
Gouache, encre, mine de plomb et collage sur papier de couleur
48 x 60 cm
Signé et daté en bas à droite
Collection Anne Treillard
HISTORIQUE : ancienne collection Robert Desnos.

16. ***Les Denrées***
1927
Gouache, encre, crayons gras et collage sur papier de couleur
48 x 63 cm
Signé et daté en bas à droite
Collection particulière
HISTORIQUE : ancienne collection André Breton.

17. ***Le Paravent***
1927
Gouache et collage sur papier kraft
48 x 59 cm
Signé et daté en bas à droite
Collection particulière

18. ***La Visite***
1927
Gouache, encre et collage sur papier de couleur
50 x 60 cm
Signé et daté en bas à droite
Collection particulière
HISTORIQUE : ancienne collection André Breton.

19. ***Le Boudoir***
1927
Gouache, encre, crayons gras et collage sur papier de couleur
49 x 65 cm
Signé et daté en bas à droite
Collection particulière
HISTORIQUE : ancienne collection André Breton.

20. ***La Place Falguière***
1927
Gouache, encre, mine de plomb et collage sur papier de couleur
63 x 48 cm
Signé et daté en bas à droite
Collection particulière
HISTORIQUE : ancienne collection André Breton.

21. ***L'Escalier chaud***
1927
Gouache, encre, crayons gras et collage sur papier de couleur
63 x 48 cm
Signé et daté en bas à droite
Collection particulière
HISTORIQUE : ancienne collection André Breton.

22. Sans titre
1927
Huile sur toile
81 x 60 cm
Collection particulière
HISTORIQUE : ancienne collection André Breton.

23. ***Le Baiser***
1927
Huile sur toile
73,5 x 60,5 cm
Signé et daté en bas à gauche
Collection particulière
HISTORIQUE : ancienne collection de Janzé ; ancienne collection Frances G. Knight.
EXPOSITION : Paris, Pavillon des Arts, 1997, cat. n° 81.
BIBLIOGRAPHIE : *Le Surréalisme et l'Amour,* catalogue d'exposition du Pavillon des Arts, Paris, Éditions Paris-Musées et Gallimard/Électa, 1997, repr. p. 90. ; Gérard Durozoi, *Histoire du mouvement surréaliste,* Paris, Éditions Hazan, 1997, repr. p. 112.

24. Sans titre
1928
Huile sur toile
81 x 54 cm
Signé et daté en bas à droite
Collection Patrice Trigano
HISTORIQUE : ancienne collection Savitry.
EXPOSITION : musée d'Art moderne de la Ville de Paris, 1995.
BIBLIOGRAPHIE : *Passions privées,* catalogue d'exposition du musée d'Art moderne de la Ville de Paris, Paris, Éditions Paris-Musées, 1995, repr. p. 188 ; Gérard Durozoi, *Histoire du mouvement surréaliste,* Paris, Éditions Hazan, 1997, repr. p. 112.

25. ***Tatouages***
1929
Huile sur toile
65 x 92 cm
Signé et daté en bas à droite
Collection Pierre Fournier
HISTORIQUE : Galerie Mona Lisa, Paris.
EXPOSITIONS : Paris, musée des Arts décoratifs, 1972, cat. n° 258 ; Munich, Haus der Kunst,

1972, cat. n° 270 ; Venise, Biennale, 1986 ; Milan, Palazzo Reale, 1989, cat. n° 313 ; Montreuil, musée de l'Hôtel de Ville, cat. n° 105.
BIBLIOGRAPHIE : *Le Surréalisme 1922-1942,* catalogue d'exposition du musée des Arts décoratifs, Paris, Union centrale des arts décoratifs, 1972, repr. sous le n° 258 ; Patrick Waldberg, *Les Demeures d'Hypnos,* Paris, Éditions de la Différence, 1976, repr. p. 223 ; Adam Biro et René Passeron, *Dictionnaire général du surréalisme et de ses environs,* Paris, Presses universitaires de France, 1982, repr. p. 214 ; *Art et Alchimie,* catalogue d'exposition de la Biennale de Venise, 1986, repr. p. 217 ; *Il Surrealismo,* catalogue d'exposition du Palazzo Reale, Milan, 1989.

26. ***La Tahitienne***
1929
Huile sur toile
73 x 100 cm
Signé et daté en bas à droite
Collection Pierre Fournier
HISTORIQUE : Galerie Mona Lisa, Paris.
EXPOSITIONS : Paris, musée des Arts décoratifs, 1972, cat. n° 259 ; Munich, Haus der Kunst, 1972, cat. n° 270 ; Montreuil, musée de l'Hôtel de Ville, 1989, cat. n° 104 ; Milan, Palazzo Reale, 1989, cat. n° 314 ; Francfort, Schrin Kunsthalle, 1990, cat. n° 98.
BIBLIOGRAPHIE : *Le Surréalisme 1922-1942,* catalogue d'exposition du musée des Arts décoratifs, Paris, Union centrale des arts décoratifs, 1972, repr. sous le n° 259 ; Patrick Waldberg, *Les Demeures d'Hypnos,* Paris, Éditions de la Différence, 1976, repr. p. 227 ; *Il Surrealismo,* catalogue d'exposition du Palazzo Reale, Milan, 1989.

27. ***Ce que j'ai vu dans cet œil***
1931
Huile sur toile
64 x 50 cm
Collection Shayan Malkine
HISTORIQUE : ancienne collection E.E. Cummings.
EXPOSITIONS : Woodstock, Kleinert Gallery, 1982, cat. n° 1 ; New York, Herstand Gallery, 1990.

28. ***Bacchante***
1944
Huile sur toile
100 x 78 cm
Signé et daté en bas à droite
Collection Patrick Jouanno

29. Sans titre
1946
Huile sur toile
46,5 x 38 cm
Collection particulière

30. ***Madame Léa***
1949
Huile sur toile
35,5 x 56 cm
Signé et daté en bas à gauche
Collection Fern Malkine-Falvey
EXPOSITIONS : Paris, Galerie Mona Lisa, 1966, hors catalogue ; Paris, Galerie Lucie Weil, 1972, cat. n° 1 ; Woodstock, Kleinert Gallery, 1982, cat. n° 3.
BIBLIOGRAPHIE : Patrick Waldberg, *Georges Malkine,* Bruxelles, André de Rache éditeur, 1970, repr. p. 47.

31. ***Aniska***
1955
Huile sur Isorel
40,5 x 45,5 cm
Signé et daté en bas à gauche
Collection particulière
EXPOSITION : Woodstock, Kleinert Gallery, 1982, cat. n° 5.

32. ***Nicole***
1956
Huile sur toile
74 x 65 cm
Collection Fern Malkine-Falvey
EXPOSITIONS : Woodstock, Kleinert Gallery, 1982, cat. n° 6 ; New York, Isidore Ducasse Fine Arts, 1991.
BIBLIOGRAPHIE : *Georges Malkine,* catalogue d'exposition de la Kleinert Gallery, Woodstock, 1982, repr. p. 1.

33. ***Kuala Lumpur***
1958
Huile sur Isorel
41 x 41 cm
Collection particulière
EXPOSITION : Woodstock, Kleinert Gallery, 1982, cat. n° 8.
BIBLIOGRAPHIE : *Georges Malkine,* catalogue d'exposition de la Kleinert Gallery, Woodstock, 1982, repr. p. 2.

34. ***La Danse des œufs***
1960
Huile et sable sur Isorel
45,5 x 40,5 cm
Signé et daté en haut à droite
Collection particulière
EXPOSITION : Paris, Galerie Lucie Weil, 1972, cat. n° 43.

35. ***Femme à genoux***
1960
Huile et sable sur Isorel
76,5 x 61 cm
Collection particulière
EXPOSITIONS : Paris, Galerie Lucie Weil, 1972, cat. n° 40 ; Woodstock, Kleinert Gallery, 1982, cat. n° 10.

36. ***Les Filles du feu***
1961
Huile et sable sur Isorel
66 x 73,5 cm
Collection particulière
EXPOSITION : Woodstock, Kleinert Gallery, 1982, cat. n° 12.

37. ***Rapa Nui***
1961
Huile et sable sur Isorel
58,5 x 58,5 cm
Signé et daté en bas à droite
Collection particulière

38. ***La Révolte du rêve***
1961
Huile et sable sur Isorel
61 x 50 cm
Signé et daté en bas à droite
Collection particulière
EXPOSITION : Woodstock, Kleinert Gallery, 1982, cat. n° 17.

39. ***Tera Tupapau***
1962
Huile et sable sur Isorel
76 x 63,5 cm
Signé et daté en bas à droite
Collection particulière
EXPOSITIONS : Paris, Galerie Lucie Weil, 1972, cat. n° 6 ; Woodstock, Kleinert Gallery, 1982, cat. n° 18.

40. ***Comanche***
1962
Huile et sable sur toile
50,5 x 77 cm
Signé et daté en bas à gauche
Collection particulière
EXPOSITION : Paris, Galerie Lucie Weil, 1972, cat. n° 7.

41. ***Edgar Poe***
1963
Huile et sable sur Isorel
58,2 x 58,2 cm
Signé et daté en bas à gauche
Collection particulière
EXPOSITION : Paris, Galerie Lucie Weil, 1972, cat. n° 8.

42. ***Papenoo***
1963
Huile et sable sur Isorel
76,5 x 62,5 cm
Signé et daté en bas à gauche
Collection particulière
EXPOSITION : Woodstock, Kleinert Gallery, 1982, cat. n° 22.

43. ***Femme assise***
1964
Huile et sable sur Isorel
58,5 x 57,5 cm
Signé et daté en haut à gauche
Collection particulière
EXPOSITION : Woodstock, Kleinert Gallery, 1982, cat. n° 23.

44. ***Femme au rhinocéros***
1966
Huile sur toile
73 x 60 cm
Signé et daté en bas à droite
Collection Patrick Jouanno
EXPOSITION : Bruxelles, Galerie Govaerts, 1970, cat. n° 23.
BIBLIOGRAPHIE : *Georges Malkine,* catalogue d'exposition de la Galerie Govaerts, Bruxelles, 1970, repr p. 4 ; Patrick Waldberg, *Georges Malkine,* Bruxelles, André de Rache éditeur, 1970, repr. p. 24.

45. ***Magie***
1966
Huile sur toile
65 x 54 cm
Signé et daté en bas à gauche
Collection particulière
EXPOSITION : Paris, Galerie Mona Lisa, 1966, cat. n° 2.
BIBLIOGRAPHIE : *Hommage à Malkine,* catalogue d'exposition de la Galerie Mona Lisa, Paris, 1966, repr. p. 7 ; Sarane Alexandrian, *Dictionnaire de la peinture surréaliste,* Paris, Éditions Filipacchi, 1972.

46. ***Une nouvelle superstition***
1966
Huile sur toile
46 x 55 cm
Signé et daté en bas à droite
Collection particulière
EXPOSITION : Paris, Galerie Mona Lisa, 1966, cat. n° 31.

47. ***Dimanche soir***
1966
Huile sur toile
91 x 72 cm
Signé et daté en bas à droite
Collection particulière
EXPOSITION : Paris, Galerie Mona Lisa, 1966, cat. n° 29.
BIBLIOGRAPHIE : Jacques Baron, *Anthologie plastique du surréalisme,* Paris, Éditions Filipacchi, 1980, repr. p. 171.

48. ***Aux îles Sanguinaires***
1966
Huile sur toile
55 x 46,2 cm
Signé et daté en bas à gauche
Collection particulière
EXPOSITION : Paris, Galerie Mona Lisa, 1966, cat. n° 35.

49. ***Marée basse***
1968
Huile sur toile
65 x 100 cm
Signé et daté en haut à droite
Collection particulière
EXPOSITIONS : Bruxelles, Galerie Govaerts, 1970, cat. n° 4 ; Paris, Galerie Lucie Weil, 1972, cat. n° 31 ; Woodstock, Kleinert Gallery, 1982, cat. n° 35.

50. ***La Sirène***
1968
Huile sur toile
73 x 60 cm
Signé et daté en haut à droite
Collection Cybèle A. Richmond
EXPOSITIONS : Bruxelles, Galerie Govaerts, 1970, cat. n° 20 ; Paris, Galerie Lucie Weil, 1972, cat. n° 26 ; Woodstock, Kleinert Gallery, 1982, cat. n° 34.
BIBLIOGRAPHIE : *Georges Malkine,* catalogue d'exposition de la Galerie Govaerts, Bruxelles, 1970, repr. p. 7 ; Patrick Waldberg, *Georges Malkine,* Bruxelles, André de Rache éditeur, 1970, repr. p. 18.

51. ***Le Piano de Calais***
1969
Huile sur toile
59,2 x 92 cm
Signé et daté en bas à droite
Collection particulière
EXPOSITIONS : Bruxelles, Galerie Govaerts, 1970, cat. n° 7 ; Paris, Galerie Lucie Weil, 1972, cat. n° 34 ; Woodstock, Kleinert Gallery, 1982, cat. n° 38.
BIBLIOGRAPHIE : Patrick Waldberg, *Georges Malkine,* Bruxelles, André de Rache éditeur, 1970, repr. p. 25.

52. ***Les Passants***
1969
Huile sur toile
91 x 116 cm
Signé et daté en bas à gauche
Collection Barman
HISTORIQUE : ancienne collection Nellens.
EXPOSITION : Bruxelles, Galerie Govaerts, 1970, cat. n° 2.
BIBLIOGRAPHIE : *Georges Malkine,* catalogue d'exposition de la Galerie Govaerts, Bruxelles, 1970, repr p. 3. ; Patrick Waldberg, *Georges Malkine,* Bruxelles, André de Rache éditeur, 1970, repr. en couverture et p. 22.

53. ***La Mer***
1970
Huile sur toile
116 x 89 cm
Signé et daté en bas à droite
Collection Monelle Malkine-Richmond
EXPOSITIONS : Bruxelles, Galerie Govaerts, 1970, cat. n° 3 ; Woodstock, Kleinert Gallery, 1982, cat. n° 39.
BIBLIOGRAPHIE : Patrick Waldberg, *Georges Malkine,* Bruxelles, André de Rache éditeur, 1970, repr. p. 16.

54. ***Demeure de Jean-Sébastien Bach***
1966
Huile sur toile
65 x 81 cm
Signé et daté en bas à droite
Collection particulière
EXPOSITION : Paris, Galerie Mona Lisa, 1966, cat. n° 7.
BIBLIOGRAPHIE : *Hommage à Malkine,* catalogue d'exposition de la Galerie Mona Lisa, Paris, 1966, repr. p. 17.

55. ***Demeure de Lewis Carroll***
1966
Huile sur toile
60 x 73 cm
Signé et daté en haut à droite
Collection particulière
EXPOSITION : Paris, Galerie Mona Lisa, 1966, cat. n° 8.

56. ***Demeure de François Villon***
1966
Huile sur toile
73 x 54,5 cm
Signé et daté en haut à gauche
Collection Jacquemond, courtesy Centre Vendôme pour les Arts plastiques
EXPOSITIONS : Paris, Galerie Mona Lisa, 1966, cat. n° 12 ; Antibes, Galerie Renée Laporte, 1967, cat. n° 12 ; Paris, Galerie Lucie Weil, 1972, cat. n° 14.

57. ***Demeure d'Arthur Rimbaud***
1966
Huile sur toile
60 x 73 cm
Signé et daté en haut à droite
Collection particulière
EXPOSITIONS : Paris, Galerie Mona Lisa, 1966, cat. n° 15 ; Paris, Galerie Mona Lisa, 1969, cat. n° 17 ; Bruxelles, Galerie Govaerts, 1970, cat. n° 25.
BIBLIOGRAPHIE : *Hommage à Malkine,* catalogue d'exposition de la Galerie Mona Lisa, Paris, 1966, repr. p. 13 ; Patrick Waldberg, *Georges Malkine,* Bruxelles, André de Rache éditeur, 1970, repr. p. 8.

58. ***Demeure d'automne de Maurice Ravel***
1966
Huile sur toile
55 x 46 cm
Signé et daté en haut à gauche
Collection particulière
EXPOSITIONS : Paris, Galerie Mona Lisa, 1966, cat. n° 19 ; Bruxelles, Galerie Govaerts, 1970, cat. n° 45 ; Woodstock, Kleinert Gallery, 1982, cat. n° 31.
BIBLIOGRAPHIE : Patrick Waldberg, *Georges Malkine,* Bruxelles, André de Rache éditeur, 1970, repr. p. 49 ; *Georges Malkine,* catalogue d'exposition de la Kleinert Gallery, Woodstock, repr. p. 4.

59. ***Demeure de Robert Desnos***
1966
Huile sur toile
65 x 81 cm
Signé et daté en haut à gauche
Collection particulière
HISTORIQUE : ancienne collection Louis Aragon
EXPOSITION : Paris, Galerie Mona Lisa, 1966, cat. n° 33.
BIBLIOGRAPHIE : Patrick Waldberg, *les Demeures d'Hypnos,* Paris, Éditions de la Différence, 1976, repr. p. 230.

60. ***Demeure d'Alfred Jarry***
1967
Huile sur toile
65 x 54 cm
Signé et daté en haut à droite
Collection particulière
EXPOSITIONS : Antibes, Galerie Renée Laporte, 1967, cat. n° 14 ; Paris, Galerie Lucie Weil, 1972, cat. n° 19 ; Bruxelles, Galerie Govaerts, 1970, cat. n° 35.
BIBLIOGRAPHIE : *Georges Malkine,* catalogue d'exposition de la Galerie Govaerts, Bruxelles, 1970, repr. p. 8. ; Patrick Waldberg, *Georges Malkine,* Bruxelles, André de Rache éditeur, 1970, repr. p. 23.

61. ***Demeure de Thomas De Quincey***
1967
Huile sur toile
46 x 55 cm
Signé et daté en haut à droite
Collection particulière
EXPOSITIONS : Antibes, Galerie Renée Laporte, 1967, cat. n° 22 ; Bruxelles, Galerie Govaerts, 1970, cat. n° 40.

62. ***Demeure de Li T'ai Po***
1967
Huile sur toile
55 x 46,5 cm
Signé et daté en bas à droite
Collection particulière
EXPOSITIONS : Antibes, Galerie Renée Laporte, 1967, cat. n° 24 ; Paris, Galerie Lucie Weil, 1972, cat. n° 18.

63. ***Demeure de Johannes Brahms***
1967
Huile sur toile
60 x 73 cm
Signé et daté en haut à gauche
Collection particulière
EXPOSITIONS : Bruxelles, Galerie Govaerts, 1970, cat. n° 28 ; Paris, Galerie Lucie Weil, 1972, cat. n° 21 ; Woodstock, Kleinert Gallery, 1982, cat. n° 32.

64. ***Demeure de Guillaume Apollinaire***
1968
Huile sur toile
65 x 54 cm
Signé et daté en haut à gauche
Collection particulière
EXPOSITIONS : Paris, Galerie Mona Lisa, 1969, cat. n° 22 ; Bruxelles, Galerie Govaerts, 1970, cat. n° 36.
BIBLIOGRAPHIE : Patrick Waldberg, *Georges Malkine,* Bruxelles, André de Rache éditeur, 1970, repr. p. 34.

65. ***Demeure d'été de Jean-Sébastien Bach***
1969
Huile sur toile
60 x 80 cm
Signé et daté en haut à droite
Collection Patrick Jouanno
EXPOSITION : Bruxelles, Galerie Govaerts, 1970, cat. n° 19.
BIBLIOGRAPHIE : Patrick Waldberg, *Georges Malkine,* Bruxelles, André de Rache éditeur, 1970, repr. p. 50 ; Philippe Soupault, *Écrits sur l'art du XXe siècle,* Genève, Lachenal & Ritter, 1980, repr. p. 366.

II. DESSINS

66. ***L'Extase***
1925
Encre de Chine sur papier
33 x 22,7 cm
Collection particulière
HISTORIQUE : ancienne collection André Breton.
BIBLIOGRAPHIE : *La Révolution surréaliste* n° 7, juin 1926, p. 14.

67. ***Sirènes***
1925
Encre de Chine sur papier
32,5 x 25 cm
Collection particulière
HISTORIQUE : ancienne collection André Breton.

68. Sans titre
1925
Encre de Chine sur papier
25 x 32,5 cm
Collection particulière
HISTORIQUE : ancienne collection André Breton.

69. Sans titre
1925
Encre de Chine sur papier
32,5 x 25 cm
Collection particulière
HISTORIQUE : ancienne collection André Breton.

70. Sans titre
1925
Encre de Chine sur papier
32,5 x 25 cm
Collection particulière
HISTORIQUE : ancienne collection André Breton.

71. Sans titre
1925
Encre de Chine sur papier
25 x 32,5 cm
Collection particulière
HISTORIQUE : ancienne collection André Breton.

72. ***Les plus beaux yeux du monde ont connu nos pensées***
c. 1929
Gouache sur papier
28 x 19 cm
Signé en bas à droite
Collection particulière

73. Sans titre
c. 1946
Mine de plomb
21 x 27,5 cm
Collection particulière
EXPOSITION : Woodstock, Kleinert Gallery, 1982, cat. n° 2.

74. Sans titre
1949
Mine de plomb et crayons gras
12 x 7,9 cm
Signé et daté en bas à gauche
Collection particulière
BIBLIOGRAPHIE : Patrick Waldberg, *Georges Malkine,* Bruxelles, André de Rache éditeur, 1970, repr. p. 46.

75. ***La Treizième revient***
1949
Mine de plomb et crayons gras
17,5 x 12,3 cm
Signé et daté en bas à gauche
Collection particulière
BIBLIOGRAPHIE : Patrick Waldberg, *Georges Malkine,* Bruxelles, André de Rache éditeur, 1970, repr. p. 45.

76. ***Hommage à Debussy***
1949
Mine de plomb et crayons gras
20 x 18 cm
Signé et daté en bas à gauche
Collection particulière

77. ***Portrait de Sonia***
1953
Mine de plomb sur papier
36 x 26 cm
Collection Sonia Malkine
EXPOSITIONS : Paris, Galerie Mona Lisa, 1966, cat. n° 41 ; Woodstock, Kleinert Gallery, 1982, cat. n° 2.
BIBLIOGRAPHIE : Patrick Waldberg, *Georges Malkine,* Bruxelles, André de Rache éditeur, 1970, repr. p. 47.

78. Ensemble de onze illustrations pour *À bord du Violon de mer*
c. 1950
Encre de Chine sur papier
28 x 19 cm
Collection particulière

79. Esquisse pour la *Demeure de Marcel Proust*
Mine de plomb sur papier
41,5 x 34,5 cm
Collection particulière

80. Esquisse pour la *Demeure de Machiavel*
Mine de plomb sur papier
32,5 x 41 cm
Collection particulière

81. Esquisse pour la *Demeure d'André Breton*
Mine de plomb sur papier
13,5 x 19,4 cm
Collection particulière

82. Esquisse pour la *Demeure d'Erik Satie*
Mine de plomb sur papier
14,5 x 17 cm
Collection particulière

83. Esquisse pour la *Demeure de Thomas De Quincey*
Mine de plomb sur papier
21 x 25 cm
Collection particulière

84. Esquisse pour la *Demeure de Friedmann Bach*
Mine de plomb sur papier
16 x 21,5 cm
Collection particulière

85. Esquisse pour la *Demeure de Charles Baudelaire*
Mine de plomb sur papier
11,5 x 18,5 cm
Collection particulière

86. Esquisse pour la *Demeure de Robert Desnos*
Mine de plomb sur papier
13, 5 x 19,2 cm
Collection particulière

87. Esquisse pour *Marée basse*
1968
Mine de plomb sur papier
20,9 x 25,5 cm
Collection particulière

88. Esquisse pour *Les Passants*
1969
Mine de plomb sur papier
24,7 x 31,9 cm
Collection particulière

89. Esquisse pour *Les Passants*
1969
Mine de plomb sur papier
21 x 26,5 cm
Collection particulière

90. Saint Antoine...
Encre sur papier
15 x 21 cm
Collection Bibliothèque littéraire Jacques-Doucet

91. Sans titre
Mine de plomb sur papier
20 x 11 cm
Collection Bibliothèque littéraire Jacques-Doucet

III. *CARTOONS*

92. ***Santa Maria***
Encre sur papier
21,5 x 27,5 cm
Collection particulière

93. ***Jesus Saves***
Encre sur papier
21,5 x 27,5 cm
Collection particulière

94. ***Couple***
Encre sur papier
21,5 x 27,5 cm
Collection particulière

95. ***Dog's Walk***
Encre et gouache sur papier
21,3 x 29,7 cm
Collection particulière

IV. OBJET, BIJOUX

96. Miroir
c. 1930
Miroir, bois sculpté
57,5 x 24 x 2,5 cm
Signé au dos
Collection particulière

97. Ensemble de bijoux
c. 1950
Écorce de noix de coco vernie
avec incrustations de coquilles d'œufs
Collection particulière

V. MANUSCRITS, LETTRES

98. Georges Malkine
« Histoire en question »
1924
Manuscrit dactylographié
Collection Bibliothèque littéraire
Jacques-Doucet

99. Georges Malkine
« Roi-paroi et désarroi... »
1925
Manuscrit dactylographié
Collection Bibliothèque littéraire
Jacques-Doucet

100. Georges Malkine, carnet
1926-1928
25 x 18 cm
Collection particulière

101. Lettre manuscrite
de Georges Malkine
à Robert Desnos
5 novembre 1924
Collection Bibliothèque littéraire
Jacques-Doucet

102. Lettre manuscrite
de Georges Malkine
à Robert Desnos
27 août 1925
Collection Bibliothèque littéraire
Jacques-Doucet

103. Lettre manuscrite
de Georges Malkine
à Robert Desnos
27 juin 1929
Collection Bibliothèque littéraire
Jacques-Doucet

104. Lettre manuscrite
de Georges Malkine
à Robert Desnos
Sans date
Collection Bibliothèque littéraire
Jacques-Doucet

105. Lettre dactylographiée et manuscrite de Georges Malkine à Théodore Fraenkel
14 janvier 1925
Collection Jacques Fraenkel

106. Lettre manuscrite de Georges Malkine à Georges Neveux
20 juillet 1966
Collection bibliothèque de la SACD, fonds Georges Neveux

107. Lettre manuscrite de Georges Malkine à Claude-André Puget
c. 1919
Collection particulière

108. Carte postale de Georges Malkine à Tristan Tzara
6 avril 1926
Collection Bibliothèque littéraire Jacques-Doucet

109. Lettre manuscrite de Georges Malkine à Patrick Waldberg
2 septembre 1966
Collection Bibliothèque littéraire Jacques-Doucet

110. Lettre manuscrite de Georges Malkine à Patrick Waldberg
13 octobre 1966
Collection Bibliothèque littéraire Jacques-Doucet

111. Carte-rébus de Georges Malkine à Patrick Waldberg
11 décembre 1967
Collection Bibliothèque littéraire Jacques-Doucet

112. Louis Aragon
« Le retour de Malkine »
1966
Manuscrit
Fonds Elsa Triolet / Aragon, CNRS

113. André Breton
« Lettre aux voyantes »
1925
Manuscrit
Collection Bibliothèque littéraire Jacques-Doucet

114. Robert Desnos
« Peinture surréaliste »
Août 1929
Manuscrit dactylographié
Collection Bibliothèque littéraire Jacques-Doucet

115. Lettre manuscrite de Louis Aragon à Georges Malkine
Juillet 1969
Collection particulière

116. Lettre manuscrite d'Antonin Artaud à Georges Malkine
c. 1925
Collection particulière

117. Lettre manuscrite de Simone Collinet à Georges Malkine
5 mai 1967
Collection particulière

118. Carte postale de Robert Desnos à Georges Malkine
Sans date
Collection Bibliothèque littéraire Jacques-Doucet

119. Lettre manuscrite de Youki Desnos à Georges Malkine
23 mars 1966
Collection particulière

120. Lettre manuscrite de Georges Neveux à Georges Malkine
1934
Collection particulière

121. Carte de Claude-André Puget à Georges Malkine
Juin 1966
Collection particulière

122. Lettre manuscrite d'Yves Tanguy à Georges Malkine
Novembre 1949
Collection particulière

VI. LIVRES ILLUSTRÉS PAR MALKINE

123. Robert Desnos
The Night of Loveless Nights
Anvers, s.n.e., 1930
Collection particulière

124. Fernand Marc
Chansons nouvelles
Paris, Éditions Sagesse, 1933
Collection particulière

125. Georges Malkine
À bord du Violon de mer
Paris, Éditions de la Différence, 1977
Collection Benoît Lardières

VII. DOCUMENTS

126. Robert Desnos
Dessin avec le nom de Malkine
Encre sur papier bleu
21 x 27 cm
Collection Bibliothèque littéraire
Jacques-Doucet

127. Max Ernst
Bonjour Monsieur Malkine
1966
Encre et collage sur papier
11 x 11 cm
Collection Pierre Fournier

128. Claude-André Puget
Matins aux Oliviers
S.n.e., 1924
Collection Benoît Lardières

129. Antonin Artaud
Lettres de Rodez
Paris, Éditions GLM, 1946
Collection particulière

130. Patrick Waldberg
Georges Malkine
Bruxelles, André de Rache éditeur, 1970
Collection Benoît Lardières

131. Catalogue de l'exposition
« La peinture surréaliste »
Galerie Pierre, 1925
Collection Bibliothèque littéraire
Jacques-Doucet

132. Catalogue de l'exposition
Malkine
Galerie surréaliste, 1927
Collection Bibliothèque littéraire
Jacques-Doucet

133. Clôture de l'exposition
des peintures de Marion Rites
et des cadres de Georges Malkine
Galerie de la Renaissance, 1932
Collection Paul Destribats

134. Invitation à l'exposition
Georges Malkine
Université de Long Island, 1962
Collection particulière

135. Catalogue de l'exposition
Georges Malkine
Galerie Mona Lisa, 1966
Collection Benoît Lardières

136. Catalogue de l'exposition
Georges Malkine
Galerie Renée Laporte, 1967
Collection Benoît Lardières

137. Catalogue de l'exposition
Georges Malkine
Galerie Mona Lisa, 1969
Collection Benoît Lardières

138. Catalogue de l'exposition
Georges Malkine
Galerie Govaerts, 1970
Collection Benoît Lardières

139. Invitation à l'exposition
Georges Malkine
Galerie Lucie Weil, 1972
Collection Benoît Lardières

140. Catalogue de l'exposition
Georges Malkine
Kleinert Gallery, 1982
Collection Benoît Lardières

141. *La Révolution surréaliste*
N° 1, décembre 1924
Collection Documentation du MNAM/CCI

142. *La Révolution surréaliste*
N° 4, juillet 1925
Collection Documentation du MNAM/CCI

143. *La Révolution surréaliste*
N° 5, octobre 1925
Collection Benoît Lardières

144. *La Révolution surréaliste*
N° 7, juin 1926
Collection Benoît Lardières

145. *La Révolution surréaliste*
N° 8, décembre 1926
Collection Documentation du MNAM/CCI

146. *La Révolution surréaliste*
N° 11, mars 1928
Collection particulière

147. *Discontinuité*
N° 1, juin 1928
Collection Documentation du MNAM/CCI

148. *Unu*
N° 11, mars 1929
Collection Documentation du MNAM/CCI

149. *Variétés*
Numéro spécial, juin 1929
Collection Documentation du MNAM/CCI

150. *Bravo*
Mars 1932
Archives Gérard Durozoi

151. *Les Lettres françaises*
N° 1328, du 1er au 7 avril 1970
Collection Benoît Lardières

152. Papier à en-tête avec le logo
surréaliste dessiné par Georges Malkine
(au verso, dessin de Robert Desnos)
27 x 21 cm
Collection Bibliothèque littéraire
Jacques-Doucet

VIII. PHOTOGRAPHIES

Photographies de Georges Malkine

153. Autoportrait, 1923
Tirage dédié en 1933 à Pierre de Massot
17 x 12 cm
Collection Lucien Treillard

154. Autoportrait, 1924
Tirage moderne d'après un internégatif
24 x 17 cm
Collection particulière

155. Portrait de Georges Neveux, 1924
Photographie originale
18 x 11 cm
Collection particulière

156. Georges Neveux et Robert Desnos à Nice, 1924
Photographie originale
7,5 x 7,5 cm
Collection particulière

157. Portrait d'André Breton, Max Morise et André Masson dans l'atelier de Malkine, 1924
Photographie originale
15,8 x 10,8 cm
Collection particulière

158. Portrait de Georges Malkine, André Masson, André Breton, Max Morise et Georges Neveux dans l'atelier de Malkine, 1924
Photographie originale
6,3 x 9 cm
Collection particulière

159. Portrait d'André Breton, 1924
Photographie originale
9,1 x 6,5 cm
Collection particulière

160. Portrait de Francis Picabia à Mougins, 1925
Photographie originale
7,4 x 5,1 cm
Collection particulière

161. Portrait d'André Breton, Janine Kahn, Robert Desnos, Georges Malkine et Simone Breton à Thorenc-sur-Loup, 1925
Photographie originale
6 x 8,5 cm
Collection particulière

162. André Masson à Thorenc-sur-Loup, 1925
Photographie originale
7,6 x 5,9 cm
Collection particulière

163. Portrait de Caridad de Laberdesque, 1926
Photographie originale
7,3 x 5 cm
Collection particulière

164. Caridad de Laberdesque dans l'atelier de Malkine, 1926
Photographie originale
7,3 x 5 cm
Collection particulière

165. Portrait d'Yvette Malkine, *c.* 1930
Photographie originale
9,5 x 6,8 cm
Collection particulière

166. Portrait de E.E. Cummings, 1931
Photographie originale
11,8 x 9 cm
Collection particulière

167. Portrait de Yozo Hamaguchi et Yvette Malkine en Haïti, 1937
Photographie originale
12,7 x 16,1 cm
Collection particulière

Photographies d'amis

168. Man Ray
Portrait de Robert Desnos, c. 1922
Tirage moderne d'après un internégatif
16,5 x 11,9 cm
Collection particulière

169. Man Ray
Georges et Yvette Malkine ; André de La Rivière, Robert Desnos et le sculpteur Lasserre, *c.* 1931
Tirage moderne d'après un internégatif
24 x 18 cm
Collection Télimage

170. Wolfgang Schülze, dit Wols
Portrait de Georges Malkine, *c.* 1939
Photographie originale
11,1 x 8,2 cm
Collection particulière

171. Portrait de Claude-André Puget, 1919
Photographie originale
11,5 x 6,8 cm
Collection particulière

172. Portrait de Patrick Waldberg, 1934
Photographie originale
18 x 12,5 cm
Collection particulière

173. Portrait de Fernando Castillo, 1950
Photographie originale
12,7 x 11,6 cm
Collection particulière

174. Georges Malkine, François Baron, Patrick Waldberg, Jacques Prévert et Marcel Duhamel à Antibes, 1967
Photographie originale
9 x 12 cm
Collection particulière

175. Portrait de Patrick Waldberg, *c.* 1970
Photographie originale
15 x 18 cm
Collection particulière

Photographies de famille

176. Portrait de Jacques Malkine
Photographie originale
16,5 x 10,5 cm
Collection particulière

177. Portrait d'Ingeborg Magnus-Malkine
Photographie originale
14,8 x 10 cm
Collection particulière

178. Jacques, Ingeborg, Ingrid et Georges Malkine, 1915
Photographie originale
14 x 9,2 cm
Collection particulière

179. Georges Malkine à Conakry, 1919
Photographie originale
7,3 x 10,5 cm
Collection particulière

180. Portrait de Georges Malkine, 1946
Photographie originale
14,7 x 10 cm
Collection particulière

181. Portrait de Sonia Malkine, 1947
Photographie originale
8,5 x 7,4 cm
Collection particulière

182. Georges et Sonia Malkine, 1947
Photographie originale
9 x 7,1 cm
Collection particulière

183. Georges Malkine jouant du tambour, 1952
Photographie originale
11,1 x 7,2 cm
Collection particulière

184. Georges Malkine et ses enfants, 1955
Photographie originale
11 x 10,5 cm
Collection particulière

185. Portrait de Georges Malkine, 1966
Photographie originale
18,2 x 13,5 cm
Collection particulière

Photographies de cinéma

186. Georges Malkine dans *L'Or,* 1934
Photographie de plateau
12 x 16,2 cm
Collection particulière

187. Georges Malkine dans *Mauvaise Graine,* 1934
Photographie de plateau
18 x 24 cm
Collection particulière

188. Charles Vanel et Georges Malkine dans *La Loi du Nord,* 1938
Photographie de plateau
19,4 x 25 cm
Collection particulière

189. Georges Malkine dans *La Tradition de minuit,* 1939
Photographie de plateau
18 x 24 cm
Collection particulière

190. Georges Malkine et Pierre Blanchar dans *Le Diable en bouteille,* 1935
Photographie de plateau
17 x 23,2 cm
Collection particulière

EXPOSITIONS, FILMOGRAPHIE, BIBLIOGRAPHIE

EXPOSITIONS PERSONNELLES

1927
Paris, Galerie surréaliste,
10 - 30 janvier

1933
Paris, Galerie Else Clausen

1962
New York, université de Long Island,
5 - 30 mars

1966
Paris, Galerie Mona Lisa,
5 - 31 octobre
Catalogue, textes et dessins
de Louis Aragon, François Baron,
Simone Collinet, Marcel Duhamel,
Max Ernst, André Masson,
Georges Neveux, Jacques Prévert,
Claude-André Puget et Patrick
Waldberg.

1967
Antibes, Galerie Renée Laporte,
16 août - 15 septembre
Catalogue, texte de Patrick Waldberg.

1969
Paris, Galerie Mona Lisa,
4 - 30 juin
Catalogue, texte de Patrick Waldberg.

1970
Bruxelles, Galerie Govaerts,
11 mars - 4 avril
Catalogue, textes de Jacques Prévert,
Patrick Waldberg, Louis Aragon
et Marcel Duhamel.

1972
Paris, Galerie Lucie Weil,
8 juin - 10 juillet

1982
Woodstock, Kleinart Gallery,
3 - 12 avril
Catalogue, texte de Tram Combs.

EXPOSITIONS COLLECTIVES

1925
Paris, Galerie Pierre : « La peinture surréaliste »

1926
Paris, Galerie surréaliste

1928
Paris, Galerie Au Sacre du printemps :
« Le surréalisme existe-t-il ? »

1929
Zurich, Kunsthaus : « Surrealismus, Austellung abstrackte und surrealistische Malerei und Plastik »

1947
New York, The Museum of Modern Art :
« Fantastic Art, Dada, Surrealism »

1955
New York, Weingartner Gallery

1960
Woodstock, Polari Gallery

1963
Woodstock, Rudolf Gallery

1964
Paris, Galerie Charpentier :
« Le surréalisme, sources, histoires, affinités »

1965
Bâle, Kunstmuseum :
« Aspekte des Surrealismus »

1967
Paris, Salon de mai

1968
Paris, Salon de mai
La Havane, Salon de mai
Knokke-Le-Zoute :
« Trésors du surréalisme »

1971
Bordeaux, Galerie des Beaux-Arts :
« Le surréalisme »

1972
Paris, musée des Arts décoratifs :
« Le surréalisme 1922-1942 »
Munich, Haus der Kunst :
« Der Surrealismus »

1973
Paris, Galerie de Seine : « Collection fantôme de Philippe Soupault »

1978
Londres, the Hayward Galery :
« Dada and Surrealism Reviewed »
1986
Venise, Biennale : « Art et alchimie »

1989
Milan, Palazzo Reale : « Il Surrealismo »
Woodstock : « Woodstock Artist Association »
Montreuil, musée de l'Hôtel de Ville :
« Philippe Soupault, le voyage magnétique »

1990
New York, Herstand Gallery :
« Surrealism from Paris to New York »
Francfort, Shrin Kunsthalle

1995
Paris, musée d'Art moderne de la Ville de Paris : « Passions privées »

1997
Paris, Pavillon des Arts :
« Le surréalisme et l'amour »

FILMOGRAPHIE

1933
L'Ange gardien, de Jean Choux, avec Pola Illery et Jean Wall.

1934
Mauvaise Graine, de Billy Wilder, avec Danièle Darrieux.
L'Or, de Karl Hartl et Serge de Poligny, avec Pierre Blanchar.
Liebe, Tod und Teufel, de Karl Hartl.

1935
Le Diable en bouteille, de H. Hilpert et R. Steinbicker.
Bad Blood, de Herbert Mason.

1936
First Offense, de Herbert Mason, avec Lilli Palmer et Jean Wall.
1937
La Dame de Malacca, de Marc Allégret, avec Edwige Feuillère, Jean Wall et Pierre Richard-Willm.

1938
La Loi du Nord, de Jacques Feyder, avec Michèle Morgan.
S.O.S. Sahara, de Jacques de Baroncelli, avec Charles Vanel.
Le Joueur, de Gehrardt Lamprecht et Louis Daquin, avec Pierre Blanchar.

1939
Les Musiciens du ciel, de Georges Lacombe, avec Michèle Morgan.
Pièges, de Robert Siodmak, avec Maurice Chevalier.
Le Corsaire, de Marc Allégret, avec Charles Boyer (film inachevé).
Derrière la façade, de Georges Lacombe, avec Erich von Stroheim.
La Tradition de minuit, de Roger Richebé, avec Georges Flamant.
Remorques, de Jean Grémillon, avec Michèle Morgan et Jean Gabin.

THÉÂTRE

Victor ou les Enfants au pouvoir, de Roger Vitrac, Théâtre de la Gaîté-Montparnasse, 1946, mise en scène de Michel de Ré, avec Michel de Ré, Juliette Gréco, Jean Imbert, Christiane Lainier, Yvan Penck, Milène Georges et André Besse.

BIBLIOGRAPHIE

ÉCRITS DE GEORGES MALKINE

« Texte surréaliste », *La Révolution surréaliste* n° 1, décembre 1924, pp. 10-12.
« Roi-paroi et désarroi... », *La Révolution surréaliste* n° 4, juillet 1925, pp. 9-11.
« Silence en Océanie », illustrations de Dignimont, Paris, Éditions Denoël et Steele, 1934.
À bord du Violon de mer, Paris, Éditions de la Différence, 1977.

Article
« La Peinture d'exploration », *Paris-Soir,* 13 novembre 1926.

Traduction
Edgar Wallace, *Le Gentleman,* Paris, Gallimard, 1931, collection « Les chefs-d'œuvre du roman d'aventure », traduction et adaptation signées « Georges Mal ».

Illustrations
Robert Desnos, *The Night of Loveless Nights,* Anvers, s.n.e., 1930.
Fernand Marc, *Chansons nouvelles,* Paris, Éditions Sagesse, 1933.

Des œuvres de Georges Malkine ont été reproduites dans *La Révolution surréaliste* (n°s 7, 8, 11), *Cahiers d'art* (1926), *Discontinuité* (n° 1), *Unu* (n° 11), *Nadrealizam danas i ovde* (1932) et *Variétés* (numéro spécial, juin 1929). Quelques poètes lui ont dédié des textes. Louis Aragon : « Le Roi fainéant » dans *Le Mouvement perpétuel* (1920-1924); André Breton : « Lettre aux voyantes » (1925); Robert Desnos : « Destinée arbitraire » dans *C'est les bottes de sept lieues cette phrase « Je me vois »* (1924). Enfin, Georges Malkine apparaît dans la « Nomenclature » de Boiffard publiée dans *La Révolution surréaliste* n° 4 avec cette anagramme : « Georges Malkine – gorge câline de la mort. »

BIBLIOGRAPHIE CRITIQUE

Georges Malkine est cité ou évoqué dans la plupart des ouvrages sur le surréalisme et dans de très nombreuses études ou biographies consacrées à Louis Aragon, Antonin Artaud, André Breton, Robert Desnos, Max Ernst, André Masson, Jacques Prévert, Yves Tanguy... On trouvera de même des souvenirs le concernant dans les mémoires de tel ou tel, notamment ceux de Marcel Duhamel (*Raconte pas ta vie*, Paris, Mercure de France, 1972) et de Youki Desnos (*Les Confidences de Youki*, Paris, Paris, Fayard, 1957). Nous avons préféré, dans cette bibliographie critique, ne reprendre que les références les plus importantes concernant sa peinture.

MONOGRAPHIE

WALDBERG Patrick, *Georges Malkine*, Bruxelles, André de Rache éditeur, 1970, collection « Mains et merveilles ».

DES ARTICLES OU PASSAGES SONT CONSACRÉS À MALKINE DANS :

ALEXANDRIAN Sarane, *L'Art surréaliste*, Paris, Éditions Hazan, 1969.
ALEXANDRIAN Sarane, *Dictionnaire de la peinture surréaliste*, Paris, Éditions Filipacchi, 1972.
ARAGON Louis, « La peinture au défi », 1930, repris dans *Les Collages*, Paris, Éditions Hermann, 1993, repris dans *Chroniques 1918-1932*, Paris, Stock, 1998.
BARON Jacques, *Anthologie plastique du surréalisme*, Paris, Éditions Filipacchi, 1980.
BARR Alfred Jr, *Fantastic Art, Dada, Surrealism*, New York, The Museum of Modern Art, 1947.
BIRO Adam et PASSERON René, *Dictionnaire général du surréalisme et de ses environs*, Paris, Presses Universitaires de France, 1982.
CHENEY Sheldon, *A Primer of Modern Art*, New York, Liveright Inc. Publishers, 1932.
CLÉBERT Jean-Paul, *Dictionnaire du surréalisme*, Paris, Éditions du Seuil, 1996.
DESNOS Robert, « Peinture surréaliste », 1929, repris dans *Écrits sur les peintres*, Paris, Flammarion, 1984.
DUROZOI Gérard, *Histoire du mouvement surréaliste*, Paris, Éditions Hazan, 1997.
GALE Matthew, *Dada & Surrealism*, Londres, Phaidon Press Limited, 1997.
HASLAM Malcolm, *The Real World of the Surrealists*, New York, Gallery Press, 1978
HENRY Maurice, *Anthologia Grafica del Surrealismo*, Milan, Édition Gabriele Mazzotta, 1972.
KLÜVER Billy et MARTIN Julie, *Kiki et Montparnasse*, Paris, Flammarion, 1989.
LEBEL Robert, dans : Robert Lebel, Michel Sanouillet, Patrick Waldberg, *Dada Surréalisme*, Paris, Rive Gauche Productions, 1981.
PASSERON René, *Encyclopédie du surréalisme*, Paris, Somogy, 1975, réédition 1977.
PICON Gaëtan, *Le Surréalisme*, Genève, Éditions d'art Albert Skira, 1988.
READ Herbert, *A Concise History of Modern Painting*, New York, Praeger Publishers, 1959.
ROSEMONT Franklin, *What is Surrealism ?*, New York, Monad Press, 1978.
SAN LAZZARO G. di, *Painting in France*, New York, Philosophical Library, 1949.
WALDBERG Patrick, *Chemin du surréalisme*, Bruxelles, Éditions de la Connaissance, 1965.
WALDBERG Patrick, *Les Initiateurs du surréalisme*, Milan, Bibliothèque d'art Unesco - Albin Michel, 1969.
WALDBERG Patrick, « Le surréalisme international », numéro spécial de la revue *Opus International*, octobre 1970, repris en avril-mai 1991 : « André Breton et le surréalisme international ».
WALDBERG Patrick, *Les Demeures d'Hypnos*, Paris, Éditions de la Différence, 1976.
WESCHER Herta, *Collage*, New York, Harry N. Abrams Inc., 1968.

ARTICLES CRITIQUES
(nous n'avons retenu que les articles consacrés à la peinture)

ANONYME, « Marion Rites à la Galerie de la Renaissance », *Art et Décoration,* novembre 1932.
ANONYME, « Malkine's Modern Art Display Surrealist, Uncluttered Forms », *Seawanhaka,* 22 mars 1962.
ANONYME, « Malkine », *Le Figaro,* 21 octobre 1966.
ANONYME, *Elle,* 27 octobre 1966.
ANONYME, *The Woodstock Week,* 10 novembre 1966.
ANONYME, « Les Demeures symboles de Malkine », *La Galerie des arts,* décembre 1966.
ANONYME, « Malkine Awarded Chicago Honors », *Kingston Daily Freeman,* 2 février 1967.
ANONYME, « Malkine wins Copley Award in Paris », *The Woodstock Week,* 2 février 1967.
ANONYME, « Malkine à Antibes », *Les Lettres françaises,* 6 septembre 1967.
ANONYME, *The Woodstock Times,* 7 mars 1968.
ANONYME, *Pariscope,* 18 juin 1969.
ANONYME, *France-Soir,* 24 juin 1972.
ANDRIANI S., « Les Demeures de Malkine », *Nice-Matin,* 20 août 1967.
ARAGON Louis, « Le retour de Malkine », *L'Humanité,* 4 octobre 1966.
BOURET Jean, « G. Malkine », *Les Lettres françaises,* 14 juin 1972.
CALONI Philippe, « Les Demeures de Malkine », *Pariscope,* octobre 1966.
COMBS Tram, « Malkine seen », *Woodstock Times,* 1er avril 1982.
CRESPELLE Jean-Pierre, « Un compagnon d'André Breton retrouvé », *Le Journal du dimanche,* 10 octobre 1966.
CRESPELLE Jean-Pierre, « Malkine, aventurier du rêve », *France-Soir,* 23 juin 1972.
DALVÈNE Jean, *Les Nouvelles littéraires,* 19 juin 1968.
DESNOS Robert, « Georges Malkine », *Paris-Soir,* 13 novembre 1926, repris dans *Écrits sur les peintres,* Paris, Flammarion, 1984.
DESNOS Robert, « Surréalisme », *Cahiers d'art* n° 8, 1926, repris dans *Écrits sur les peintres,* Paris, Flammarion, 1984
FABRI Fratelli, *L'Arte moderna* n° 60, 1997.
HOROWITZ Mikhail, « Kleinart exhibits Malkine », *The Daily Freeman,* 2 avril 1982.
M. C. L. « Retour de Malkine », *Le Monde,* 21 octobre 1966.
MALKINE Gilles, « My Father remembered », *Woodstock Times,* 1er avril 1982.
MALKINE Sonia, « In search of Georges Malkine », *Woodstock Times,* 8 mars 1979.
MARETAUD S. « Malkine », *Le Figaro,* 16 juin 1972.
MÉGRET Frédéric, « Malkine ou le surréalisme vécu », *Le Figaro littéraire,* 3 novembre 1966.
MÉGRET Frédéric, « Malkine », *Le Figaro littéraire,* 16 juin 1969.
NEVEUX Georges, « Les Cadres-Malkine », *Bravo,* mars 1932.
R. B., « Hommage à Malkine », *France-Soir,* 7 octobre 1966.
R. B., *Agence quotidienne,* 13 juin 1969.
R. C., « Malkine », *Arts Loisirs,* 12 octobre 1966.
R. C., *Le Figaro,* 10 novembre 1966.
ROSENBAUM Maurice, « A Letter from Paris », *Daily Telegraph,* 21 août 1967.
VISME C. de, « La veillée des armes de Marion Rites et Georges Malkine », *La Liberté,* 1932.
WALDEBERG Patrick, « Jeunesse de Malkine », *Les Lettres françaises,* 1970.
WISE Tad, « The Man Who Walked Alone », *Woodstock Times,* 24 octobre 1991.

CRÉDITS PHOTOGRAPHIQUES

Les numéros correspondent aux folios
g. : gauche ; dr. : droite ; h. : haut ; b. bas

Archives Malkine : 4e de couverture, 8, 16, 22, 28, 29, 33, 72 dr., 98 h., 114, 115, 116, 117 g., 118, 119 dr., 120 h., 122 g., 125 h., 126, 127, 128, 129, 130, 133, 134, 137, 139
Stéphane Bianchetti / Éditions Hazan : 35, 68
Centre Vendôme pour les Arts plastiques : 107 h.
Hubert Fanthome : 36
Cor Hageman : 97
David Heald : 92 dr., 93
The Israël Museum, Jérusalem : 46
King's College, Cambridge, avec l'aimable autorisation du directeur et des élèves : 47
John Kleinhans : 41, 55, 71 dr., 72 g., 79, 80, 81 h. g. et b., 82, 83, 84, 85, 86, 87, 88, 89, 90, 92 g., 94, 95, 96, 98 b., 99, 102, 103, 104, 105, 108 h., 110, 131
Daniel Mille : 111 b.
Paris-Musées, photos Karin Maucotel : couverture, 17, 42, 43, 44, 45, 48, 49, 51, 53, 54, 56, 57, 58, 60, 61, 62, 63, 64, 65, 69, 70, 71 g., 73, 81 h. dr., 91, 106, 107 b., 109, 111 h., 117 dr., 119 g., 120 b., 121, 122 dr., 123, 124, 125 b., 136, 138 ; photo Christophe Walter : 67
Telimage : 23
D.R. : 37, 50, 59, 98 h., 108 b., 139

Conception graphique : Gilles Beaujard
Secrétariat de rédaction : Alice Barzilay
Fabrication : Sabine Brismontier, Catherine Ojalvo

Cet ouvrage est composé en Cheltenham et Sassoon
Photogravure : Perenchio, Paris
Papier : Color A9 bleu vif 120 g, Hello 135 g, Tonic bambou 120 g
Impression : Imprimerie Service, Aurillac
Achevé d'imprimer sur les presses de l'Imprimerie Service à Aurillac, en avril 1999

Éditions des musées de la Ville de Paris
28, rue Notre-Dame-des-Victoires
75002 Paris

Diffusion Actes Sud
Distribution UD-Union Distribution
F7 5606

ISBN : 2-87900-448-9
Dépôt légal : avril 1999

Légendes couverture :
Sirènes, 1926 (détail)
Autoportrait, 1923 (détail)